Hatte die Welt einen Schöpfer?

O.Jung

Hatte die Welt einen Schöpfer?

Oder ist alles zufällig von selbst entstanden?

Wassermann-Verlag

Dieses Buch
widme ich allen aufrecht nach
Wahrheit suchenden Menschen
jeder Rasse oder Hautfarbe
in jedem Lande der Erde.

1. Auflage 1986

Wassermann-Verlag, Postfach 269, D–3205 Bockenem 1

Gesamtherstellung: Druckerei Pachnicke, D–3400 Göttingen 1

Printed in Germany

ISBN 3–925736–01–8

Inhaltsverzeichnis

Gott, sprach die Mücke, denke ich mir,
als riesengroßes Mückentier.
Vieltausendmal schöner und klüger als ich,
so schwirrt er und summt er und sonnt' er sich!

(Autor unbekannt)

Vorwort

Mit Riesenschritten nähert sich das 20. Jahrhundert seinem Ende. Der Countdown für den Schritt ins 3. Jahrtausend ist in vollem Gange. Am Himmel stoßen bemannte Raumschiffe immer weiter in den Weltraum vor. Immer bessere Raumsonden erforschen das Sonnensystem. Der Mensch ist dabei, die Fesseln seines Planeten abzustreifen, um auf benachbarten Himmelskörpern Fuß zu fassen. Astronauten operieren routinemäßig im erdnahen Weltraum, und schon am 21.7.1969 betraten Menschen den Mond.
Auf der Erde zerlegen immer gewaltigere Maschinen immer kleinere Einheiten der Materie, um das Geheimnis von Weltsein und Leben zu entschleiern. Radio-, Telegraphen- und TV-Systeme von ungeheurer Effektivität und Reichweite, in Verbindung mit superschnellen Verkehrssystemen verwandeln Erde und Menschheit in ein Dorf.
Wissenschaft und Technik feiern ihre größten Triumphe! Erfolgreich wie nie zuvor bekämpfen sie Kälte, Hunger, Krankheit und frühen Tod; greifen ändernd, manipulierend, kontrollierend in unsere biologische Erbsubstanz ein, verpflanzen körperfremde oder künstliche Körperteile und Organe und haben auf dem Waffensektor kollektive Selbstvernichtung möglich gemacht. Im Mikro- und Makrokosmos erweitern optische und elektronische Instrumente das Gesichtsfeld schon jetzt bis an die Grenzen des Machbaren. Noch nie wußte die moderne Wissenschaft so viel über den Menschen und das Universum wie heute. Und doch konnte sie auf die entscheidende Frage: *„Hat Gott die Welt und den Menschen erdacht, oder ersannen die Menschen Gott“?*, bisher keine verbindliche Antwort geben. Damit hat sie einen dunklen Freiraum gelassen, in dem das Sekten-Unwesen prächtig gedeiht und skrupellose Geschäfte-

macher ungestört im Trüben fischen. Mit ihren auf Materialismus gründenden und auf materielle Vorteile ausgerichteten Erkenntnissen hat sie nicht nur Moral und Ethik aufgeweicht, sondern sogar die etablierten Kirchen ins Wanken gebracht. Das Fazit? Über zwei Millionen Deutsche sind aus der Kirche ausgetreten, und in den Gotteshäusern herrscht gähnende Leere. Viele Menschen haben nicht mehr den Mut, offen zu bekennen, daß sie noch an Gott glauben. Orgien, Exzesse, Drogensucht, Kriminalität und grausame Gewaltverbrechen nehmen immer bedrohlichere Ausmaße an. Eine Welle von Trivialunterhaltung schwappt über uns hinweg und färbt nicht nur die Verhaltensweisen der Jugendlichen in verhängnisvollster Weise. In einer Zeit der Superlative gilt wissenschaftlich abgesegnet: *„Nur der Stärkere hat Recht!"* Was immer die Wissenschaft geleistet hat, moralische Führung konnte oder wollte sie nicht bieten. Je begreiflicher sie uns ihr materialistisches Weltbild macht, um so sinnloser erscheint es. Ihr einziger Trost? *„Nach dem Tode ist alles vorbei, ohne daß man ernten muß, was man im Laufe seines Lebens ausgesät hat."* Wer Bedenken anmeldet, bekommt zu hören: *„Niemand braucht der Wissenschaft zu glauben. Jedermann ist eingeladen, die Fakten einzusehen, um sich davon zu überzeugen, daß alles mit rechten Dingen zugegangen ist."* Aber ist das tatsächlich der Fall? Ist die Wissenschaft bei ihren Forschungen so vorurteilslos wie sie uns glauben machen will?
Ich habe die Probe aufs Exempel gemacht und bin auf Fakten gestoßen, die das Gegenteil bezeugen. Nur um ihr Grundpostulat: *„Materie ist alles! Alle das Universum auf- und abbauenden Kräfte, sowie die Eigenschaften* LEBEN, EMPFINDEN, ERKENNEN *und* BEWUSSTSEIN *wohnen letzten, kleinsten, materiellen Teilchen inne!"*, nicht aufgeben zu müssen, hat sie sogar in der Physik geschummelt. Mit dieser Schummelei hat sie nicht nur den Gott der Überlieferungen aus dem Rennen geworfen und gläubige Menschen verunsichert, sondern sich selbst die Mög-

lichkeit verbaut, den wahren Hergang der Weltentstehung zu rekonstruieren. Darum sind Schöpfungsgeschichte und Urknall-Theorie bis heute feindliche Brüder.
Wie ist es aber wirklich gewesen? Hatte die Welt einen Schöpfer? Oder ist alles zufällig von selbst entstanden?

Bockenem
Im Oktober 1985 — Otto Jung

Abbildung 1

Gottesdarstellung von Raffael.

„Und Gott der Herr pflanzte einen Garten in Eden gegen Morgen und setzte den Menschen drein, den er gemacht hatte."

Die Priesterschrift

Die kleine Annemarie kommt von ihrer ersten Religionsstunde nach Hause und berichtet unbekümmert: „Denk Dir nur, Mutti, wir haben heute gelernt, der liebe Gott ist ein Quirl!“ „Aber Annemarie!“, entgegnet die Mutter entrüstet, „der liebe Gott ist doch kein Quirl! Der liebe Gott ist doch der Schöpfer!“ „Ach ja“, gesteht Annemarie kleinlaut und fügt trotzig hinzu, „aber ich wußte, es war etwas aus der Küche.“
Hinter dieser amüsanten Alltagsbegebenheit, die uns allenfalls ein kleines Schmunzeln abgewinnt, verbirgt sich mehr als man im ersten Moment vermuten mag. Warum wird Gott der »Schöpfer« und unsere Welt die »Schöpfung« genannt? Was hatte die Entstehung der Welt mit dem Schöpfen von Flüssigkeiten zu tun? War der »Schöpfer« ein Gärtner, der die von ihm ausgesäten »Welten-Keime« flüssigkeitschöpfend bewässerte, damit sie sich wie ein Blumenbeet zur bunten Welt entfalten konnten? Aus oder in welcher Flüssigkeit sollte er geschöpft haben? Fand dieser »Schöpfungsakt« in der von unserer Wissenschaft postulierten »Ursuppe« statt oder vollzog er sich in den »Urwassern«, wie es die alten Schriften berichten? Was waren das für »keimträchtige Urwasser«, die nach den Aussagen der Überlieferungen so ungestüm nach Weltwerden drängten? Waren es jene Wasser, über denen der »Geist Gottes« am Anfang der Weltwerdung angeblich schwebte und von denen uns die Bibel in ihrer »Schöpfungsgeschichte« berichtet? Sind diese »Wasser« mit jenem kostbaren Naß identisch, das unsere Ozeane, Seen und Flüsse füllt?
Wie kamen die geistigen Urheber der Überlieferungen nur auf die Idee, der Grundstoff dieser Welt müsse Wasser gewesen sein? In diesem Punkt sind auch die Verfasser der Genesis einer Meinung. So mancher Bibelleser weiß sicher nicht, daß die ersten zwei Kapitel der Genesis zwei Schöpfungsberichte enthalten. In der Absicht, jede dieser Arbeiten einzeln ehrfürchtig zu bewahren, gleichzeitig aber ihre Übereinstimmung zu be-

tonen, hat man etwa um das 4. Jahrhundert beide in mehr oder weniger große Abschnitte zerlegt und sie dann in einer Art Flickwerk oder Mosaik wieder zu einem fortlaufenden Bericht zusammengefügt.
In Wahrheit hat man es bei der Genesis sogar mit drei verschiedenen, ursprünglich selbständigen Erzählungen zu tun. Eine von ihnen ist leicht von den anderen zu trennen. Ihre abstrakte Sprache, ihr kühler und unpersönlicher Stil, unterscheidet sie recht gut von den zwei anderen. Wie bei fast allen Schriften des alten Orients und der Bibel, ist ihr Verfasser unbekannt. Weil diese Version der Weltentstehung in ihrer ganzen Konzeption an den Geist der alten Priesterschaft des Judaismus erinnert, nannte man sie die Priesterschrift. Schenkt man dieser Priesterschrift über die Entstehung der Welt Glauben, so ist der Ausgangspunkt nicht etwa die wüstenähnliche Erde, die fruchtbar gemacht werden muß, sondern ein ungeheures »Chaos«, das zunächst in Ordnung zu bringen, dann auszustatten ist. Dieses Chaos besteht nicht aus fester Materie, sondern aus »Wasser«! Wenn es in Genesis 1, 2 heißt: »*Die Erde war eine Wüstenei und Öde*«, ist nicht die eigentliche Erde gemeint, die erst später unter dem Namen »das Trockene« erscheint, sondern unser Weltall! Der einzige Urstoff dieses »Alls« aber ist der endlose und dunkle, wässrige Abgrund des unermeßlichen »Raum-Ozeans«, über dem der »Wind«, der »Geist Gottes«, als Zeichen seiner Gegenwart und Werkzeug seiner Macht schwebte. Auf dieses »Urchaos« bezieht sich auch Psalm 104, wenn er von derselben Erde sagt: „*Mit der »Urflut« gleich einem Kleide bedecktest du sie, bis über die Berge standen die Wasser . . . !*“
Auch die Sintflut als neu begonnene Schöpfung beginnt mit einer Rückkehr zum Wasserchaos. Die Schöpfertat ist ja gerade die Trennung der »Wasser« in obere und untere. Dies geschieht durch die Schaffung eines „*festen Gewölbes inmitten der Wasser*“, in dem unsere Welt errichtet wird. Dieses Stabilität erzeugende Gewölbe, das der Schöpfer »Himmel« nannte, bildet seinem Wunsche gemäß nicht nur „*eine gekrümmte Scheidewand zwischen den beiderseitigen Wassern, die die Wasser*

oberhalb des Gewölbes von den Wassern unterhalb des Gewölbes scheidet", sondern bringt erstmals »Oben« und »Unten« hervor, die bis zu diesem Zeitpunkt noch nicht existierten. Man könnte es mit einem »Wasserstrudel« vergleichen, der das im Ruhezustand unterschiedslose Wasser in Innen und Außen aufteilt und durch die auftretenden Sogkräfte Oben und Unten erzeugt. Erst danach erfolgt bei den unteren »Wassern« eine weitere Trennung zwischen dem wässrigen Element, dem Meer, dem von nun an ein bestimmter Ort als Wohnung zugewiesen ist, und dem trockenen Element, das die eigentliche Erde, das feste Land bildet. Diese beiden Elemente sind sozusagen der festere Aggregatzustand der geheimnisvollen »Urwasser« des anfang- und endlosen »Raum-Ozeans«. So gesehen ist auch der dreifache Rahmen Himmel, Meer und Erde erstellt, und jeder der drei Bereiche wird ausgestattet. Der Himmel mit den Gestirnen, das Meer mit den Wassertieren und die Erde mit den Pflanzen, Landtieren und Menschen. Auch viele andere überlieferte Weltentstehungslehren der verschiedensten Kulturkreise lassen die Welt als Schöpfertat eines Gottes oder mehrerer Götter aus den sogenannten »Urwassern« hervorgehen. Dieser Schöpfungsakt macht aus dem ungeordneten »Chaos« der Urwasser – durch das »Sprechen des Schöpfers« oder auch nur durch »Das Wort« – den Kosmos, »Die schöne Ordnung«.
Aber hatte die Welt tatsächlich einen Schöpfer, oder ist alles nur zufällig von selbst entstanden, wie es uns unsere moderne Wissenschaft lehrt? Was ist das für eine eigenartige Erscheinung, diese Welt, die scheinbar so durchschaubar ist und doch so viele Rätsel birgt? In die wir hineingeboren wurden ohne zu wissen, woher wir gekommen sind und wohin wir einmal gehen werden. Die uns unnachsichtig zwingt, die zur Selbst- und Arterhaltung erforderlichen Verrichtungen wie Denken, Trinken, Essen, Sprechen, Laufen oder zweckgerichtetes Handeln, mühsam zu erlernen und jeden Fehler gnadenlos bestraft. Die ihr wahres Wesen und die Gesetze, nach denen sie angetreten ist, vor uns verbirgt und sich ihre Geheimnisse nur schwer entreißen läßt.

Die vier Wechselwirkungen

Wer will schon mit Sicherheit sagen, was der Grundstoff der uns umgebenden Materie, der Atomarteilchen, Atome, Moleküle, Monde, Planeten, Sonnen, Sonnensysteme und Galaxien ist? Warum soll er nichts mit den »Wassern des Raum-Ozeans« zu tun haben, wie es uns die Überlieferungen wissen lassen? Wer hat sich diese oder ähnliche Fragen nicht selbst schon gestellt? Vor allem, was ist das Wesen der Kräfte, die alles so sinnvoll ordnen und zusammenhalten? Die dafür sorgen, daß die unterschiedlichsten Dinge miteinander in wechselseitige Beziehungen treten? Daß zum Beispiel Protonen und Neutronen sich als Atomkern zusammenfinden und Elektronen um sich kreisen lassen? Daß Atome sich zu Atomgruppen, den Molekülen, verbinden, um daraus Monde, Planeten, Sonnen, Sonnensysteme und Galaxien zu bilden?
Sucht man in unserer modernen Physik auf diese Fragen Antworten, so wird man enttäuscht. Sie hat darauf noch keine endgültigen Antworten geben können. Vielleicht will sie dies auch gar nicht, denn sie sucht ja ihre Arbeitshypothesen, die naturwissenschaftlichen Theorien, unter dem Aspekt der Zweckdienlichkeit aus. Schon einer ihrer großen Vertreter, Emil Boutroux, stellte seinerzeit fest, daß diese weder wahr noch falsch, sondern nützlich seien. Dieses Nutzdenken ist sicher der Grund dafür, daß sie ihre Forschungen nur darauf beschränkt, die Fragen zu beantworten, die ihr täglich aus den experimentellen Beobachtungen zufließen. Zur Rechtfertigung dieses Standpunktes kann sie mit Recht anführen, daß unsere gesamten technischen Errungenschaften aus dieser Haltung resultieren. Ob sie die Menschheit damit glücklicher gemacht hat, das ist eine andere Frage. Aufgrund dieser Beobachtungen hat sie gefunden, daß es in dem für uns überschaubaren Universum nur vier Grundkräfte gibt, die die zu beobachtenden Veränderungen des materiellen Kosmos regeln. Obwohl unsere Wissen-

schaftler das Wirken dieser vier Kräfte in den Apparaturen ihrer Forschungslaboratorien recht gut beobachten können, ist ihnen ihr wahres Wesen noch gänzlich unbekannt. Weil diese Kräfte die wechselseitigen Wirkungen der einzelnen Teile aufeinander bewirken, nannte man sie die »vier Wechselwirkungen« und ordnete sie nach ihrer Stärke.

Die ERSTE, die »starke Wechselwirkung«, die uns unter dem Begriff »Kernkraft« besser bekannt ist, ist die Kraft, die die Kernbausteine des Atoms zusammenbindet und als Atomkern zusammenhält. Alle Atomkerne bestehen aus den elektrisch positiv geladenen »Protonen«, die sich gegenseitig abstoßen wie die gleichnamigen Pole eines Magneten, und den elektrisch neutralen »Neutronen«. In einem stabilen Atomkern sind die »Kernbindekräfte« stärker als die abstoßenden elektrischen Kräfte in den Protonen. Wäre das nicht der Fall, dann würde es uns und unsere Welt nicht geben. Ein Atomkern kann durch Neutronenbeschuß in zwei etwa gleichgroße Teile zerfallen. Dabei gibt er einen Bruchteil seiner »Kern-Binde-Energie« als Atomstrahlung an die Materie der Umgebung ab, in der sie sich sehr rasch in „Wärmestrahlung“ umwandelt, die alles für sie Erreichbare schmelzen oder verdampfen läßt. Wie ungeheuer stark die Kräfte der »starken Wechselwirkung« sind, führen sie uns in furchterregender Weise vor Augen, wenn ein geringer Prozentsatz ihres Energiepotentials in Atom- oder Wasserstoffbomben entfesselt wird.

Die ZWEITstärkste, die Kraft der elektromagnetischen Wechselwirkung, ist verantwortlich für alle chemischen, elektrischen und magnetischen Vorgänge und damit auch für das Licht. Durch die Abläufe in chemischen Prozessen liefert sie nicht nur die Energie für unsere hochtechnisierte Welt, sondern ihr Wechselspiel zwischen Stromfluß und Elektromagnetismus läßt die gesamte Elektrotechnik funktionieren. Ob wir das Feuer in einem Ofen oder eine andere beliebige chemische Reaktion, ein elektrisches Gerät wie zum Beispiel einen Elektromotor, einen Computer, unseren Fernseher oder eine simple Glühbirne untersuchen, immer werden wir finden, daß die

»elektromagnetische Wechselwirkung« ihre Hand im Spiel hat. Sogar die erfreuliche Tatsache, daß wir unsere Umwelt sehen können, verdanken wir ihr, weil auch die Ausbreitung der elektromagnetischen Wellen, von denen das Licht eine schmale Bandbreite repräsentiert, ihrem Regiment untersteht. Daß die durch unsere Wahrnehmungsorgane eintretenden Licht-, Schall- und Tastdruckwellen von unseren Nervenbahnen geleitet und vom Gehirn verarbeitet werden können, ist ebenfalls ihrem Wirken zuzuschreiben.

Die DRITTE, die »schwache Wechselwirkung«, spielt beim radioaktiven Zerfall eine Rolle. Weil ihr Wirken in unserer alltäglichen Erfahrungswelt nicht so augenfällig ist, will ich hier nicht näher auf sie eingehen.

Die VIERTE und schwächste Wechselwirkung ist die Gravitation: Sie sorgt unter anderem dafür, daß wir nicht nach oben fallen und bestimmt den Lauf der Gestirne.

Wie wir gesehen haben, regeln die ersten drei Grundkräfte die Abläufe im Kleinsten und Kleinen, die schwächste Kraft aber jongliert mit Monden, Planeten, Sonnen, Sonnensystemen und Galaxien. Trotz ihrer Schwäche bewegt sie die ungeheuren Massen der Gestirne mit Leichtigkeit. Sie beschleunigt sie, bremst sie ab und wirbelt sie herum, als wären es nur Ping-Pong-Bälle. Die Energie, die bei diesen Vorgängen umgesetzt wird, ist schlichtweg gigantisch. Dies wird spätestens demjenigen klar, der versuchen wollte, die Leistungen mit herkömmlichen Mitteln zu erbringen. Dabei läßt die Anziehungskraft kein einziges Atom des betreffenden Himmelskörpers aus, sondern erfaßt alle gleichmäßig und ohne daß sie etwas davon bemerken. Auch wir Menschen spüren nicht, wenn sie Geschwindigkeit und Richtung der Erde auf ihrer Umlaufbahn um die Sonne verändert. Kein Haus stürzt ein und nichts wird in den Weltenraum geschleudert, wenn die Erde am sonnennächsten Punkt mit 30 Kilometern in der Sekunde in einer scharfen Kurve um die Sonne rast. Wie exakt die Gravitation dabei die auftretenden Fliehkräfte ausbalanciert, kann man ermessen, wenn man sich vorstellt, was geschieht, wenn Flugkörper mit ähnlicher

Geschwindigkeit die gleichen Manöver im erdnahen Bereich ausführen würden. Sollte das Material der Fluggeräte den dabei auftretenden Belastungen tatsächlich standhalten, so würden doch alle Insassen durch den mörderischen Andruck zu Tode gequetscht. Man bekommt einen kleinen Vorgeschmack von den Vorgängen, wenn man im Auto mit hoher Geschwindigkeit in eine enge Kurve fährt. Da erhebt sich Tante Luise ganz plötzlich und unfreiwillig von ihrem bequemen Rücksitz und wird erbarmungslos gegen die Innenwand des Wagens geschmettert, so daß ihr Hören und Sehen vergeht. Wie die Gravitation das Kunststück bewerkstelligt, daß dies bei ihrem Wirken nicht geschieht, soll uns in einem späteren Kapitel beschäftigen, wenn wir das Wesen der Grundkräfte behandeln. Sobald man ein wenig näher über diese kuriose Tatsache nachdenkt, stellt man sehr schnell fest, daß dies nicht so selbstverständlich ist, wie es uns im ersten Moment erscheint.

Ein neues Zeitalter wird eingeleitet, wenn …

Nun stellt sich natürlich die Frage, ob es ein Bindeglied zwischen den drei Kräften des Mikro- und der Kraft des Makrokosmos gibt. Vielleicht ein mathematisch erfaßbares Naturgesetz, das man gezielt einsetzen könnte, um die vier Grundkräfte nach Belieben zweckgerichtet miteinander zu verknüpfen oder ineinander umzuwandeln. Die Auswirkungen dieser Möglichkeit wären in der Tat ungeheuerlich. Nunmehr wäre nichts unmöglich, was immer man sich auch vornehmen mag. Allein die Möglichkeit, die stärkste von ihnen, die Kraft, die die Atomkerne zusammenbindet, ohne umweltbelastende Umwege in Elektromagnetismus oder Gravitation umzuwandeln, um die Energien, die unsere Welt bedingen und die Gestirne dynamisch bewegen, für den Antrieb von Fahrzeugen zu nutzen, würde unser ganzes Leben völlig verändern. Autos, Züge, Schiffe, Flugzeuge und Raketen herkömmlicher Bauart würden völlig überflüssig. Sie könnten nur noch als Ausstellungsstücke in Museen einen Zweck erfüllen. Zum Beispiel würde der Bau von Raumschiffen möglich, die wie die sagenhaften »Ufos« über den Himmel flitzen. Die Energieversorgung der Menschheit ließe sich auf eine Weise lösen, wie das bisher nicht einmal im Traum für möglich gehalten wird. Kohle, Erdgas und Erdöl spielen dann für die Energiegewinnung keine Rolle mehr und könnten anderen Zwecken dienen. Auch dem Streit um die friedliche Nutzung der Kernenergie durch herkömmliche Atomreaktoren, der die Gemüter heute so heftig bewegt, würde damit endgültig und radikal die Grundlage entzogen, weil es dann möglich wäre, in künstlich erzeugten, kontrollierbaren Gravitationsfeldern mit winzigen Ausmaßen, aber ungeheurer Intensität, die »Kernverschmelzungsprozesse« in den Griff zu bekommen. Diese Art der Energiegewinnung, die alle Sonnen schon seit vielen Milliarden Jahren mit Erfolg praktizieren, würde unseren Energiebedarf für viele Generationen sicherstellen. Führt man sich das ungeheure Energiepotential vor Augen, das die »vier Grundkräfte« beinhalten, so sieht man sofort ein, daß hier von einem Energiemangel keine Rede sein kann. Gleich den Weisen früherer Epochen kommt man zu dem Schluß: „Aus Fülle wird Fülle geboren, und Fülle bleibt immer als Rest!"

Aber auch zu den schon vorhandenen Möglichkeiten, allem Lebendigen auf diesem Planeten den Garaus zu machen, die ohnehin schon mehr als ausreichend sind, kommen leider noch einige effektivere hinzu. Zum Beispiel hat der nach immer mehr Macht strebende »Selbstgefühl-Stimulierer« nun nicht nur die Wahl zwischen den atomaren, biologischen und chemischen Waffen, um dieses Ziel zu erreichen, sondern es gesellen sich noch einige globalere hinzu, die das makabere Spiel ins Gigantische steigern. Nach der Devise: »Es gibt Größeres als in Frieden zu leben!«, könnte er vielleicht von einem sicheren Standpunkt aus die Pole springen lassen, so daß die einhergehenden Katastrophen das ihrige tun. Bei jedem Polsprung treten ungeheure elektromagnetische Kräfte auf, die im glutflüssigen Erdinneren katastrophale Veränderungen hervorrufen. Die Erde birst an ihren schwächsten Stellen, und unter gewaltigen Erd- und Seebeben türmen sich neue Gebirge auf. Alte und neue Vulkane speien Feuer, und ganze Erdteile können sich aus dem Meer erheben oder darin versinken. Flutwellen von unvorstellbaren Ausmaßen laufen mit großer Geschwindigkeit um den Erdball und begraben ganze Landstriche unter ihren Wassermassen. Plötzlich auftretende Klimaänderungen verwandeln von einem Tag zum anderen warme blühende Landstriche in lebensfeindliche Eiswüsten. Ein Polsprung ist das Ende der jeweiligen Zivilisation auf dem davon betroffenen Planeten; denn es bleibt kein Stein auf dem anderen. Alle Städte und Dörfer werden in Sekundenschnelle ausradiert. Wer dieses Inferno tatsächlich überleben sollte, hat mit Pest, Cholera und anderen Seuchen zu kämpfen. Aber der künstlich herbeigeführte Polsprung ist noch nicht die Krönung der Vernichtungsmöglichkeiten. Unter bestimmten Voraussetzungen ist es wahrscheinlich möglich, das Gravitationsfeld der Erde derart zu verstärken, daß alles, was sich darauf befindet, um ein Vielfaches schwerer wird. Alle Kreaturen von einer bestimmten Größe an würden dann von ihrem eigenen Gewicht zerquetscht. Vielleicht gefällt es dem nach Macht hungernden Potentaten auch, das Gravitationsfeld gehörig zu schwächen, damit die Fliehkräfte der Erdrotation den Planeten in Stücke reißen und diese dann in den Raum hinausschleudern. Dann haben spätere Erforscher dieses Sonnensystems eine Nuß mehr zu knacken, weil die Sonne von zwei Asteroidengürteln umgeben ist.

Aber glücklicherweise werden die erworbenen Erkenntnisse, die in ferner Zukunft diese negativen Möglichkeiten zulassen, vorher schon die menschliche Denk- und Handlungsweise zum Positiven hin verändern. Sie werden auf Religion, Philosophie und den ethisch-moralischen Bereich nicht ohne Auswirkungen bleiben. Das entsprechende Wissen wird beim Erkennenden eine radikale Wandlung des Bewußtseins bewirken und seine Handlungen entsprechend steuern. Aus diesem Grunde ist es mehr als unwahrscheinlich, daß er weiterhin den zerstörerischen Ambitionen den Vorrang gewährt. Die entsprechenden

Erkenntnisse zeigen ihm ja unwiderruflich auf, daß er es selbst ist, der da immer wieder ernten muß, was er vorher ausgesät hat, und daß er diesem Mechanismus nicht so leicht entrinnen kann.
Die fromme Lüge, daß nach dem Tode alles vorbei sei, mit der trügerischen Hoffnung: „Solange ich lebe, wird schon alles gut gehen, und nach mir die Sintflut!", entpuppt sich als verhängnisvoller Irrtum, weil das bisher dominierende materialistische Weltbild mit seinen materialistisch ausgerichteten Konsequenzen endgültig zu Bruch geht. Die Annahme, Materie sei alles, und alle das Universum auf- und abbauenden Kräfte – wie zum Beispiel die »vier Wechselwirkungen« oder die Eigenschaften des Lebens wie Erkennen und Bewußtsein – wohnten dieser Materie inne, läßt sich nicht mehr aufrechterhalten. Es ist sicher, daß die Erkenntnisse, die zur kontrollierten Verknüpfung der »vier Wechselwirkungen« führen, die größte Wende in der Menschheitsgeschichte auslösen.
Die sich daraus ergebenden Konsequenzen werden vor keinem Bereich halt machen und allem ihre Zielrichtung aufzwingen. Sinn und Zweck dieses Buches ist es, den Weg dorthin ein wenig zu ebnen. Es ist der Versuch, das Wesen und den gemeinsamen Nenner der so schwerwiegenden Wechselwirkungen aufzuzeigen, über den dann alle vier ineinander umgewandelt werden können. Die Gravitation soll dabei den Reigen eröffnen, und der größte Teil dieses Buches wird von ihr handeln. Daß damit der Ursprung aller Dinge sowie der Sinn des Lebens im allgemeinen und der des Einzelnen im besonderen offenbar wird, ergibt sich zwangsläufig als Nebenprodukt. Ausdrücklich will ich betonen, daß die von mir vertretenen Ansichten und Erkenntnisse nicht neu sind. Man findet sie mehr oder weniger verschlüsselt in vielen Überlieferungen, deren Ursprünge sich im Dunkel der Vorzeit verlieren. Selbstverständlich bemühen sich unsere modernen »Wissenschaffenden« mit viel finanziellem und technischem Aufwand ebenfalls darum, das Wesen der vier Grundkräfte zu ergründen, um die Mechanismen in den Griff zu bekommen. Leider hatte die Physik bei ihren Bemü-

hungen in dieser Richtung bisher kein Glück. Auch einer ihrer großen Eckpfeiler, Professor Albert Einstein, hat seine letzten Jahre damit verbracht, dieses Grundproblem durch die Schaffung einer allgemeinen Feldtheorie zu lösen. Aber auch ihm war der Erfolg versagt geblieben. Mich hat das Problem der Gravitation schon beschäftigt, solange ich zurückdenken kann. Weil bei der Wissenschaft darüber nichts Endgültiges zu erfahren war, habe ich mich oft gefragt, ob man nicht schon früher auf diese brennenden Fragen Antworten gefunden hat.

Was wußten Menschen vergangener Kulturen?

Immer wieder hat sich gezeigt, daß Denkern des Altertums schon sehr früh Sachverhalte bekannt waren, die unsere moderne Wissenschaft nur neu entdeckt, präzisiert und formuliert hat. (Abb.2, S.24; Abb.3, S.26; Abb.4, S.28) So wußte bereits Aristoteles, der von 384 bis 322 v.Chr. lebte, daß die Erde eine Kugel ist, und Eratosthenes, ein Landsmann und Zeitgenosse von ihm, berechnete sogar ihren Umfang. Nur weil der Abstand zwischen den Städten, die ihm als Meßpunkte dienten, damals noch nicht so genau bekannt war, wich sein Resultat einige Kilometer vom tatsächlichen Erdumfang ab.
Auch die Ägypter waren offensichtlich schon vor fünftausend Jahren im Besitz modernen Wissens. Immerhin erstellten sie in der »Cheopspyramide« ein Bauwerk, das in diesen Dimensionen auch mit modernster Technik von uns nicht so leicht nachgebaut werden kann. Allein die Nivellierung der Cheopspyramide ist schon ein Wunderwerk an Präzision. Sie ist mit einer Akkuratesse nach Norden ausgerichtet, die zwanzigfach genauer ist als ein Winkelgrad. *„Das ist genauer als der Polarstern im Norden steht"*, sagte Professor Hoimar von Ditfurth in einer Fernsehsendung. Sogar mathematische und astronomische Kenntnisse müssen den Baumeistern der Pyramide bekannt gewesen sein. Multipliziert man die Höhe der Pyramide mit einer Milliarde, so erhält man die annähernde Distanz

Abbildung 2

Idealbild des Aristoteles (384-322 v. Chr.).

Offenbar war ihm auch bekannt, daß unser Planetensystem aus 9 Planeten besteht, denn er hält unseren Globus folgerichtig an die dritte Stelle der abgebildeten Sterne.

von Erde – Sonne, die ca. 149530 Millionen Kilometer beträgt. Bei der Exaktheit, mit der die Maße der Pyramide beim Bau realisiert wurden – sie war einst 146,7 m hoch – könnte man beinahe annehmen, daß z.Z. des Pyramidenbaus die Erde ein wenig näher die Sonne umlief. Allerdings gibt es dafür keinerlei Anhaltspunkte. Was sich nicht leugnen läßt, sind die mathematischen Kenntnisse. Dividiert man die Grundfläche der Pyramide durch die doppelte Höhe, so erhält man die berühmte Zahl »Pi = 3,1416«. Die Erklärung, die Professor Hoimar von Ditfurth in der vorher erwähnten Fernsehsendung für diese erstaunliche Tatsache parat hatte, hat mich nicht überzeugt. Zu offensichtlich wurde dabei wieder einmal »Kommissar Zufall« bemüht, um das Bild von den keulenschwingenden Vorfahren aufrecht zu erhalten. Auch in Erdkunde müssen sich die angeblich primitiven Pyramidenbauer gut ausgekannt haben. Der Meridian, der durch die Pyramide läuft, teilt Meere und Kontinente der Erde in zwei genau gleiche Hälften. „Ob das alles bloß Zufall ist?", fragt Erich von Däniken in einem seiner Bestseller. Mag sein, daß man in diesem Falle geteilter Meinung sein kann. Wie ist es aber mit Sachverhalten, die nur mit hochmoderner Technik zu erforschen sind? Auch solche Forschungsergebnisse wurden schließlich von uralten Überlieferungen vorweggenommen. So entdeckten Astronomen z.B. vor etwa einhundert Jahren, daß der Hauptstern des großen Hundes ein Doppelstern ist, aber die Dogon-Neger in der westafrikanischen Republik Mali wußten das schon vor undenklichen Zeiten. Das hat der Wissenschaftler G. Temple nachgewiesen. Weil »Digitaria« – so taufte man den Begleiter des »Sirius« – den hellsten aller Fixsterne in sehr engen Bahnen alle fünfzig Jahre einmal umrundet, ist er nur mit äußerst empfindlichen optischen Instrumenten aufzuspüren. Man fragt sich mit Recht, wie die Dogon-Neger lange vor unserer Wissenschaft an dieses Wissen gelangen konnten. Von Zufall kann hier sicherlich keine Rede sein, denn die Dogon-Neger wußten nicht nur von seiner Existenz, sondern kannten auch Position, Umlaufzeit und die Stärke seines Gravitationsfeldes. Sie feiern noch heute – analog

dem Umlaufrhythmus des »Digitaria« — alle fünfzig Jahre das sog. »Siguifest«. Dabei werden alle geistigen und materiellen Opferbestandteile dem »Digitaria« gesandt, der immer unsichtbar blieb, und von dem man doch immer wußte. Wenn man bedenkt, daß nur ein geringer Prozentsatz unserer zivilisierten Zeitgenossen in der Lage ist, auf Befragen die neun großen Planeten unseres Sonnensystems in richtiger Reihenfolge zu benennen, ist dies eine beachtliche Leistung.

Aber auch ganz simple Dinge wie die Kunst des Bierbrauens oder die Herstellung einer »Anti-Baby-Pille«, sind keine so modernen Errungenschaften, wie wir denken. Wußten Sie, daß es keinen Erfinder des Bieres gibt? Es gab nur einen Forscher namens »Blau«, der vor etwa einhundert Jahren eine Tontafel entdeckte, auf der schon in Keilschrift über die edle Kunst der Herstellung des so begehrten Gerstensaftes berichtet wurde. Dieses Keilschriftdokument aber stammt aus dem dritten Jahrtausend vor unserer Zeitrechnung. Es gibt Kunde von der Braukunst der »Sumerer«, bei denen schon vor fünftausend Jahren Bier durch durstige Kehlen floß, um den nebulösen Bewußtseinszustand in sich herbeizuführen, den wir nach dem Entdekker der Tontafel tauften. Was die Anti-Baby-Pille anbelangt, so behauptet die Indiofrau Marana: „*Die Pille mit dem Extrakt einer Lilienpflanze hat die moderne Wissenschaft von uns übernommen. Bevor sich die zierliche Indiofrau mit den langen schwarzen Zöpfen in ihrer Hütte zum Schlafen legte, schluckte sie eine Kräutermischung als Antibabypille, die ihr der Medizinmann zubereitet hatte. Das war schon vor mehr als tausend Jahren!*“ Ihr großer Bruder Emuru ergänzt: „*Unsere Ahnen trugen schon feinste Lederkleidung. Und die Kartoffeln, Tomaten und Erdbeeren, die sie so gerne essen, das haben die Europäer*

Abbildung 3

Idealbild des »Apollonius von Tyana«. (1.Jh. n.Chr.?)
Hält auch Apollonius unseren Globus in seiner Hand?
Die »Sphinx« auf dem Podest soll symbolisieren, daß dem Meister der Mechanismus des »Ich-Macher« bekannt ist.

Abbildung 4
Der Astrologe »Albumasar«. (gest. 886)

alles von uns.“ Die beiden müssen es schließlich wissen; denn um den Besuchern einen Einblick in die Geschichte und Tradition der südamerikanischen Indios zu geben, hat das Geschwisterpaar in Hamburg-Wandsbek das Indio-Museum »Mana Kumaka« eröffnet. Zweiflern sei ins Gedächtnis gerufen, daß erst die Spanier Mitte des sechzehnten Jahrhunderts die Kartoffel nach Europa brachten.
Es gibt auch Überlieferungen, denen ganz offensichtlich Erkenntnisse zugrundeliegen, die weit über unseren augenblicklichen Wissensstand hinausgehen. Ein Beispiel dafür ist

die viertausend Jahre alte fernöstliche Nadelheilkunst. Wer kennt nicht jemanden, der im Brustton der Überzeugung berichtet: „Nachdem nichts anderes mehr geholfen hat, bin ich durch Akupunktur gesund geworden!" Die Akupunktur als Heilmethode hat sich innerhalb eines knappen Jahrzehnts weltweit durchgesetzt. Ob Heilpraktiker, einfacher Arzt oder Universitätsprofessor, sie alle rücken den kleinen und großen Krankheiten erfolgreich mit Akupunktur zu Leibe. Sogar in vielen Universitätskliniken wird sie mit großem Erfolg praktiziert. Die Liste für eine Akupunkturbehandlung ist sehr lang. Sie reicht durch das ganze Alphabet. Von Arthritis und Arthrose bis zu Migräne, Unterleibsschmerzen, Wadenkrämpfe, Warzen und Zahnschmerzen. Das Kuriose dabei ist, daß niemand sagen kann, warum die Nadeln Wirkung zeigen. Die Meridiane, die die einzelnen Einstichpunkte miteinander verbinden, sind weder mit Nervenbahnen noch mit anderen physiologischen Systemen identisch. Trotzdem existieren am menschlichen Körper aber mehr als dreitausend Stellen, die auf Nadelung mit Schmerzfreiheit oder Heilung reagieren. Das wurde eindeutig durch naturwissenschaftlich anerkannte Meßmethoden nachgewiesen. Es sind genau die Punkte, die den Chinesen schon seit viertausend Jahren als Akupunkturpunkte bekannt sind, und die alle mit inneren Organen in Beziehung stehen. Auch diese Zusammenhänge, die zwischen den einzelnen Punkten der Haut und den entsprechenden Organen bestehen, hat man wissenschaftlich mit allgemein anerkannten und nachprüfbaren Methoden festgestellt. Nun erhebt sich natürlich die Frage, wie denn die Chinesen vor viertausend Jahren ohne die entsprechenden elektrischen Apparaturen diese Sachverhalte aufgefunden haben. Doch bestimmt nicht durch Experimente mit Versuch und Irrtum? Die armen Delinquenten wären sicher an den Folgen ihrer Krankheit gestorben, bevor man die entsprechenden Punkte gefunden hätte, die in der Lage sind, den Heilvorgang einzuleiten. Wie ist man vor viertausend Jahren bloß auf die Idee gekommen, einem Kranken Nadeln in die Haut zu stecken, um ihn schmerzunempfindlich zu machen oder ihn zu

heilen? Bevor man so etwas in Angriff nimmt, muß man zumindest theoretisch gute Gründe dafür haben, daß Aussicht auf Erfolg besteht. Das heißt, die Erfinder der Akupunktur mußten im Besitz eines physikalischen Wissens sein, das unserer Naturwissenschaft noch nicht bekannt ist.
In Ermangelung dieses Wissens weigert sich denn ja auch der Wissenschafts-Beirat der Bundesärztekammer hartnäckig, die Akupunktur als Teil der medizinischen Versorgung anzuerkennen. Er tut das seit Jahren, obwohl die Weltgesundheitsorganisation ihren Mitgliedern, also auch der Bundesrepublik Deutschland, genau dies empfohlen hat. Die Experten der »WHO« sehen die schmerzstillende und heilsame Wirkung der Nadeltherapie als erwiesen an, denn der Wirksamkeitsnachweis ist von Ärzten und Patienten schon seit Jahren vieltausendfach erbracht. So gilt denn die Akupunkturbehandlung in Deutschland weiterhin als Außenseitermethode und wird offiziell als Hochstapelei abgestempelt. Mit Sicherheit wird unsere Wissenschaft eines Tages das Geheimnis, das die Akupunktur heute noch umgibt, erklären können. Nur wird sie auch hierbei nichts Neues entdecken, sondern nur altes Wissen restaurieren. Nichts ist neu unter dem Himmel, *„denn, was geschieht, das gab es längst, und was da kommt, ist schon gewesen!“*. Das gilt auch für Erkenntnisse. Neu sind sie immer nur für denjenigen, der sie gerade macht.

Alles wiederholt sich, weil alles ein Kreislauf ist

Alles wiederholt sich, weil alles ein Kreislauf ist. Die Sonne, die am Morgen im Osten aufgeht und mit ihrem Licht die Erde erhellend und belebend über den Himmel läuft, geht am Abend im Westen unter, nur um am anderen Morgen ihr Spiel von Neuem zu beginnen. Den Wassern der Rinnsale, Bäche, Flüsse und Ströme, die eifrig dem Meere zueilen, um sich mit ihm zu vereinen, ist nur eine Pause vergönnt. Die Sonnenstrahlen ziehen sie empor, der Wind trägt sie als Wolken über Meere und

Länder dahin, um sie abregnen zu lassen, auf daß sie ihre Reise von neuem antreten. Die Jahreszeiten kommen und gehen, sich immer in gleicher Reihenfolge ablösend und wiederholend, weil die Erde bei ihrer Wanderung durch den Raum in stetiger Wiederkehr unaufhörlich in gleichen Bahnen um die Sonne läuft. Sonne und Planeten umrunden in ungeheuren Zeitabständen das Zentrum unserer Galaxie und kehren an ihren Ausgangspunkt zurück, nur um zur nächsten Runde aufzubrechen. Selbst das gewaltige Weltall, in das wir eingebettet sind, entsteht und vergeht immer erneut in Pulsschlägen von unvorstellbaren Ausmaßen. In anfang- und endloser Wiederkehr dehnt es sich aus, um die Welt »entwickelnd« ins Dasein zu rufen, und zieht sich zusammen, um sie »einwickelnd« hinwegzuraffen.

Wer vermag zu sagen, wie viele Weltepochen vor der unseren waren und wieviele danach sein werden? Es ist eigenartig, viele Leute sind zwar sicher, daß sich die Welt entwickelt hat, aber daß dies nur möglich ist, wenn sie vorher eingewickelt war, kommt ihnen nicht in den Sinn. Wahrscheinlich, weil sie sich und alles, was um sie herum geschieht, für einmalig halten. Der Gedanke, das letzte und wertvollste Glied in der langen Kette der Entwicklung zu sein, gefällt ihnen, und entsprechend verhalten sie sich auch. Außer sich selbst und das, was sie tun und denken, ist ihnen nichts wichtig und nichts heilig.

Für sie ist die Evolution eine Einbahnstraße, die mit einem unerhörten Zufall, der sog. »Urzeugung« beginnt, und die ständig ganz von selbst zu immer höheren Bewußtseinsstufen aufsteigt, ohne daß die davon Betroffenen auch nur das Geringste dazu beitragen müßten. Nach Vorfahren zu suchen, die lange vor ihnen schon sehr viel mehr wußten und konnten als sie, das halten sie für Zeitverschwendung. Aus diesem Grunde haben die Forscher, die etwas lehren, das nicht in dieses Weltbild hineinpaßt, bei ihnen keine Chance. Z.B. haben russische Wissenschaftler eine Theorie über die Entstehung der Menschheit auf der Erde aufgestellt, die das Gesetz des ewigen Kreislaufs nicht verletzt. Diese Theorie erklärt, warum so viel konkretes Wissen in alten Überlieferungen steckt.

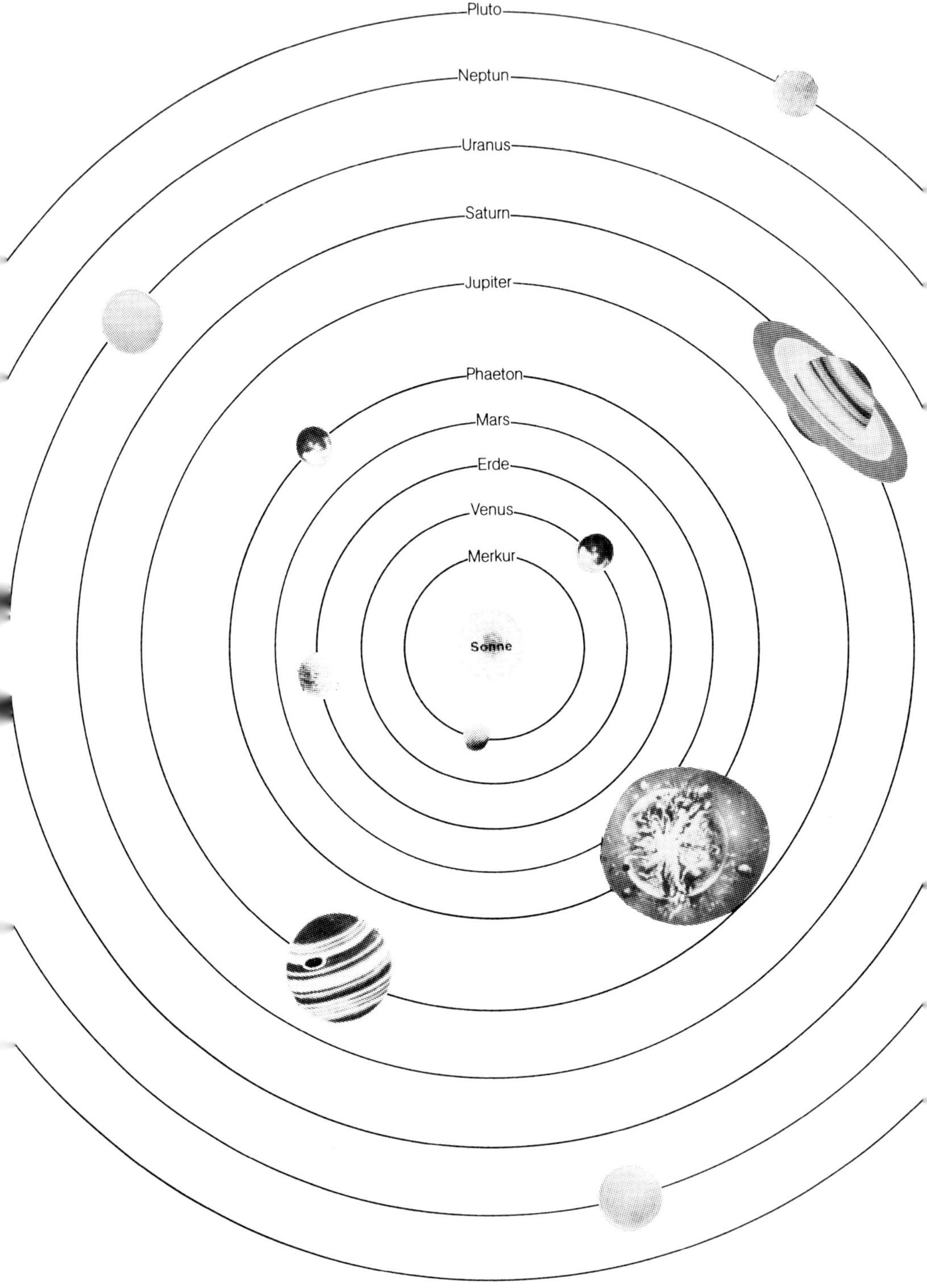
Pluto
Neptun
Uranus
Saturn
Jupiter
Phaeton
Mars
Erde
Venus
Merkur
Sonne

Phaeton, der geborstene Planet – Wiege der Menschheit?

Die russischen Professoren Alexander Kazazew von der Universität Moskau und Professor Felix Ziegel vom russischen Institut für Raumfahrt, erläuterten ihr Konzept vor amerikanischen Reportern so: „*Ursprünglich gab es in unserem Sonnensystem zehn Planeten. Der zehnte Planet*“ – sie nannten ihn Phaeton – „*umkreiste zwischen Mars und Jupiter die Sonne. Er hatte eine Lufthülle wie die Erde, und es gab auf ihm Berge und Meere. Durch Atomexplosionen oder durch einen gewaltigen Atomkrieg wurde Phaeton zerstört, und seine Bruchstücke bildeten den Asteroidengürtel unseres Sonnensystems.* (Abb.5, S.32) *Die Bewohner von Phaeton waren bereits der Raumfahrt mächtig, und einige Raumschiffe fernab von ihrem Heimatplaneten überstanden die Weltraumkatastrophe. Die überlebenden Insassen landeten auf unserer Erde, die schon damals eine üppige Flora und Fauna beherbergte, und siedelten sich auf ihr an. Von technischem Fortschritt und seinen Errungenschaften waren sie durch die furchtbaren Folgen, die diese auf ihrem Heimatplaneten gezeitigt hatten, restlos geheilt. Sie paßten sich daher den vorgefundenen Umweltbedingungen an und kehrten zu einer naturverbundenen Lebensweise zurück. Wie gestrandete Schiffbrüchige bauten sie sich einfache Schutzhütten und Waffen, um fortan von Jagd und Fischfang zu leben. Aus verständlichen Gründen vermieden sie alles, was diese naturverbundene Lebensweise durch eine neuerliche Technik hätte beenden können.*“ So legte also eine interplanetare »Robinsonade« den Grundstein für unsere heutige Menschheit.

Abbildung 5
Der geborstene Planet »Phaeton«.
Er umkreiste unsere Sonne zwischen Mars und Jupiter.

Um diese Theorie zu stützen, haben die sowjetischen Wissenschaftler winzige Teilchen gesammelt, die aus dem Weltraum auf die Erde geregnet sind. Diese vermeintlichen Bauteilchen des Planeten Phaeton haben sie gründlich untersucht und dabei eine Fülle von Beweisen für ihre Behauptungen entdeckt. Auch amerikanische Forscher fanden in verkohlten Meteoriten versteinerte Zellen, die vorher auf der Erde nicht bekannt waren. Leider zieht man es in westlichen Fachkreisen vor, sich über die eventuelle Herkunft dieser ungewöhnlichen Lebensformen nicht zu äußern. Erfreulicherweise gibt es für die Stützung der »Phaeton-Theorie« auch Überlegungen, die jeder selbst anstellen kann.

Warum hat der Mensch kein Fell?

Haben Sie sich schon einmal gefragt, warum der Mensch im Gegensatz zu allen Tieren so schlecht an seine natürliche Umwelt angepaßt ist? Im Gegensatz zu allen anderen Lebensformen auf der Erde, muß er sich kleiden und klimatisierte Wohnungen bauen, wenn er hier überleben will. Für uns ist dies so selbstverständlich, daß wir uns darüber wenig Gedanken machen. So lange wir zurückdenken können, ist das immer so gewesen. Folgt man der Darwinschen Theorie, so war das in Urzeiten anders. Nach dieser Lehre stammt der Mensch bekanntlich vom Affen ab und hat u.a. auch dessen wärmendes Fell geerbt. Warum er später diese nützliche Haarpracht verloren hat, ist nach meiner Meinung von den Verfechtern dieser Lehre bis heute nicht schlüssig beantwortet. Die von ihnen vertretene Ansicht, der primitive Urmensch habe in Höhlen gelebt, und darum seien ihm buchstäblich die Haare ausgegangen, ist wenig überzeugend. Jedermann weiß, daß alles Leben Licht und Sonne braucht und daher bestrebt ist, möglichst viel davon aufzunehmen. Daß der Mensch darin keine Ausnahme bildet, beweisen die alljährlichen Urlaubsreisewellen in den Sonnigen Süden.

Unterstellen wir einmal, es habe einen solchen Urmenschen tatsächlich gegeben, warum sollte ausgerechnet er sich da anders verhalten haben? Die Angst vor wilden Tieren hat ihn nachts vielleicht in Höhlen getrieben, aber am Tage ist er mit Sicherheit durch die Natur gestreift, und dabei war das Fell als Schutz vor Wind und Wetter notwendig. Glaubt man aber der Version der russischen Forscher, so könnte man behaupten, der Planet Phaeton hatte ein gleichmäßig mildes Klima, so daß ein Fell für die dort angepaßten Menschen nicht notwendig war. Vielleicht hat das ererbte Fell die Bewohner von Phaeton auch gestört, und sie haben es später durch eine genetische Manipulation beseitigt. Es soll ja auch bei den Erdenmenschen noch heute Situationen geben, bei denen die allerkleinsten Kleidungsstücke im Wege sind, und die dann bei solchen Anlässen schnellstens abgelegt werden. Man bedenke, daß dies mit einem Fell nicht so leicht möglich ist. Zumal dann nicht, wenn es sich um das dicke eigene handelt. Nach diesem kleinen Scherz noch eine andere Tatsache, die in diesem Zusammenhang interessant sein könnte.

Warum geht die innere Uhr des Menschen nach?

Wissenschaftler der Max-Planck-Gesellschaft haben in zehnjährigen Versuchen an über zweihundert Personen festgestellt, daß die innere Uhr des Menschen um eine Stunde nachgeht. Die Testpersonen wurden vier Wochen lang allein in ein zwanzig Quadratmeter großes Appartment im Inneren des Klosterbergs von Andechs bei München eingeschlossen. Sie hatten während dieser Zeit keinen Kontakt zur Außenwelt, und es gab daher für sie keinen erkennbaren Unterschied zwischen Tag und Nacht. Ihr Zimmer war immer gleichmäßig erhellt, und nichts zwang sie, wachzubleiben oder schlafen zu gehen. Durch Meßinstrumente, die an ihrem Körper angebracht waren, stellte man fest, daß auch ohne den natürlichen Wechsel von Tag und Nacht die innere Uhr des Menschen den Rhythmus von Schlafen und

Wachen bestimmt. Der dadurch zustandekommende innere Tag dauert nicht vierundzwanzig, sondern fünfundzwanzig Stunden. Nach einhundertzwanzig Kalendertagen hatten die Versuchspersonen das Gefühl, nur einhundertfünfzehn Tage gelebt zu haben. Wenn sich der Mensch von Anbeginn an auf dem Planeten »Erde« entwickelt hätte, so ist anzunehmen, daß seine innere Uhr von ihrem 24-Stunden-Rhythmus bestimmt würde. Wieder könnte die Theorie der russischen Forscher eine Erklärung für die unerwarteten Versuchsergebnisse anbieten. Der Tag-Nacht-Rhythmus des Phaeton betrug fünfundzwanzig Stunden, und die innere Uhr der auf ihm angepaßten Lebewesen stellte sich darauf ein. Allerdings sind diese Überlegungen nur stichhaltig, wenn die innere Uhr der Tiere, die auf der Erde beheimatet sind, im 24-Stunden-Rhythmus ticken würde. Mir ist nicht bekannt, wieviele Tierarten man in dieser Richtung schon untersucht hat, aber die innere Uhr der vom Max-Planck-Institut getesteten Singvögel geht leider vor. Ob es sinnvoll ist, nun nach einem Planeten Ausschau zu halten, dessen Rotationsrhythmus der inneren Uhr der getesteten Singvögel entspricht, ist schwer zu beurteilen.

War die Erde in Vorzeiten ein Zoo für Besucher aus fremden Welten?

Es ist möglich, daß die raumfahrenden Phaetonbewohner vor der großen Katastrophe die Erde als ein riesiges Naturschutzgebiet betrachteten und alle möglichen Tierarten von den verschiedensten Planeten dort ansiedelten. Dies könnte durchaus auch für die verschiedenen Menschenrassen zutreffend sein. So abwegig wie das im ersten Moment erscheinen mag, sind diese Überlegungen nicht. Auf die Frage von Reportern, warum uns denn niemand aus dem Weltall besuche, antwortete z.B. der Astrophysiker Dr. John A. Ball: *„Die Bewohner anderer Planeten sind viel weiter entwickelt als wir Menschen. Sie beobachten uns zwar, haben aber noch keinen Kontakt mit uns aufge-*

nommen, weil sie die Erde als eine Art amüsanten Naturschutzpark oder Zoo betrachten, dessen Entwicklung sie nicht stören wollen!"

Wer diesen Gedankengängen nicht folgen möchte, mag abwarten, bis eindeutige Forschungsergebnisse Klarheit schaffen. Vielleicht stellt man später einmal fest, daß die Erde im Verlauf ihrer langen Geschichte ihren Rotationsrhythmus öfter geändert hat oder daß die innere Uhr der Lebewesen an noch völlig unbekannten Mechanismen geeicht wird. Ich wollte mit den angeführten Beispielen nur aufzeigen, daß man durchaus erklären könnte, warum in den Überlieferungen aus uralter Zeit schon so manche moderne Erkenntnis vorweggenommen wurde, wenn man davon ausgeht, daß die Erde in grauer Vorzeit Besuch aus dem Kosmos hatte. Mir ist bekannt, daß eine ganze Reihe von Hypothesen zu diesem Thema existieren, die den hier angesprochenen zumindest gleichwertig sind. Es übersteigt den Rahmen dieses Buches, hier auf alle einzugehen, und darum will ich nur kurz die von mir vertretene Ansicht folgen lassen. Danach sind alle für uns erfaßbaren Dinge und Daseinsformen Werden und Vergehen unterworfen, das sich nach unumstößlichen ehernen Gesetzen vollzieht, die überall im Kosmos gleichermaßen wirken und demgemäß gleiches hervorbringen. Da auch jeder Zufall, wie zum Beispiel die von unserer Wissenschaft postulierte Urzeugung, diesen Gesetzen unterliegt, gibt es auf Planeten mit entsprechenden Voraussetzungen, alle nach diesen Gesetzen möglichen Lebensformen, einschließlich der menschlichen.

Aufgrund dieses Sachverhaltes ist es selbstverständlich, daß Intelligenzen mit früherer Ausgangsbasis eine sehr viel höhere Bewußtseinsstufe erreicht haben als unsere Menschheit, und die dadurch ermöglichte und entwickelte Technik zum Besuch anderer Planeten benutzten. Zweifellos hat auch die Erde in grauer Vorzeit Besuch aus dem Kosmos gehabt und hat ihn ohne unser offizielles Wissen wohl auch heute noch. Allerdings wird dieser sich heute mehr auf die Überwachung unseres Funkverkehrs beschränken, um sich über unsere technische und vor allem geistige Entwicklung auf dem laufenden zu halten. Die höchste geistige Entwicklungsstufe oder der höchste Bewußtseinszustand ist erreicht, wenn »Wissen = Bewußtseinsprägung« und »letzte Wahrheit« identisch sind und die Handlungen des Wissenden entsprechend ausrichten. Da dies bei unserer Menschheit leider noch nicht der Fall ist, sondern ihre Handlungsweisen hauptsächlich von Machtgier und Vernichtungswillen gesteuert werden, ist eine offizielle Kontaktaufnahme mit ihr nicht ratsam.

Charles Berlitz, der CIA und die schiffbrüchigen »Ufo-nauten«

Was jenen blüht, die z.B. unfreiwillig in Menschenhände geraten, hat der Bestsellerautor Charles Berlitz (Bermudadreieck) erst kürzlich in seinem neuen Buch dargelegt. Darin heißt es: „... *daß sechs außerirdische Wesen im US-Staat »New Mexiko« mit ihrem Raumschiff abgestürzt sind. Anstatt nun den armen schiffbrüchigen Astronauten aus fremden Welten jede erdenkliche Hilfe zu gewähren, wurde das Gelände um die Absturzstelle sofort von Streitkräften hermetisch abgeriegelt. US-Soldaten stürzten sich auf die wehrlosen 1,20 Meter großen Wesen in grauen Weltraumanzügen und nahmen sie gefangen. Danach verschleppte man sie mit dem »Ufowrack« zum Atomversuchsgelände der Luftwaffe, und der »CIA« brachte alle sechs im Interesse der nationalen Staatssicherheit um. Die Regierung der USA versuchte alles, um die Vorkommnisse geheimzuhalten!*“ Es sei dahingestellt, ob diese Darstellung auf Wahrheit beruht oder nicht, wir können dies leider nicht nachprüfen, aber die Wahrscheinlichkeit, daß Menschen in einer solchen Situation genau so handeln würden, ist sehr groß. Diese Feststellung ist zwar sehr betrüblich aber leider berechtigt, wenn man die Grausamkeiten als Maßstab nimmt, die täglich Menschen und Tiere über sich ergehen lassen müssen, nur weil mitleidlose Zeitgenossen das für nützlich halten. Die fremden

Intelligenzen, die uns vom Weltraum aus beobachten, werden sich daher hüten, uns zu nahe zu kommen.

War physikalisches Wissen das Fundament der großen Religionen?

Nur in früheren Epochen, wo es angesichts der primitiven Waffen unserer Vorfahren für die Besucher der Erde relativ ungefährlich war, versuchten sie, den damals lebenden Menschen ihr Wissen und die sich daraus ergebenden Schlußfolgerungen zu vermitteln, die auch heute noch das Fundament unserer großen Religionen bilden. Aus diesem Grunde bin ich im Gegensatz zu manchen zeitgenössischen Schriftstellern der Ansicht, daß nicht die Überlieferer als personenhafte »Götter« die Ursachen unserer großen Religionen sind, sondern das von ihnen hinterlassene Wissen um allerletzte Dinge und Gesetzmäßigkeiten mit den sich daraus ergebenden Konsequenzen. Die Wissenschaftler uns noch unbekannter Planeten hinterließen ihr physikalisches Wissen sicherlich deshalb, um einsichtigen Menschen die negativen Rückwirkungen bestimmter Handlungs- und Verhaltensweisen zu ersparen, die Unwissenheit immer im Gefolge hat. Um dieses Wissen auch für die aufrichtig nach Wahrheit suchenden Menschen späterer Generationen verständlich zu erhalten, haben sie es in Gleichnissen, Parabeln und Symbolen unvergänglicher Aussagekraft hinterlassen, die später allzu oft falsch gedeutet wurden, weil die meisten Suchenden bestimmte Regeln nicht beachteten und nur die vordergründigen Aussagen so interpretierten, daß sie ihrem eigenen Weltbild entsprachen.
So wurde aus Wissen durch Verfälschung »Glauben«, wobei der Eigennutz der Verfälscher keine geringe Rolle gespielt hat. *„Die späteren Kommentatoren verdarben das »Wissen«, sie ertränkten es in einem Ozean von Worten“*, stellte ein großer »Weiser« der Antike schon zu seiner Zeit betrüblich fest. Auch er wußte sicherlich, daß den unbekannten Überlieferern nur die

physikalischen Zusammenhänge wichtig waren, die sich auf das Werden und Vergehen unseres Kosmos und den ihn überdauernden, anfanglosen Kreislauf der Wiedergeburten bezogen. Mit- und Zwischenmenschliches war für die »Wissenden« zu allen Zeiten nur zweitrangig, weil sie ja die physikalischen Ursachen und Gesetzmäßigkeiten der menschlichen Handlungsweisen kannten. Allein die Tatsache, daß ihre gleichnishaften Mitteilungen, wie sie zum Beispiel in unserer Bibel zu finden sind, die Jahrtausende überdauert haben und auch in unserer Zeit noch jedermann besser bekannt sind, als viele wissenschaftliche Aussagen unserer modernen Kapazitäten, zeugt von ihrer umfassenden Menschenkenntnis. Weil ihnen die inneren Antriebe und Motivationen der menschlichen Verhaltensweisen so vertraut waren, benutzten sie in ihren Gleichnissen aber gern mit- und zwischenmenschliche Beziehungen, um Sachverhalte zu verschlüsseln, die ihnen wichtig erschienen und von denen auf den nachfolgenden Seiten die Rede sein soll.

Weltsein und Leben sind Zustandsformen einer ewigen Grundlage

Nochmals möchte ich betonen, daß es sich dabei um physikalisches Grundwissen handelt, das das gesetzmäßige Werden und Vergehen von Weltsein und Leben aus einer »ewigen Grundlage« als letztem Weltengrund zum Inhalt hat. Folgerichtig beginnt daher fast jede mythologische Kosmogonie mit der Beschreibung ihres Zustandes vor der Weltwerdung, den unsere moderne Wissenschaft tunlichst aus ihre Überlegungen ausklammert, weil sie nichts von jener ewigen Grundlage weiß.

Diese Zustandsbeschreibung der ewigen Grundlage bezieht sich in der Regel auf ihre Seinsweise während der inaktiven Phase latenter Ruhe, in der zwar keine Welt existiert, die aber dennoch die Ursachen oder Keime der neuen Welt bereits enthält, wie das befruchtete Hühnerei das Küken. Sie wird in den Texten der Überlieferungen daher lokal zum Keimträger, symbolisch zum »kosmischen Ei« oder zum »archaischen Noah« — dem frühzeitlichen »Mann der Ruhe« — zum »Arche-Noah« der Bibel, der ja ebenfalls alle Lebenskeime der alten Welt hinüberrettet in die neue, weil er sie vor der vernichtenden großen Flut alle in sich aufgenommen hat. Das Wort Noah stammt aus dem hebräischen Wortschatz und heißt übersetzt »Mann der Ruhe«, archaisch kommt aus dem Griechischen und bedeutet »frühzeitlich«. Weil der Mann für die Alten symbolisch u.a. auch ein Keimträger war — er trägt ja die Samen oder Keime zu neuem menschlichen Leben in sich — heißt Arche Noah auf deutsch: »Der in latenter Ruhe verharrende Weltenkeimträger der Frühzeit«. Das es sich dabei um keinen Kasten aus Tannenholz gehandelt haben kann, der dreihundert Ellen lang, fünfzig Ellen weit und dreißig Ellen hoch gewesen ist, sieht man sofort ein, wenn man sich die unbeschreiblichen Zustände ausmalt, die darin geherrscht haben müssen, wenn er tatsächlich von jeder Tierart ein Pärchen hätte aufnehmen können. Hinter der »Arche Noah« der Bibel verbirgt sich daher als physikalische Realität die sog. Weltennacht. Jene schwer zu beschreibende Seinsweise der ewigen Grundlage, in der sie zwischen den Schwingungen der alten und denen der neuen Welt in der ihr eigentümlichen Ruhelage als Keimträger verharrt. Wenn der Pulsschlag der alten Welt verklungen ist und der der neuen noch nicht begonnen hat, nach außen zu schwingen, um die Weltenkeime erneut zu entrollen, wird die ewige Grundlage sinnbildlich zum kosmischen Ei (Abb.6, S.42). In dieser Eisymbolik ist auch gleichzeitig die Frage nach dem ersten Weltwerden beantwortet; denn mit Weltenkeimträger und Welt verhält es sich so, wie mit Henne und Ei. Ohne Henne kein Ei und ohne Ei keine Henne. Für die Wissenden früherer Epochen war es daher müßig, darüber zu spekulieren, ob und wann die Welt ein erstes Mal in Erscheinung trat. Nach ihrer Lehre werden und vergehen die Welten in anfang-und endloser Wiederkehr in der ewigen Grundlage wie die Eisschollen im Polarmeer, ohne daß die ewige Grundlage sich als Ganzes wandelt, weil sie selbst

Abbildung 6
Das »Welten-Ei«.
In der Symbolik der Überlieferer wird die »Ewige Grundlage« in ihrer Phase latenter Ruhe lokal zum »Keimträger«, zum »Kosmischen Ei«.

ohne Anfang und Ende ist und daher weder hervorgebracht wurde, noch jemals vergeht. Diese keimträchtige Grundlage, deren physikalische Realität wir noch kennenlernen, hieß in manchen antiken Kulturkreisen vor ihrer jeweiligen kosmischen Aktivität die »Große Mutter«, weil sie wie eine werdende Mutter lokal anschwillt, oder treffender — analog dem Urknall der Wissenschaft — expandiert, wenn die schlummernden Weltenkeime sich in ihr zu neuem Weltwerden entrollen. *„Die Mutter schwillt und breitet sich aus von innen nach außen wie die Knospe des Lotus“*, heißt es beispielsweise in den »Strophen des

Dzyan«, die eine verschlüsselte Evolutionslehre des alten Orients enthalten und in theosophischen Kreisen als Geheimlehre gehandelt werden (Abb.7, S.44).

Das »Vater—Mutter—Sohn-Prinzip«

Darin wird die Grundlage im ersten Stadium des Wiedererwachens der Welt, die ja von Anfang an dualer Natur ist, »Vater-Mutter« genannt und »Vater-Mutter-Sohn«, wenn die individualisierte »Schaukraft« als »*Sohn des Vaters*« „*erwacht ist für das neue Weltenrad und seine Wanderung auf demselben*“, dem Kreislauf der Wiedergeburten. Der Vater als Erzeuger seiner Stammhalter — den brüderlichen Gottessöhnen — ist die zuerst in der ewigen Grundlage entstehende feinstoffliche, mit Schau- und Lebenskraft begabte erkennende Seinsweise, die sog. »Vaterwelt«. Ihre Gegenspielerin, die »Mutterwelt«, die »Mater« als unbelebter Stoff mit den empfangenden Prinzipien und den Elementen der Trägheit, ist die erkennbare grobstoffliche »Materie« (Abb.8, S.48). Steigen die feinstofflichen, mit Schau- und Lebenskraft begabten »Gottessöhne« zur Erde herab, um die tote Materie zu beleben, entsteht der Formenreichtum und die Vielfalt des organischen Lebens. Darum ist es nicht verwunderlich, wenn es in den »Strophen des Dzyan« überschwenglich heißt: „*Siehe, o Schüler! Das strahlende Kind der beiden, die unvergleichliche Fülle und Herrlichkeit*“ und im Matthäus-Evangelium der Bibel Kap. 23, 8—9: „*Ihr aber seid alle Brüder und sollt niemand Vater heißen auf Erden, denn einer ist euer Vater, der im Himmel!*“ Für den Eingeweihten bezog sich daher das Gebot: „*Du sollst deinen Vater und deine Mutter ehren, auf daß du lange lebest auf Erden!*“, auf diesen uns allen gemeinsamen Vater und diese uns allen gemeinsame Mutter. Jenes Elternpaar ehren, hieße im Sinne der Überlieferer, die gesamte für uns erfahrbare Schöpfung ehren, weil ja ihrer Lehre gemäß Weltsein und Leben auf diesen beiden Welten mit ihren einander entgegengesetzten Eigenschaften beruht.

Daß die Mißachtung dieses elementaren Gebotes nicht nur für den Einzelnen böse Folgen zeitigt, sondern sogar den Fortbestand des menschlichen Lebens gefährdet, wurde sicher noch niemals in der Menschheitsgeschichte so bewußt empfunden wie in unserer Zeit, in der die Umwelt den Interessen des Wohlstands so rücksichtslos geopfert wird. Die »Große Mutter« schläft in der Weltennacht, aber sie atmet beständig, weil die Bewegung ewig ist. Lediglich zwischen ihrem Ein- und Ausatmen tritt eine Phase scheinbarer Ruhe ein. So wird also auch in der Lehre der Überlieferer der Satz von der Erhaltung der Energie nicht verletzt. Ihr Ausatmen ist der Pulsschlag, der die schlummernden Weltenkeime zu neuem Weltsein entrollt, ihr Einatmen der Todeshauch, der alles einrollt und wieder hinwegrafft.

Schöpfungsmythen sind gar nicht so rätselhaft

In den zahlreich überlieferten Kosmogonien der verschiedenen Kulturkreise, wird der Zustand der Ruhe, der nach jedem Einatmen eintritt, daher folgerichtig durch die Abwesenheit der Elemente definiert, die als Grundgegebenheiten eine Welt ausmachen. So sagt z. B. ein Vers der Pyramidentexte aus dem alten Ägypten: *„Dieser Werkmeister* — Pulsschlag — *der Schöpfung wurde geboren, als der Himmel noch nicht entstanden war, als die Erde noch nicht entstanden war, als die Menschen noch nicht entstanden waren, als selbst der Tod noch nicht entstanden war!"*

Die schönste mir bekannte Beschreibung dieser Art findet sich im »Rigveda«, dem ältesten Denkmal indischen Schrifttums, das bis ins 2. Jahrtausend vor Christus zurückreicht:

Abbildung 7
Venus von Willendorf (mehr als 10.000 Jahre alt).
Diese gesichts- und armlose »werdende Mutter« könnte die keimträchtige Grundlage vor dem »Weltwerden« symbolisieren. (gesichtslos symbolisiert »unsichtbar, unpersönlich«, armlos »Nichttäter«)

„Nicht etwas war, nicht nichts, das Firmament war nicht,
nicht wölbte sich des Himmels Dach.

Was deckte alles? schirmte? was verbarg?
War es des Wassers bodenloser Schlund?
Da war kein Tod, — doch war unsterblich nichts.
Und keine Grenze zwischen Tag und Nacht.

Das »EINE« atmet atemlos in sich,
ein anderes war bisher noch nicht im Sein.
Und finster wars, und alles erst gehüllt
in tiefes Düster — in ein finst'res Meer.

Der Keim, von seiner Hülse noch bedeckt,
brach durch, in brünst'ger Hitze, als Natur.

Wer weiß, wer kündet das Geheimnis hier?
Woher die mannigfache Schöpfung kam?

Die Götter traten später erst ins Sein.
Wer weiß, woher die große Schöpfung kam?
Das, woher alle diese Schöpfung kam,
ob dessen Wille schöpferisch, ob stumm,
der höchste Seher in des Himmels Höh',
er weiß es — oder weiß selbst er es nicht?

Blickend hinaus in die Ewigkeit,
ehe der Grund gelegt gewesen,
warst Du.
Und wenn die unterirdische Flamme
aus ihrem Kerker bricht und ihn verzehrt,
wirst Du noch sein, der Du vorher warst,
und keinen Wechsel kennen, ohne Zeit.
O, endlos Denken, göttliche »Ewigkeit«!"

(Colebrooke)

Das folgende Zitat behandelt den gleichen Gegenstand. Es stammt aus Paul Frischauers Buch »Es steht geschrieben« und lautet:

„Weder Nichtsein noch Sein war damals.
Nicht war der Luftraum noch der Himmel darüber.
Was strich hin und her? Wo? In wessen Obhut?
Was war das Unergründliche?
Weder Tod noch Unsterblichkeit war damals.
Nicht gab es ein Anzeichen von Tag und Nacht.
Es atmete nach seinem eigenen Gesetz,
ohne Windzug dieses »EINE«.

Irgendein anderes als dieses war nicht vorhanden.
Im Anfang war Finsternis in Finsternis versteckt.
Das Lebenskräftige, das von der »Leere« eingeschlossen war,
das »EINE«, wurde durch die Macht seines heißen Dranges geboren.
Gab es denn ein Unten, gab es ein Oben?
Wer weiß es gewiß, wer kann es hier verkünden,
woher sie entstanden, woher diese Schöpfung kam?“

Der unermeßliche »Raum-Ozean« — die ewige Grundlage

Daß mit diesem unergründlichen »EINEN«, aus dem diese Schöpfung kam, der »RAUM«, oder treffender, der mit den Urwassern gefüllte »Raum-Ozean«, der anfang- und endlose »OKEANOS«* vor der Weltwerdung gemeint ist, geht aus einem anderen Schöpfungsbericht hervor. Er wurde von dem schwedischen Forscher Bengt Danielsson, der mit Thor Heyerdahl auf der »Kontiki« den Pazifik überquerte, von der kleinen

* »OKEANOS« ist ein alter Name für den »Raum-Ozean«, den man bekanntlich nur mit einem »Raum-Schiff« durchqueren kann.

Abbildung 8
Vater-Mutterwelt
Symbolische Darstellung der beiden einander entgegengesetzten Welten.

Südseeinsel Raroia mitgebracht. Auf dieser kleinen Insel der Tuamotogruppe im Pazifischen Ozean traf Danielsson einen gelehrten Priester, der ihm von folgender Überlieferung seines Volkes berichtete: „*Im Anfang gab es nur den »leeren Raum«, weder Dunkel noch Helle, weder Land noch Meer, weder Sonne noch Himmel. Alles war eine große schweigende »Leere«. Unbekannte Zeiten gingen dahin. Dann begann die »Leere« sich zu bewegen und verwandelte sich in Po. Alles war noch dunkel, tiefes Dunkel, dann begann Po selbst zu kreisen. Neue seltsame Kräfte waren am Werk. Die Nacht verwandelte sich, der neue Stoff war wie Sand, der Sand wurde zum festen Boden, der emporwuchs. Schließlich offenbarte sich Papa, die Erdenmutter, und breitete sich aus und wurde zu einem großen Land. Im Wasser waren Pflanzen, Tiere und Fische und vermehrten sich. Das einzige, was fehlte, war der Mensch. Da schuf Tangaloa den*

Tiki, der unser Ahnherr wurde!“ Leider war mir das Buch »Vergessene Inseln der Südsee«, das Danielsson geschrieben hat und aus dem diese Zeilen offensichtlich stammen, nicht zugänglich. Obwohl es erst 1955 bei Ullstein erschienen ist, gelang es mir trotz intensiven Bemühens nicht, ein Exemplar zu erwerben. Die angeführten Stellen sind daher Dänikens Bestseller »Zurück zu den Sternen« entnommen.
Da Erich von Däniken diesen Schöpfungsbericht in seinem Sinne interpretiert — er meint, hierin werde der Landeanflug eines außerirdischen Raumfahrzeugs beschrieben — kann ich nicht sagen, ob die angeführten Strophen vollständig sind und dem Originaltext entsprechen. Diese Feststellung ist kein Werturteil. Es liegt mir fern, jemanden zu kritisieren, weil er aus den alten Überlieferungen andere Schlüsse zieht. Dies ist nur natürlich, denn die Vieldeutigkeit der Parabeln war von ihren geistigen Urhebern beabsichtigt. Ich habe die entsprechenden Strophen nur angeführt, um aufzuzeigen, daß die »ewige Grundlage« der Überlieferer mit dem unermeßlichen »Raum-Ozean« identisch ist.

Nikolaus Flamellis Vermächtnis

Es ist müßig, hier mehr von diesen Texten abzudrucken oder näher auf ihre vordergründigen Aussagen einzugehen, weil ihre geistigen Urheber sie alle verschlüsselt haben. In dieser Beziehung hatten sie alle den gleichen Ehrgeiz, sich gegenseitig durch die Wahl vieler dunkler Worte zu übertreffen. Niemand durfte hinter ihre Geheimnisse kommen, außer einiger Weiser allein. Das derart behütete Wissen sollte ausschließlich das Erbe späterer Generationen sein, denen durch bestimmte physikalische Erkenntnisse, auf die wir noch zu sprechen kommen, der Schlüssel zu diesen Rätseln zufallen würde. Dies gilt auch für das meistverkaufte Schlüsselwerk des 20. Jahrhunderts — die Bibel. Unter Androhung grausamer Strafen schärften die Einge-

weihten jedem Schüler am Anfang ihrer Unterweisungen ein, ihre späteren Erkenntnisse niemals zu verraten: *„Es hüte sich ein jeder Christ, zu öffnen, was verboten ist. Er schweige stille, ist mein Rat, so hat er Ruhe früh und spat.“* Sie sagten ihnen: *„Gott allein, der die Herzen der Menschen kennet, zeucht etliche aus seinen Knechten herfür und lieset aus, die ihm so gefällig, daß sie diese göttliche Weisheit, so dem Menschen verborgen, suchen sollen* — suchet so werdet ihr finden — *und wenn sie dieselbige gefunden, bei sich alleine behalten.*
Denn dies ist eine Weisheit, die ihren Herrn abhebt von dem Elend dieser Welt und führet ihn zu der Weisheit der zukünftigen Güter in jenem Leben (dem ewigen Leben). *Hievon mußt du vor dem gemeinen Haufen nicht viel schwatzen, sondern sollst von Herzen gesinnet sein, alle solche Heimlichkeit bis an dein letztes Ende und in die Grube hinein verschwiegen zu halten und nichts an dir vermerken lassen, oder du bist dem Teufel in seine Macht auf allen seinen Wegen und Stegen befohlen.*
Verschließe deinen Mund und bestätige in deinem Herzen ganz gewiß, keinem Menschen dieser boshaftigen, undankbaren und falschen Welt, solche Geheimnisse anzuvertrauen oder teilhaftig zu machen. Denn so der Allmächtige einem anderen hätte gönnen wollen, daß er das Geheimnis entdeckt, so hätte er es ihm von sich aus und ohne dich, durch andere Mittel und Wege verleihen können und nicht an dich gelangen lassen.
Darum siehe zu, versuche Gott deinen Herrn nicht, denn er ist der, so sich nicht spotten läßt. Sei von Herzen verschwiegen und betrachte die Strafe, der kein Mensch entrinnen kann“ (aufgrund der Kausalität von Ursache-Wirkung-Rückwirkung). *Beherzige auch die Warnung der Paradeißtafel am 69. Blatt, die da lautet: „Derhalben will ich alle Inhaber dieses Buches durch christliche Liebe treulich gewarnet haben, ihr wollet diese meine Paradeißtafel vor allen frefelnden, hochmütigen, ungerechten Unterdrückern der armen Leute, hoffährtigen und dergleichen unwürdigen gottlosen Leute verbergen und in ihre Hände nicht kommen lassen, bei Strafe der ewigen Pein und eurer Seelen Verdammnis, welches Urteil Gott über solche*

gesprochen hat. Das laßt euch wohl zu Herzen gehen, denn unter den Laboranten finden sich noch unartige Köpfe.
Der eine gedenket große Schlösser zu bauen, oder bei Herren und Fürsten sich in grosse Gunst und hohes Ansehen mit dieser Kunst (der auf materielle Werte ausgerichteten »Erkenntniswissenschaft«) *zu bringen. Ein anderer Prahlhans, der vorgibt, bei seiner Arbeit* – seinen Forschungen – *Fortschritte erzielt zu haben, frohlocket über die Maßen und läßt sich ungescheut vernehmen, wenn er mit dem Werke zu gutem Ende kommen sollte, so wolle er sich zu einem Potentaten unter den Lutheranern begeben, demselbigen soviel Gold und Silber verschaffen, damit er damit ein starkes Kriegsheer aufbringen, den Papst und alle Mönche zu verjagen und zu vertilgen.*
Oh, du schlimmer Argemist, wenn du alle Mönche mit ihrem Rocken und Stock verschlungen und alle Klöster zerstöret und viele Länder mit deinem gottlosen Kriegsvolke verheeret hättest, bildest du dir ein, daß du deswegen mit Petro und Paulo im Himmelreich oben an sitzen und bei Gott in großen Gnaden sein wirst?
Meinem Bedünken nach, irrest du sehr weit, denn du bedenkest nicht, wie viele arme Leute, wieviele Witwen und Waisen du machen würdest, die über dich cetei mordio, Ach und Weh, Rache und Strafe schreien würden. Aber weil Gott höret und siehet deine Absicht, lässet er dich, wenn schon dein Werk recht angefangen, das Ende nicht erleben. Denn die hochedle überschwengliche Gabe Gottes, wird dir nicht zu dem Ende verliehen, daß du damit einen unchristlichen, heillosen, verderblichen Krieg führen sollst, sondern so du es recht willst anwenden, so findest du aller Orten viele arme Witwen und Waisen, auch andere arme Leute, die alters halber ihr Handwerk nicht treiben, noch ihre Nahrung suchen können. Denen verschaffe Unterhalt und Nahrung. Da sind alte Knechte und Mägde, die zwanzig, dreißig und mehr Jahre gedienet und keine Mittel haben, eine eigene Haushaltung anzustellen. Denen strecke etwas vor, damit sie können zum Stande kommen und ihres gehabten arbeitsseligen Lebens einmal in etwas Erleichterung

empfinden. Da sind Schüler, welche gute Anlagen haben, denen aber ihre geringen Geldmittel nicht helfen, ihren Verstand und ihre Tugend zu fördern, denen magst du beförderlich sein. Denn mit einem christlichen, verständigen, gelehrten, weisen Manne, ist einer Stadt, ja einem ganzen Lande mehr gedient, als mit einem großen Kriegsheer!"

Wie erschreckend modern und aktuell diese Feststellungen auch heute noch sind, ist geradezu beängstigend. Zu gut erfahren wir am eigenen Leibe, wie jede neue Erkenntnis genau in diesem negativen Sinne mißbraucht wird, müssen ohnmächtig zusehen, wie einige Adepten aus unseren modernen Hexenküchen um Geld und Gunst der Mächtigen geradezu buhlen, indem sie ihnen immer perfektere, effizientere und grausamere Tötungsmechanismen in die Hände geben.

Wäre es für sie und für die gesamte Menschheit nicht nützlicher, wenn sie ihren geistigen Scharfsinn dem Mechanismus zuwenden würden, der im Menschen Macht und Geltungsstreben verursacht? Ist es nicht gerade dieses Streben nach Macht und Geltung, das immer wieder Unterdrückung, Sklaventum und unsagbares Leid für die Unterdrückten im Gefolge hat? Warum ist dieser fundamentale Mechanismus mit seinen physikalisch-psychischen Gesetzmäßigkeiten von unserer Wissenschaft noch nicht völlig erkannt? Ist er es am Ende selbst, dieser König aller Sklavenhalter, dem alle viel zu gerne und bereitwillig untertan sind, der dies im Forschenden verhindert? Vielleicht will dieser »Ich-bin-der-Größte« fordernde »Ich-Macher« unerkannt bleiben, weil er sonst seine Macht über den Menschen verlieren könnte, wie das »Rumpelstilzchen« im gleichnamigen Märchen seinen Herrschaftsanspruch über die von ihm bedrängte Königin, als sie den häßlichen Zwerg »beim richtigen Namen nannte«. Nicht ohne Grund lehrt uns die Bibel: „*Die Weisheit ist bei den Demütigen!*" Nur wer sein Ich, sein ichbezogenes Nutzdenken und das daraus resultierende Weltbild aufgibt und als Bezugssystem fallen läßt, kann die Wahrheit finden.

Wir sind nicht der Mittelpunkt des universalen Geschehens, auf dessen Wohlergehen und Fortbestand alles angelegt ist. In dieser Beziehung waren die Überlieferer in ihrem Denken und Handeln konsequenter als viele von unseren Wissenschaftlern. Da sie bis zu allerletzten Erkenntnissen vorgedrungen waren, ist ihnen dieser Beherrscher alles Lebendigen nicht entgangen. Sie verbargen diese grundlegenden Zusammenhänge hinter dem Löwensymbol, das in der Gestalt der »Sphinx«, dem Mischwesen aus Löwenleib und Menschenkopf, noch heute seiner Enträtselung harrt. Leider kann hier nicht näher auf diese interessante Symbolfigur eingegangen werden, weil ohne das entsprechende Wissen der Alten, das hier noch behandelt werden soll, ihr Symbolgehalt nicht verständlich wird. Wie schon gesagt, handelt es sich dabei um Erkenntnisse unserer Vorvorderen, die sich auf Grundlage und Ursache von Weltsein und Leben beziehen.

Die Schwingungslehre der Überlieferer

Dies hat einer der letzten erfolgreichen Adepten, der Franzose Nikolaus Flamelli, anno MDCLXXII in seinem »Buch der Hyroglyphischen Figuren«, aus dem auch die vorhergehenden Zitate stammen, nicht gar so verschlüsselt aufgezeigt. Stellvertretend für viele andere weise Männer vor ihm schreibt er zu diesem Sachverhalt folgendes: „*Mein Buch* (»Kleinod der Philosophie«) *ist ein vortrefflich Werk, in dem Ordnung und Art und Weise aufgeschrieben sind, die ich in der wohldurchdachten Zusammensetzung des Werkes der Natur gefunden habe und die unter meinen hyroglyphischen Figuren verstecket sind*“. (Abb.9 S.54) *Dieser »Schatz der Philosophie« lehret uns die Heiligkeit* (Ganzheit) *desjenigen, dem alle Dinge zugehörig sind, der Himmel, die Erde, das Meer und folglich auch alles andere, das in ihnen erschaffen ist. Von ihm rühren her alle Schätze der Weisheit, denn er allein ist der »Allmächtige«* (Allgroße) *Schöpfer, der Gewalt hatte, aus dem »Nichts« alle Dinge zu erschaffen*“. Flamellis »Nichts«, aus dem alle Dinge erschaf-

Abbildung 9
Kupferstich nach den verlorenen Darstellungen über dem Portal des Beinhauses vom Pariser Friedhof der »Unschuldigen Kinder« Stiftung des Adepten Nicolas Flamel und seiner Gattin Perenella.

fen sind, bezieht sich auf die »Grundlage« während der Weltennacht. Auf den »Raum als Weltall« während der Ruhepause, in dem in Ermangelung von lokaler Bewegung, von Welle, keine Welt existiert, eben nichts ist. Nichts, das erkennbar wäre und nichts, das sich erkennend verhält. Erst wenn die Wasser des »Raum-Ozeans« sich durch den Pulsschlag der Schöpfung wieder erregen, Wellen schlagen, verwandelt sich der »Raum-Ozean« erneut in die »gewellte Seinsweise«, die Welt. Diesen anfang- und endlosen, von Ewigkeit zu Ewigkeit existierenden allgegenwärtigen »Raum-Ozean« meint Flamelli, wenn er fortfährt: *„Der alles verbindet, das Kleinste mit dem Größten, das Nächste mit dem Entferntesten, das Bekannte mit dem Unbekannten. Der Fremde eint, indem er ausgleicht was verschieden ist. Der durch seine Güte Gesundheit, durch gewisse Arzneien den Kranken Genesung und Vollkommenheit den Unvollkommenen gibt. Dies haben die Weisen und Weltweisen vollkommen erkannt und verstanden es, durch zwei Mittel danach zu handeln, was sie in ihren Büchern beschrieben haben. Aus zwei Mitteln, wovon das eine aufrecht, das andere aber falsch und irreführend ist.“*

Für den uneingeweihten Leser sei hier angemerkt, daß sich das falsche, irreführende Mittel auf die profane Alchimie bezieht, deren Adepten aus dem chemischen Element Quecksilber mit der Ordnungszahl »80«, Gold der Ordnungszahl »79« machen wollten. Das gelang erst dem Physiker K.B. Bainbride im Jahre 1941. Durch Neutronenbeschuß entfernte der Kernphysiker ein Proton aus dem Quecksilberatom und erhielt tatsächlich ein Goldatom. In ihrer Gold- und Machtgier haben die Pseudoalchimisten, die »Sudelköche«, wie sie von den echten Philosophen genannt wurden, nicht bemerkt, daß Quecksilber das Symbol für Aktivität oder Bewegung ist (Abb.10, S.56). Wir sagen ja heute noch, jemand habe Quecksilber in seinen vier Buchstaben, wenn er nicht stillsitzen kann. Das Gold dagegen symbolisiert das makellos Reine, das Unvergängliche, das Kostbarste, das Erstrebenswerteste, den Zustand des »Ewigen«. Den Zustand, über den zwar keinerlei Aussagen möglich sind, der aber den wahren Alchimisten von seinem »Welterleiden« erlöst und den Buddhisten vom Joch des Karma befreit, der Ursache für den endlosen Kreislauf der Wiedergeburten. Denn als Weltphänomen ist der Kreislauf der Wiedergeburten so ewig, wie die Energien, die das Werden und Vergehen der Welten bedingen. Wenn dieses Weltall sich am Jüngsten Tage auflöst, hört er nicht auf, weil die unerlösten Wesen ihre Wanderung auf dem neuen Weltenrad fortsetzen. »Die Letzten

Abbildung 10
Pamphlet gegen die profane Alchimie.
Der »Marquis de Force-Nature«.
Kupferstich von van Sasse.

der alten Welt werden die Ersten der neuen Welt sein und die Ersten der neuen Welt werden auch wieder die Letzten sein«. Die Akteure, die Wesen, sind immer dieselben. Sie können »niemals« vergehen, sondern wandeln sich nur. Weil es für das Werden und Vergehen der Welten kein »erstes Mal« gab, gilt das auch für den Kreislauf der Wiedergeburten. Nur wer sich mit dem »Merkmallosen« eint, kann »seinen« Kreislauf der Wiedergeburten dadurch beenden. Was ein Ende haben kann, das hatte auch einen Anfang. Für den Seher als Einzelwesen, den Sohn Gottes, der auszog, das Abenteuer »Welt« zu erleben, gab es daher auch eine erste Geburt. Nur liegt dieses Ereignis in der Regel so weit zurück, daß z.B. der Buddha sagte: „*Unerkennbar ist der Beginn der vom Nichtwissen umhüllten Wesen!*“ Erst ein bestimmtes Wissen schafft für den Wissenden die Voraussetzungen für »seine« Rückkehr zum »Einen«. Während er dem Kreislauf der Wiedergeburten entronnen ist, geht er für die unerlösten Wesen weiter. Ob er irgendwann doch wieder in die Welt verstrickt wird, hängt allein davon ab, wie total seine Neutralität war, als er die Welt verließ. Bleibt auch nur die kleinste Wurzel eines Begehrens in ihm erhalten, so ist er früher oder später wieder dabei. Die Wurzel eines beliebigen Begehrens ist ja in jedem Falle eine Schwingung auf einer unerhört geringen Energiestufe. Wird dieser Schwingung aufgrund des Resonanzprinzips Schwingungsenergie zugeführt, schwillt sie an, ordnet sich nach dem Affinitätsprinzip ein und der Schwingungsträger ist erneut in die Welt verstrickt. Will der Adept das verhindern, so muß er sein Begehren rechtzeitig abstellen und die Bewegungen seiner seelischen Welt zur Ruhe bringen.
Wenn in den alchimistischen Schriften der echten Weisen stand: »Mache das Quecksilber fest oder mache die Schlange zu einem Stab«, so hieß dies symbolisch: »Bringe die Bewegungen zur Ruhe«, denn sowohl das Quecksilber im festen Zustand als auch die stocksteife Schlange als Stab, sind notwendig bewegungsunfähig. Daß es sich bei den zur Ruhe zu bringenden Bewegungen um die Schwingungen der inneren seelischen Welt handelt, geht zum Beispiel aus der Symbolik über die »Öfen«

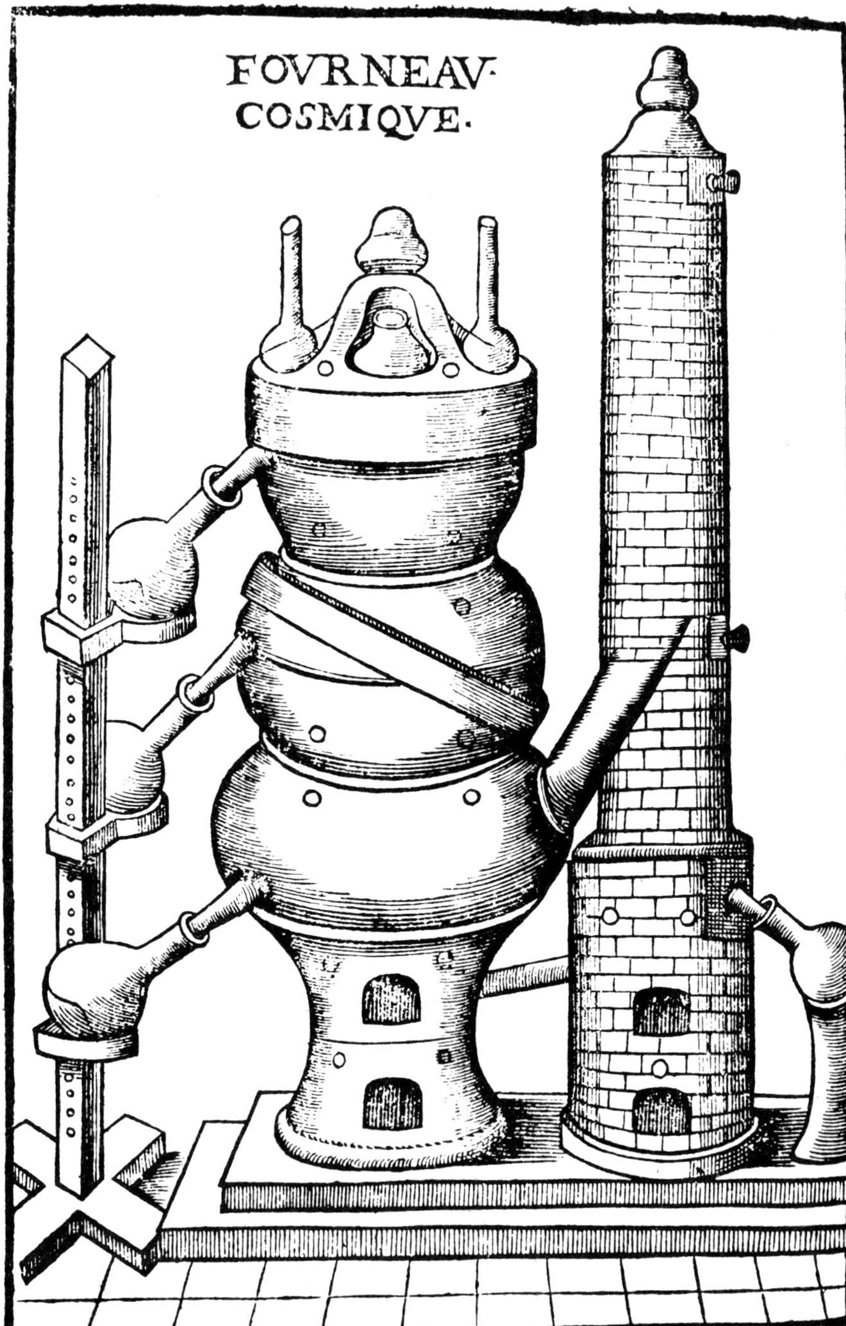
FOVRNEAV-
COSMIQVE.

hervor. Leider ist gerade diese Symbolik schwer verständlich, so daß es nicht sinnvoll ist, hier näher darauf einzugehen. Wer sieht schon in einem alchimistischen Laboratoriumsofen symbolisch den menschlichen Organismus. Und doch ist es nicht so abwegig, weil ja die »Feuer der Leidenschaften« von den Stoffwechselprozessen des Körpers, die ja wie ein Ofen auch Wärme liefern, genährt werden (Abb. 11, S. 58). Es ist erstaunlich, was sich die Weisen früherer Epochen alles einfallen ließen, um beispielsweise den einfachen Satz: »Bringe die Bewegungen der inneren seelischen Welt zur Ruhe!« in symbolischen Bildern darzustellen. Auch Flamelli beklagte sich darüber, als er noch unwissend war und schrieb in bezug auf ein ihm vorliegendes alchimistisches Buch: „*Ob es zwar sehr deutlich und verständlich abgebildet und fürgemahlet war, konnte es doch keiner begreifen, er hätte sich denn in cabalistischen Satzungen sehr geübet und die Bücher der Philosophen wohl durchstudieret. So waren das vierte und das fünfte Blatt dieses Buches ohne Schrift, doch überall mit sehr schönen illuminierten Figuren und dergleichen, als ein köstliches Werk gezieret und erfüllet. Denn es war sehr artig und mit höchstem Fleiß gemahlet. Anfänglich war da gemahlet ein Jüngling, der hatte Flügel an seinen Fersen und einen Heroldsstab mit zwei Schlangen umwickelt, in seiner Hand* (Äskulapstab) (Abb. 12, S. 60). *Damit schlug er auf eine Sturmhaube, die ihm das Haupt bedeckte. Nach meinem einfältigen Verstand urteilte ich, daß es der Heidengott »Mercurius« wäre. Bald kam ein großer alter Mann, ganz schrecklich und gräßlich, auf ihn zugelaufen, oder vielmehr geflogen, mit aufgetanen Flügeln, welcher auf seinem Haupte ein festgemachtes Stundenglas und in der Hand eine Sense trug, wie der Tod, womit er voller Zorn und Eifer dem Mercurio die Füße abhauen wollte.*“ Selbstverständlich handelt es

Abbildung 11
Der »Kosmische Ofen«, Athanor.
(Athanasius, griech. = der »Unsterbliche«.)

Abbildung 12
Jüngling mit Äskulapstab.

sich bei diesem »Mercurio«, dem Jüngling mit den Flügeln an den Fersen, symbolisch sowohl um den schnellen Planeten »Merkur«, der ja in »88« Erdentagen einmal um die Sonne rast, als auch um »Mercurium«, das Quecksilber (Abb. 13, S. 62). Beides aber sind alchimistische Symbole für Bewegung, Aktivität. Jemanden in die Ferse stechen oder ihm die Füße abschlagen, bedeutet symbolisch, ihn bewegungsunfähig machen. Wem dies der »Mann mit Sense und Stundenglas« antut, der wird sich schwerlich bewegen. Die beiden Schlangen, die sich um einen Stab, »eine Ruhelage«, winden, symbolisieren einander entgegengesetzte Schwingungen. Die eine steht für die individualisierte Schaukraft, »das erkennende Subjekt«, die andere für die materielle Welt, das »erkennbare Objekt«. Die Sturmhaube bedeutet Schutz oder geschützt. Daß der Jüngling den Heroldsstab an sein Haupt hält, symbolisiert, daß hier »Hauptschwingungen« gemeint sind, Schwingungen, die sich im Kopf befinden und durch diesen geschützt sind.

Was es mit diesen »Hauptschwingungen« auf sich hat und was mit ihnen geschehen muß, um die »Einung mit Gott« zu erreichen, erfahren wir aus den altindischen »Upanisaden«. In diesen philosophisch-religiösen Texten aus vorbuddhistischer Zeit heißt es: *„Das Denkorgan ist zweifacher Art, so ist uns überliefert, rein und unrein. Unrein heißt es, wenn Begierde und Wille es bewegen, rein, wenn von Begierde es befreit. Wenn alle Willensbestrebungen völlig zur Ruhe gekommen sind und sich ein »Sein« einstellt, das unbeweglich ist wie ein Fels* — dem Stein der Weisen — *wenn Wachen und Schlafen sind verschwunden, das ist der Zustand ureigener Form des »Selbstes«"* — das ungefärbte »Ich-Bin«! (Abb. 14, S. 64) Diese Hauptschwingungen, die ja das seelische Getriebe ausmachen, vom Schmutz übler Gedanken, Begierden und Leidenschaften zu befreien, die schwarze Seele weiß und rein zu machen, um diesen Zustand herbeizuführen, war einziger Sinn und Zweck der wahren Alchimie; denn die weiße, neutrale, entprogrammierte oder unschuldige Seele des Adepten war das hochzeitlich Kleid für die Vermählung mit Gott. *„Wer das Reich Gottes nicht empfähet als ein Kindlein, der wird nicht hineinkommen"*, lehrt auch die Bibel. Daß hier »Kindlein« symbolisch für unschuldig steht, liegt auf der Hand. In der Redewendung: »*Er ist unschuldig wie ein Kind*«, benutzen wir das Symbol im gleichen Sinne (Abb. 15, S. 66). Die schuldbeladene Seele durch geeignete Methoden und Praktiken mehr und mehr zu veredeln, bis sie unschuldig, neutral, symbolisch »weiß« geworden war und sich mit dem

»Absoluten«, dem »Neutrum«, dem »Gott« als ewigem Sein einte und damit zu Gott wurde, war ein schweres Unterfangen. Dabei waren Gold und Geld nur hinderlich, weil diese beiden Mittel zu keiner Zeit Begehren abbauen helfen, sondern im Gegenteil, immer neue erwecken. Wie sollte denn der aufrechte Adept das Gebot: »*Du sollst nicht begehren!*«, befolgen und auf allen Gebieten Enthaltsamkeit üben, wenn sich mit seinem Reichtum und der damit verbundenen Macht, alle Begierden und Leidenschaften so einfach, bequem und angenehm befriedigen ließen? Nein! „*Wo das Geld im Kasten klingt, die Seele nicht zum Himmel schwingt! – Eher geht ein Kamel durchs Nadelöhr, als daß ein Reicher in den Himmel kommt.*"

Die »vier Elemente der Alchimisten«

Folgerichtig waren nur die Mittel und Erkenntnisse, die das Erreichen des höchsten Zieles ermöglichten, die einzig aufrechten und wahrhaftigen. Diese meint auch Flamelli, wenn er, wie folgt, ausführt: „*Das Aufrechte und Wahrhafte haben sie in ihren Schriften mit sehr dunklen und vieldeutigen Worten verfaßt, damit sie nicht vollkommen verstanden werden sollten, außer von Weisen allein, damit die Wahrheit den Bösewichtern vorenthalten und verborgen bleiben sollte, die diese Wissenschaft verunehren und das Wissen hätten mißbrauchen können. Wisset, daß diese Wissenschaft eine Erkenntnis über Zeiten und Eigenschaften der vier Elemente ist und in der alle Weltweisen einhelliger Meinung sind. Halte auch für gewiß, daß in allen Dingen, die unter dem Himmel erschaffen sind, vier Elemente sind.* Diese vier Elemente beziehen sich vordergründig auf die bekannten Aggregatzustände »fest, flüssig, gasförmig und plasmisch«, symbolisiert durch »Erde, Wasser, Luft und

Abbildung 13
Der Merkur der Philosophen.
Giovanni Battista Nazaris alchimistischer Drache.

Abbildung 14
Der Wind hat es in seinem Bauche getragen.
Der »Wind«, die verborgenen, unsichtbaren Bewegungen des »Feinstofflichen« tragen es in sich, das »Neutrum«, das »Unprogrammierte«, das »Unschuldige« — das »uralte Kind«.

Feuer«, dem plasmisch-feurigen Stoff, aus dem die Sterne bestehen. Bei Temperaturen von über 100 Millionen Grad Hitze existiert keine Materie mehr, die wir mit irgend einem irdischen Stoff vergleichen könnten. Die festen und flüssigen scheiden von vornherein aus, und was übrig bleibt, wäre nur ein materieller Zustand, den wir mit »Gas« bezeichnen könnten.

Aber dieses Gas hat nichts mit den uns bekannten irdischen Gasen gemein. Im »Plasmagas« der Sterne existieren keine Atome mehr, sondern nur noch Atomkerne und freie Elektronen. Plasma ist zwar einem Gas sehr ähnlich, dennoch ist es kein irdisches Gas. Wenn man also von den »Aggregatzuständen« spricht, dann darf man den »plasmischen« nicht auslassen. Schon deshalb nicht, weil er die vorherrschende Zustandsform des materiellen Kosmos ist; denn alles andere zählt dagegen nicht, weil kalte, nichtleuchtende Himmelskörper die Ausnahme sind. Da die Aggregatzustände mit ihren unterschiedlichen Eigenschaften ihrem Wesen nach nur vier verschiedene, druck- und temperaturabhängige Bewegungs- oder Schwingungszustände ein und desselben Stoffes sind, ist die elementarische Lehre der Alchimisten hintergründig eine »Schwingungslehre« (Abb.16, S.68). Aus diesem Grunde ist das »Schlangensymbol«, das ja für Schwingung steht, in allen alchimistischen Schriften zu Hause (Abb.17, S.71). Mit dem geheimnisvollen »eigentlich Wirkenden« ist die schwingende Grundlage gemeint, deren vielfältige Bewegungs- oder Schwingungszustände die unterschiedlichen Eigenschaften des weltlichen Seins wie Erkennen und Trägheit, Leben und Bewußtsein oder Anziehung und Abstoßung hervorbringen.

Weil diese Schwingungen sich dem normalen Erfahrungsbereich unserer Sinne entziehen, schreibt Famelli: *„Diese vier Elemente* (Grundschwingungen) *sind zwar nicht sichtbar, sondern in der Sache selber, die die Weltweisen unter dem Deckmantel der elementarischen Lehre, als Wissenschaft vorgewiesen und danach gearbeitet haben. Weil diese Wissenschaft aber keine Erkenntnis der Erden ist, so verstehen die Uneingeweihten unter diesen vier Elementen vielerlei Dinge wie z.B. Blut, Haar, Eiter, Urin und andere Sachen, über die ich nur spotten kann, nachdem ich zu einem besseren Sinn gekommen bin, als ich ihn vorher gehabt habe. Obzwar die alten Philosophen von dieser Wissenschaft unterschiedlich geschrieben und unter fast unzähligen Namen die wahren Anfänge der Kunst verbargen, so haben sie doch solches nicht ohne großwichtiges Bedenken, wie*

Abbildung 15
Ex Libris von E.A. Hitchcock.
»Nur für die Kindlein« ist der Schatz der Philosophen erreichbar. Der Drache symbolisiert hier Rotations- und Pulsschwingung. Verzehrt er sich selbst, bedeutet der immer kleiner werdende Kreis den er beschreibt, daß die Pulsschwingung von außen nach innen läuft, speit er sich wieder aus, daß sie von innen nach außen schwingt.

wir hernach noch sehen werden, getan. Und ob sie doch mannigfaltig davon geredet haben, so sind sie doch untereinander keineswegs streitig oder widereinander gewesen, sondern zielen alle auf einen Zweck und reden von einem Ding. Doch haben sie es für gut befunden, die Hauptsache, das eigentlich Wirkende, mit wunderlichen und seiner Natur und Eigenschaft nach gar zuwiderlaufenden Namen zu benennen. Dies haben viele Scharlatane ausgenutzt, um ihren nach Gott und Wahrheit stre-

benden Zeitgenossen das Geld aus der Tasche zu ziehen. Auch ich hatte große Lust und Liebe zur wahren Philosophie und bin alsbald auch unter die Sophisten und Betrüger geraten, um von ihnen zu lernen. Als ich aber durch viel Lesen und Studieren erkannte, daß das, wonach ich suchte, ein Geschenk und eine Gabe Gottes ist, und daß kein Philosoph die Macht hat, es bei Verlust des edlen Kleinods seiner Seelen, wie ich aus vielen philosophischen Büchern ersehen konnte, es jemandem zu offenbaren, verließ ich die Sophisten und Prozeßverkäufer. Auch will ich jeden Liebhaber dieser göttlichen Kunst davor ernstlich gewarnet haben, jemandem Glauben zu schenken, der ihm das Gesuchte für Geld anbietet, das ich zu meiner Zeit viel erfahren habe. Deswegen kann ich nur jeden davor warnen, der sich nur will warnen lassen, denn ihre Betrügerei ist eitel Lügen. Könnte er selbst, was er für Geld verkaufen will, brauchte er das Geld seiner armen Opfer nicht. Und wisset, daß auch ich mit meinem Munde keine Offenbarung gemacht habe. Mir ist ein Siegel vorgedrückt, damit andere nach mir auch Wundersachen schreiben, aber anderen nicht feilbieten mögen, als da natürlich vom Schöpfer zugelassen ist. Über Wundersachen, die nur von den Unwissenden für übernatürlich gehalten werden, wie z.B. die Herstellung des Steins der Uralten aus dem Salz der Philosophen. Jetzt habe ich nach dem rechten Brauch der Philosophen geredet, und es will mir nicht weiter gebühren, jedermann zu berichten, wie die Türen inwendig verriegelt sind. Raymund Lullius in seinem letzten Testament gedenket auch dieser Extraction und nennt es ein »himmlisches Feuer«. Dieses Feuer wissen, ist das höchste Geheimnis, weil es nicht menschlicher Natur, sondern »engelisch« ist. Diese himmlische Gabe offenbaren, damit der Philosophen Fluch, der den Nachkommen hinterlassen ist, nicht auf mich komme, so bitte ich Gott, daß der Schatz unseres geheimen Feuers nur in die Hände der Weisen kommen möge. Die, die dieses Geheimnis offenbaren und aufdecken, sind Zerbrecher des himmlischen Siegels und beleidigen die göttliche Majestät. Sie sind auch vielem Unglück unterworfen und der Strafe Gottes nicht fern. Merket, daß Gott selbst

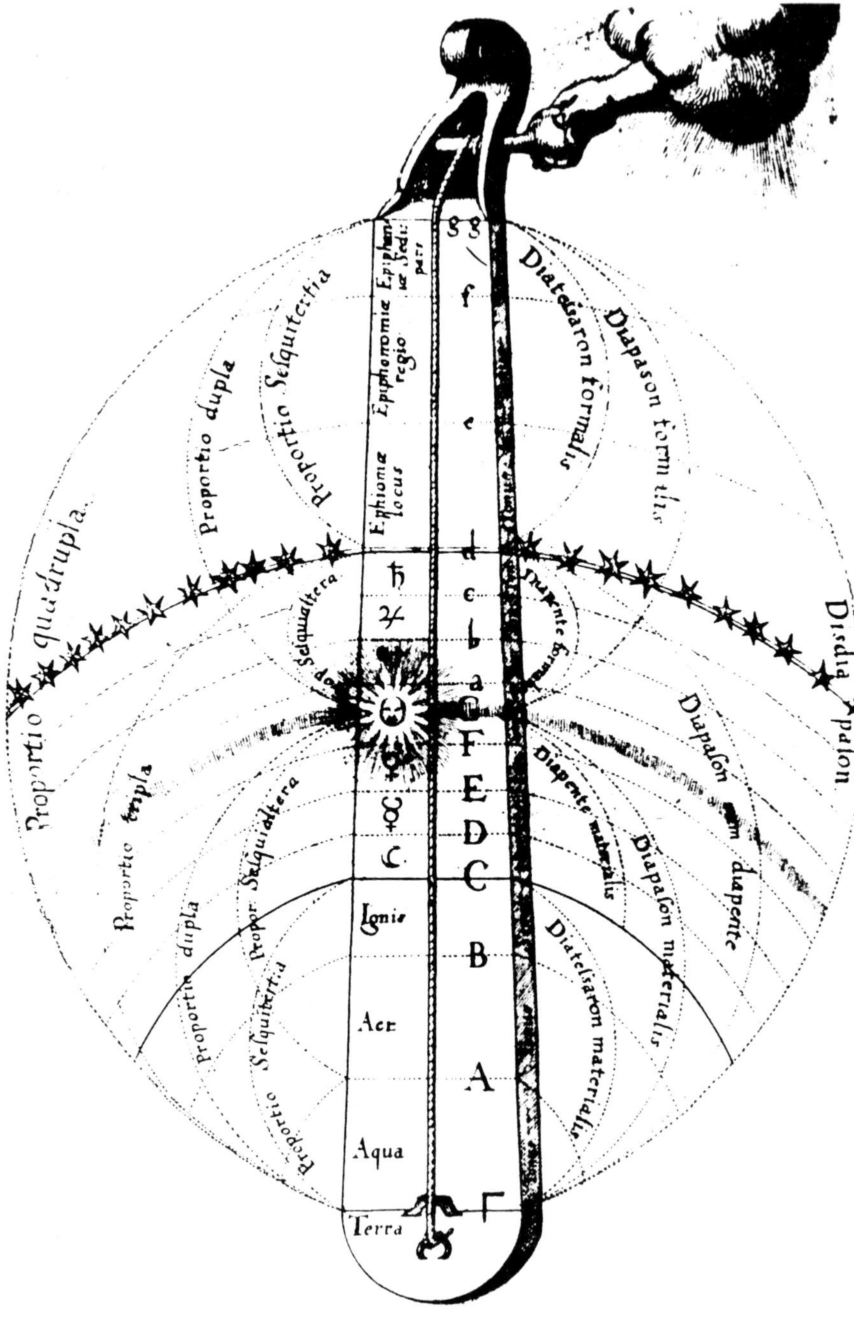

Proportio quadrupla
Proportio dupla
Proportio Sesquitertia
Proportio tripla
Proportio Sesquialtera
Proportio dupla
Propor Sesquialtera
Proportio Sesquitertia
Epiphomomiae regio
Ignis
Aer
Aqua
Terra
Γ
A
B
C
D
E
F
G
a
b
c
d
e
f
g
gg
Disdiapason
Diapason formalis
Diatessaron formalis
Diapente formalis
Diapason cum diapente
Diapente materialis
Diapason materialis
Diatessaron materialis

die Wahrheit vor euch verborgen hat. Denn wenn Gott in euch ein getreues Gemüt wüßte, so würde er euch alsbald die Wahrheit und den rechten Weg weisen. Dem es Gott geben will, dem ist es deutlich genug!" Soweit Nikolaus Flamelli.

Wann ist eine Menschheit für eine neue Erkenntnis reif?

Leider haben seine berechtigten Warnungen vor Sophisten und Prozeßverkäufern wenig gefruchtet. Auch in unserem aufgeklärten Jahrhundert hat diese zwielichtige Zunft wie eh und je Hochkonjunktur. Sind wir aber die rechtmäßigen Erben, für die diese Wissenschaft durch die Jahrtausende geheimgehalten wurde? Vor allem, sind wir stark genug, den damit verbundenen Fluch zu ertragen? Diese Frage hat mir jahrelang mehr Kopfzerbrechen bereitet als die Enträtselung der Symbolik selbst. Wann ist eine Menschheit für eine bestimmte Erkenntnis oder Erfindung reif? War dies der Fall, als Bertold Schwarz ihr das Schwarzpulver in die Hände gab oder Alfred Nobel das Dynamit? Ist unsere Menschheit heute reif für die Erkenntnisse aus den Bereichen der Atomphysik, der Biologie oder Chemie? Ist es nicht gerade umgekehrt? Wird der Mensch nicht erst durch das entsprechende Wissen reif? Jeder handelt doch seinem Wissen analog, denn nur was jemand weiß, kann seine bewußten Handlungen steuern.
Meiner Meinung nach liegt hier eine Kette von Abhängigkeiten vor. Was jemand wahrnimmt, das durchdenkt er; »wie« er es durchdenkt, so wird er es erkennen, wie er es aber erkennt, so

Abbildung 16
Nach Meinung der Alchimisten ist die ganze Welt nur »Schwingung«.
Sie gleicht einem schwingenden Klangkörper — symbolisch einem Saiteninstrument —, der von der Hand des unsichtbaren Gottes — seinem »Handeln« — gestimmt wird.

prägt es sein Bewußtsein, wie es sein Bewußtsein prägte, steuert es seine bewußten Handlungen und analog diesen Handlungen ist das Produkt, wie z.B. Kultur und Technik der Menschheit. Auch unsere modernen technischen Errungenschaften ständen uns ohne das entsprechende Wissen nicht zur Verfügung. Wenn also jemand negativ handelt, so liegt das an seinem negativ geprägten Bewußtsein, und die Ursache dafür ist falsche negative Erkenntnis. Darum kann man mit Recht behaupten: »An den Früchten, an den Taten könnt ihr sie erkennen!« Wenn aber die göttliche Wahrheit positiv ist, wie allerorten beteuert wird, muß sie das Bewußtsein des Erkennenden auch im positiven Sinne prägen und ihn zu positiven Handlungen zwingen. Daß dies so ist, haben die echten Weisen durch ihre vorbildliche Lebensweise selbst bewiesen. Es ist daher nicht leicht zu verstehen, warum Gott und die Wissenden dieses segensreiche Wissen der Menschheit bisher vorenthielten. Die Bedenken Flamellis, das Wissen könnte von Bösewichten entehrt und mißbraucht werden, um den Papst und alle seine Mönche durch kriegerische Handlungen zu vertreiben, haben wenig Überzeugungskraft.

Die Wahrheit ist ein bitterer Trank

Auch ohne im Besitz des hehren Wissens zu sein, haben die Menschen von 1618 bis 1648 dreißig lange Jahre aufeinander eingedroschen und gestochen, sich gegenseitig erschlagen, gemartert, gerädert, gevierteilt und anderes mehr, um ihre doch offensichtlich von Machtstreben gefärbte Weltanschauung durchzusetzen. Zwar ist durch diese Massaker unsagbares Leid über Mensch und Tier hereingebrochen, aber den Papst und die Mönche hat es bis heute nicht vertrieben. Im ersten und zweiten Weltkrieg wurden sogar Millionen von Menschen bestialisch hingemordet, ohne daß der Verrat des geheimen Wissens auch nur die geringste Rolle gespielt hat. Unsere heutigen Potentaten brauchen ebenfalls nicht den Verrat der Geheimnisse abzuwar-

Abbildung 17
Ein Abt, ein Mönch und ein Philosoph bei »Vulkan« als praktizierende Alchimisten.
In seinem Glaskolben und auf dem Herd Schlangen. Weil die elementarische Lehre der Hermeten hintergründig eine »Schwingungslehre« ist, ist das »Schlangensymbol«, das ja für Schwingung steht, in allen alchimistischen Schriften zu Hause.

ten, um den ganzen Erdball mit allem, was sich darauf befindet, zu vernichten. Das Inferno, das uns ins Haus steht, wenn unsere modernen Despoten ihre Machtkämpfe austragen lassen, wird an Grausamkeit alles bisher dagewesene in den Schatten stellen.

Sollten die Weisen so naiv gewesen sein zu glauben, die Menschen würden ohne dieses Wissen davon ablassen, ihrer Lieblingsbeschäftigung nachzugehen, nämlich einander zu beweisen, wieviel größer, stärker und mächtiger sie sind als ihr Gegenüber? Daß sie aufhören würden, sich gegenseitig abzuschlachten, um dies unter Beweis zu stellen? Ganz gewiß nicht! Sie kannten nur zu gut die Mechanismen, die das Leben in Gang

Sapientia edificauit sibi domum.
Scale intell's
Sensibile
Ens
Act'
Passio
Actio
Deus
angel'
Celum
homo
Brutu
Planta
Flāma
Lap'
scala itell's

gesetzt haben und aufrechterhalten. Von ihrer Warte aus durften sie nicht einmal zwischen Pflanze, Tier und Mensch unterscheiden, weil alle einen gemeinsamen Nenner haben, der sich lediglich in seinem Schwingungszustand geändert hat, um die unterschiedlichen Bewußtseinszustände der einzelnen Individuen, wie z.B. Tiefschlaf, Traumschlaf, Wachbewußtsein, und den der verschiedenen Lebensformen (z.B. von Pflanze, Tier und Mensch) hervorzubringen. Sie wußten, daß diese Sachverhalte in den Aggregatzuständen der Materie ihre Entsprechung haben. Eis, Wasser und Wasserdampf sind ja ebenfalls nur unterschiedliche Schwingungszustände der Atomverbindung H_2O. Ihnen war bekannt, wie leicht es ist, vom höheren Bewußtseinsniveau zum tieferen zu gelangen und wie unendlich schwer, vom tieferen wieder zum höheren aufzusteigen. Schon auf der kleinsten Stiege geht es bekanntlich ganz von selber sehr viel schneller und schmerzlicher nach unten als nach oben.
Daß dies auf den Sprossen der Lebensleiter nicht anders ist, erfährt jedermann täglich am eigenen Leibe (Abb. 18, S. 72). Man muß sich schon gehörig anstrengen, wenn man den höchsten Gipfel des Wissens erklimmen und halten will, um die damit verbundenen Früchte zu ernten. Mut, Anstrengung, Fleiß, Ausdauer und große Umsicht sind zwar unbequeme, aber unentbehrliche Wegbereiter auf dem steinigen Bergpfad des Lebens. Nur allzu leicht stürzt der Unachtsame wieder in die Tiefe. Der gnadenlose Ursache-Wirkung-Mechanismus fragt dabei nicht nach Schmerz und Leid des Stürzenden. „*Des einen Lebewesen Tod, gibt anderen Kreaturen Brot!*“, so lautet die makabere Devise. Darum helfen die Nutznießer auch immer listig und mitleidlos nach, um dieses Stürzen auszulösen. „*Wer leben will, muß Leben nehmen!*“, so fordert es das eherne

Abbildung 18
Die Stufen zur »Himmlischen Stadt«.
Allegorische Darstellung der »Lebensleiter«, auf der die Wesen im Kreislauf der Wiedergeburten auf- und niedersteigen.

Abbildung 19
Okkultue Wesensverwandtschaft zwischen Tier- und Pflanzenwelt.

Gesetz des Lebens. Leider sind die dabei angewandten Methoden nicht angenehm. Lebendig zerreißen, zerbeißen, zerquetschen, verschlingen sind ganz normale und gängige Praktiken bei der Nahrungsbeschaffung.
„Leben hier auf dieser Erden, ist quälen und gequälet werden!“
Auch wir Menschen bilden da keine Ausnahme. Obwohl wir in der Regel nicht direkt die Kreaturen töten, die wir für unseren Lebensunterhalt benötigen, so sind wir doch indirekt die Ursache für das, was mit ihnen auf unseren Schlachthöfen

Abbildung 20
Okkulte Wesensverwandtschaft zwischen Mensch und Tier.
So wie es die Abbildungen zeigen, stellte sich der neapolitanische Arzt und Magier »Giambattista Della Porta« (1538-1615) die Wesensverwandtschaft zwischen Pflanzen, Tieren und Menschen vor.

geschieht. Zweifellos sind die Leiden der sog. Schlachttiere beim mehr oder weniger mechanisierten Tötungsakt auf der Schlachtbank geradezu Wonnen, wenn man sie mit den Qualen vergleicht, die ihnen in unseren Versuchsanstalten zugemutet werden. Man kann nur hoffen, daß lediglich Befürworter der Tierversuche in den Retorten der Laboratorien wiedergeboren werden. Vielleicht läßt sie ja ihre Einsicht in die Notwendigkeit der Experimente die Torturen leichter ertragen. Nach Ansicht der Überlieferer irrt nämlich jedes Wesen seit Ewigkeiten im Kreislauf der Wiedergeburten durch die Schichten aller Lebensbereiche, weil bestimmte Handlungs- und Verhaltensweisen sie nach dem Gesetz der »Affinität« — Gleiches zu Gleichem — dort das Licht der Welt erneut erblicken läßt, wo die von ihnen so geschätzten Praktiken natürlich sind. Dabei spielt das »Resonanzprinzip« eine entscheidende Rolle. Nur wer oder was auf »meiner Welle liegt«, mit dem kann ich mich verbinden. *„So keimen die Wesen immer in anderen Schoßen, in anderen Welten und kehren im Wandelkreis hin und wieder“* (Abb. 19, S. 74; Abb. 20, S. 75)! Dabei häufen sich Ereignisse oder Geschehnisse, die in unserer überschaubaren Lebenswelt nur sehr selten beobachtbar und noch seltener selbst erfahrbar sind, im Laufe dieser anfang- und endlosen »Kette« von Wiedergeburten derart an, daß sie nicht mehr zu zählen sind. Daß dabei die schlechten bei weitem überwiegen, liegt auf der Hand. Von dieser unerfreulichen Tatsache kann sicher jedermann sein eigenes Liedchen singen.

Der Buddha und der Kreislauf der Wiedergeburten

Sehen wir uns daher einmal an, was einer der bekanntesten Verfechter der Wiedergeburtenlehre dazu zu sagen hat: *„Gleichwie, ihr Brüder, es hier auf der Erde nur wenige schöne Gärten und Wälder, Felder und Teiche gibt, aber bei weitem mehr Abhänge und Schluchten, schwer passierbare Flüsse, wilde Urwälder und unerklimmbare Höhen, ebenso werden, ihr Brüder, nur wenige Wesen, die als Menschen gestorben sind, unter den Menschen wiedergeboren, aber bei weitem mehr Wesen, die als Menschen gestorben sind, gelangen in einer Hölle unter den Tieren wieder zum Dasein!“* Daß dies nicht etwa ein unabwendbares Schicksal bestimmt, in welchen Lebensbereichen man wiedergeboren wird, sondern von den eigenen Handlungen und Verhaltensweisen abhängt, erklärt der Buddha uns folgendermaßen: *„Und ferner, Sariputto, durchschau' und erkenn' ich Herz und Gemüt eines Menschen also: Derart handelt dieser Mensch, darauf arbeitet er hin, einen solchen Weg hat er genommen, daß er bei der Auflösung des Körpers nach dem Tode, in tierischen Schoß geraten wird. Ich seh' ihn dann später mit dem himmlischen Auge, dem geklärten überirdischen, bei der Auflö-*

sung des Körpers nach dem Tode, in tierischen Schoß geraten, von schmerzlichen, stechenden, brennenden Gefühlen erfüllt, gleichwie etwa, Sariputto, wenn da eine Senkgrube wäre, tiefer als Manneshöhe, voller Unrat und es käme einer heran, vom Sonnenbrand gebraten, vom Sonnenbrand verzehrt, erschöpft, zitternd, dürstend, und schritte geradenwegs auf eben diese Senkgrube zu. Den habe ein scharfsehender Mann erblickt und spräche nun: ‚Derart handelt jener liebe Mann, darauf arbeitet er hin, einen solchen Weg hat er genommen, daß er mitten in den Kot fallen wird‘, und er sähe ihn dann später in der Jauche drinnen, von schmerzlichen, stechenden, brennenden Gefühlen erfüllt. Wollte ich gleich, ihr Mönche, auf mancherlei Weise Dinge der Tierheit euch deuten, so könnte man es doch, ihr Mönche, nicht wohl durch Worte erfassen, wie tief die Leiden der Tierheit reichen!“ Als einer der Mönche ein Gleichnis verlangt, fragt der Erhabene, ob wohl ein Verbrecher, der täglich morgens, mittags und abends je einhundert Klingenhiebe erhalte, infolge davon nicht Trauer und Trübsinn erfahre. Da antwortet der Mönch: „*Auch nur, o Herr, mit einem Klingenhiebe gezüchtigt, würde dieser Mann infolge davon Trauer und Trübsinn erfahren, geschweige denn mit einhundert.*“ Da hob der Buddha einen mäßigen, handgroßen Stein auf und wandte sich an die Mönche: „*Was meint ihr wohl, ihr Mönche, was ist größer, dieser mäßige handgroße Stein, den ich da in der Hand habe, oder der Himalaja, der König der Berge?*“ „*Geringfügig ist, o Herr, dieser mäßige, handgroße Stein, den der Erhabene da hat, gegen den Himalaja, den König der Berge, kann er nicht gezählet, nicht gerechnet, nicht verglichen werden*“, müssen die Mönche zugeben. „*Ebenso nun auch ihr Mönche, kann, was ein Mensch mit dreihundert Klingenhieben gezüchtigt, infolge davon an Trauer und Trübsinn erfährt, gegen das Leiden tierischer Welten nicht gezählet, nicht gerechnet, nicht verglichen werden.*“

„*Was denkt ihr, ihr Brüder, was ist wohl mehr, die Tränenflut, die ihr auf diesem langen Wege, immer wieder zu neuer Geburt und neuem Tod eilend, mit Unerwünschtem vereint, von*

Erwünschtem getrennt, klagend und weinend vergossen habt, oder das Wasser der vier großen Meere? Lange Zeit hindurch habt ihr, o Brüder, den Tod der Mutter erfahren, lange Zeit hindurch den Tod des Vaters, lange Zeit hindurch den Tod des Sohnes, lange Zeit hindurch den Tod der Tochter, lange Zeit hindurch den Tod der Geschwister, lange Zeit hindurch habt ihr den Verlust eurer Habe erlitten, lange Zeit hindurch waret ihr von Krankheit bedrückt und während euch der Tod der Mutter, der Tod des Vaters, der Tod des Sohnes, der Tod der Tochter, der Tod der Geschwister, der Verlust des Vermögens, die Qual der Krankheit zuteil wurde, während ihr mit Unerwünschtem vereint, von Erwünschtem getrennt waret, da vergosset ihr, von Geburt zu Tod, von Tod zu Geburt eilend, auf diesem langen Wege wahrlich mehr Tränen, als Wasser in den vier großen Meeren enthalten ist. Was denkt ihr, o Brüder, was ist wohl mehr, das Blut, das auf diesem langen Wege, während ihr immer wieder zu neuer Geburt und neuem Tode eiltet, bei eurer Enthauptung dahinfloß, oder das Wasser der vier großen Meere?

Lange Zeit hindurch habt ihr, o Brüder, als Mörder verurteilt, bei eurer Hinrichtung wahrlich mehr Blut vergossen, als Wasser in den vier großen Meeren enthalten ist.

Lange Zeit habt ihr, o Brüder, als Räuber ergriffen, bei eurer Hinrichtung wahrlich mehr Blut vergossen, als Wasser in den vier großen Meeren enthalten ist.

Lange Zeit hindurch habt ihr, o Brüder, als Ehebrecher ertappt, bei eurer Hinrichtung wahrlich mehr Blut vergossen, als Wasser in den vier großen Meeren enthalten ist.

Was denkt ihr, o Jünger, was ist wohl mehr, das Blut, das auf diesem langen Wege, während ihr immer wieder zu neuer Geburt und neuem Tode eiltet, bei eurer Enthauptung dahinfloß, oder das Wasser der vier großen Meere?

Lange Zeit hindurch habt ihr, o Jünger, als Rinder und Kälber bei eurer Enthauptung wahrlich mehr Blut vergossen, als Wasser in den vier großen Meeren enthalten ist?

Lange Zeit hindurch habt ihr, o Jünger, als Büffel und Büf-

feljunge bei eurer Enthauptung wahrlich mehr Blut vergossen, als Wasser in den vier großen Meeren enthalten ist.
Lange Zeit hindurch habt ihr, o Jünger, als Schafe und Lämmer bei eurer Enthauptung wahrlich mehr Blut vergossen, als Wasser in den vier großen Meeren enthalten ist.
Lange Zeit hindurch habt ihr, o Jünger, als Böcke und Zicklein bei eurer Enthauptung wahrlich mehr Blut vergossen, als Wasser in den vier großen Meeren enthalten ist.
Lange Zeit hindurch habt ihr, o Jünger, als Rehe und Hirsche bei eurer Erlegung wahrlich mehr Blut vergossen, als Wasser in den vier großen Meeren enthalten ist.
Lange Zeit hindurch habt ihr, o Jünger, als Schweine und Ferkel bei eurer Abschlachtung wahrlich mehr Blut vergossen, als Wasser in den vier großen Meeren enthalten ist.
Lange Zeit hindurch habt ihr, o Jünger, als Hühner, Tauben und Gänse usw. bei eurer Abschlachtung wahrlich mehr Blut vergossen, als in den vier großen Meeren an Wasser enthalten ist.
Wie aber ist das möglich? Ohne Anfang und Ende, ihr Jünger, ist dieser Kreislauf der Wiedergeburten. Unerkennbar ist der Beginn der vom Nichtwissen umhüllten Wesen, die durch den Durst nach Dasein immer wieder zu erneuter Geburt geführt werden, im endlosen Kreislauf der Wiedergeburten. Und so habt ihr, o Jünger, durch lange Zeit Leid erfahren, Qualen erfahren, Unglück erfahren und das Leichenfeld vergrößert. Wahrlich lange genug, ihr Jünger, um von jeder Existenz unbefriedigt zu sein, lange genug, um sich von allem Sein abzuwenden, lange genug, um sich von ihm zu erlösen!“ Das aber ist nur im menschlichen Dasein möglich. Und zwar ausschließlich durch bestimmte Handlungs- und Verhaltensweisen, die sich bei uns keiner sehr großen Beliebtheit erfreuen. Ist ein Mensch aber erst einmal in den tierischen Schoß abgesunken, hat er seine Chance vertan;denn es ist für ihn so gut wie unmöglich, wieder in der Menschenwelt geboren zu werden, weil ihm im Tierreich die Möglichkeit fehlt, sein Bewußtsein in entsprechender Weise bewußt zu verändern.

Abbildung 21
Die Qualen der Hölle.
Was Menschen sich im Laufe ihrer blutigen Geschichte alles einfallen ließen, um ihren Mitmenschen und Mitkreaturen Qualen und Leiden zuzufügen, kann kein noch so grausamer Teufel überbieten.

Wie schwer es ist, die Barriere zwischen Tier- und Menschenwelt zu überwinden, versucht der Buddha mit folgendem Gleichnis zu veranschaulichen: *„Gleichwie etwa, ihr Mönche, wenn ein Mann eine einkehlige Reuse in den Ozean würfe, die würde da vom östlichen Winde nach Westen getrieben, vom westlichen Winde nach Osten getrieben, vom nördlichen Winde nach Süden getrieben, vom südlichen Winde nach Norden getrieben, und es wäre da eine einäugige Schildkröte, die alle einhundert Jahre einmal emportaucht, was meint ihr nun, ihr Mönche, sollte da etwa die einäugige Schildkröte mit ihrem Hals in jene einkehlige Reuse hineingeraten?" „Wohl kaum, o Herr, oder doch nur, o Herr, irgendeinmal vielleicht, im Verlaufe langer Zeiten!", antworten die Mönche. „Eher noch mag, ihr Mönche, die einäugige Schildkröte mit ihrem Hals in jene einkehlige Reuse hineingeraten, aber schwieriger, sag' ich, ihr Mönche, ist Menschentum erreichbar, sobald der Tor einmal in die Tiefe hinabgesunken ist. Und warum das? Weil es dort, ihr Mönche, keinen gerechten Wandel, keinen geraden Wandel, kein heilsames Wirken, hilfreiches Wirken gibt. Einer den anderen auffressen ist dort, ihr Mönche, der Brauch, den Schwachen ermorden!"*
Leider hat es sich nicht immer überall herumgesprochen, daß das Letztere dem »Tierreich« angehört und daher in der Menschenwelt eigentlich nichts zu suchen hat. Was Menschen sich trotzdem im Laufe ihrer blutigen Geschichte alles einfallen ließen, um ihren Mitmenschen und Mitkreaturen Qualen und Leiden zuzufügen, kann kein noch so grausamer Teufel überbieten (Abb.21, S80). Er könnte auch nichts Neues ersinnen, denn die Menschen haben nichts ausgelassen (Abb.22, S.82). Erschlagen, erwürgen, erstechen, erschießen, erhängen, köpfen, blenden, kreuzigen, rädern, vierteilen, bei lebendigem Leibe verstümmeln oder verbrennen, sind nur Streiflichter aus einer wahrhaft reichhaltigen Palette des Grauens (Abb.23, S.84; Abb.24, S.84). Das Traurige daran ist, daß dies alles nicht etwa geschah, um den Nahrungstrieb zu befriedigen, sondern aus ganz niederträchtigen und gemeinen Beweggrün-

Abbildung 22

Folterkammer der Inquisition.

Ein Teufel könnte auch nichts Neues ersinnen, denn die Menschen haben nichts ausgelassen.

den, für die es zwar psychisch bedingte Ursachen, aber keine Entschuldigung gibt. Unbegreiflich, daß jenen, die bei diesen üblen Machenschaften am erfolgreichsten waren, bis heute die größten Denkmäler errichtet werden. An Beispielen, mit denen man belegen könnte, welche unbeschreiblichen Greueltaten Menschen und Tiere über sich ergehen lassen mußten und müssen, besteht kein Mangel. Ein Menschenleben reicht nicht aus, sie alle zu sichten und aufzuzählen.

So war denn auch für alle echten Weisen die Erde eine furchtbare Hölle. Sie kannten keinen anderen Bestrafungsort, als einen Menschen tragenden Planeten, eine Erde. Folglich hatte auch der mächtigste Beherrscher dieser Tiefe, der Teufel, in ihrer Symbolik menschliche Gestalt. Seine tierischen Attribute, wie Kalbs- und Pferdefuß, Fell und Hörner, symbolisierten lediglich bestimmte Eigenschaften des Animalischen im Menschen (Abb.25, S.86). Es ist daher unwahrscheinlich, daß die Eingeweihten ihr Wissen geheimhielten,um den Menschen kein zusätzliches Marterinstrumentarium in die Hände zu geben. Davon besaßen sie zu allen Zeiten immer mehr als genug. Viel wahrscheinlicher ist, daß die Wissenden die einfachen Menschen mit ihren Erkenntnissen nicht belasten wollten, weil die Wahrheit sehr grausam ist.

Schon einer der größten deutschen Dichter warnte: *„Der Mensch versuche die Götter nicht und trachte nie und nimmer zu schauen, was sie gnädiglich decken mit Nacht und Grauen!"* Zu allen Zeiten hatte auch der Spruch volle Gültigkeit: *„Die Wahrheit ist ein bitt'rer Trank, wer sie kredenzt, dem wird kein Dank, denn der großen Menge schwacher Magen, kann sie ja nur verdünnt vertragen!"*. Dagegen lösen die frommen Lügen in der Regel angenehme Empfindungen aus, was ihre große Beliebtheit und weite Verbreitung hinreichend erklärt. Der unangenehme Beigeschmack scheint fast allen Wahrheiten gemeinsam zu sein und ist wohl der Grund dafür, warum sie so wenige vertragen können. Unter ihrem erhellenden Schein schmilzt die Lebensfreude dahin wie der Schnee an der Frühlingssonne. Oft genügt schon ein simpler Spiegel, eine einfache

Abbildung 23
Hexenverbrennung.

Abbildung 24
Hinrichtung von Hexen in England.

Personenwaage, der Blick in das Portemonnaie oder, in extremen Fällen, der Krebsbefund der Raucherlunge, um uns diese einfache Tatsache mehr oder weniger schmerzlich bewußt zu machen. Um wieviel mehr muß dies für die fundamentalen Wahrheiten gelten, die den ewigen Kreislauf der Wiedergeburten zementieren?

Wer alles begreift, wird traurig

Auch den geistigen Urhebern der Schöpfungsmythen der amerikanischen Indianer, die sich »Mayas« nannten, und deren Tempel-, Palast- und Städtebauten noch heute ihren einst hohen Kultur- und Wissensstand bezeugen, war u.a. bekannt, daß die großen Wahrheiten traurig machen. So fand ich in Peter Moosleitners interessantem Magazin »P.M. 8/81«, eine Kurzfassung von P.J.Blumental, die dies belegt und daher hier ihren Platz finden mag. *„Am Anfang war nur der Himmel und das große Meer. In dieser »wüsten Welt« lebte ein Gott namens »Tepeu«, der Schöpfer, und eine Göttin namens »Gucumatz«, die Gestalterin. Diese beiden teilten zuerst das Wasser und erschufen die Erde. Danach machten sie die Sonne, nun gab es Licht. Sie statteten die Erde mit Bergen, Flüssen, Bäumen und Büschen aus und gaben Tieren aller Arten das Leben. Unglücklicherweise konnte keines dieser Tiere sprechen. Deshalb entschied das Götterpaar, daß Menschen erschaffen werden mußten. Sie formten Menschen aus Schlamm und Lehm. Aber diese waren zu weich und sahen seltsam aus. Die Wasser spülten sie fort. Da formten die Götter Menschen aus Holz. Diesmal gefiel ihnen die Gestalt der Menschen. Aber es zeigte sich, daß die Holzmenschen kein Herz hatten. Sie mißhandelten die Tiere, bis diese zurückschlugen und viele Menschen töteten. Ein mächtiger Regen fiel nieder und vernichtete die meisten anderen Menschen. Nur einige wenige überlebten und kletterten auf die Bäume. Aus ihnen wurden die Affen. Beim dritten Versuch erschuf das Götterpaar Menschen aus Fleisch. Diese Menschen*

gefielen den Göttern sehr. Sie waren dankbar, weise und freundlich.
»Und sie konnten alles begreifen!« Weil sie aber alle Geheimnisse verstanden, wurden sie traurig und bedrückt. Das Götterpaar mußte noch einmal eingreifen. Tepeu und Gucumatz beschlossen: „Die Menschen sollen nur noch sehen, was nahe bei ihnen ist, immer nur einen kleinen Teil der Welt. Nebel wurde um ihre Augen geblasen und ihre wunderbare Weisheit verschwand!“ Nun waren sie sicher fröhlich; denn *„Selig sind die Einfältigen, die da arm sind im Geist, denn das Himmelreich ist ihr!“*, heißt es ja auch in unserer Bibel doppelsinnig. Daß dieser Ausspruch noch einen sehr ernsten zweiten Sachverhalt symbolisiert, der sich auf die vom aufrechten Adepten erstrebte »Einung« mit Gott bezieht, sei für diejenigen angemerkt, die dies Zitat schadenfroh erheitern sollte. Das gilt auch für die eben mitgeteilte Schöpfungsgeschichte der »Mayas«. Die armen, grausam gequälten, wehrlosen Tiere werden mit Sicherheit zurückschlagen, und zwar als Rückwirkung ihrer gnadenlosen Ausrottung durch raffgierige Menschen. Der mächtige, Tod und Verderben bringende Regen, der niederfiel, und die Überlebenden, zu Affen und Monstern mutiert, auf die Bäume trieb, war bestimmt kein gewöhnlicher Regen. Der Leser mag diesen Teil der Symbolik selbst entschlüsseln. Niemand sägt ungestraft am Ast, auf dem er über dem tödlichen Abgrund sitzt.

Die Paradiesgeschichte wird entschlüsselt

Das grenzenlose Mitleid, das die großen Weisen mit den unbekümmert dahinlebenden Menschen hatten, war nach meiner

Abbildung 25
Collin de Plancy unterhält sich mit dem Teufel.
Der mächtigste Beherrscher der Tiefe, der »Teufel«, hatte in der Symbolik der Überlieferer immer menschliche Gestalt.

Meinung ein entscheidender Beweggrund für die Geheimhaltung der fundamentalen Wahrheiten. Dies geht für mich u.a. eindeutig aus der Paradiesgeschichte der Bibel hervor. Der in diesem Zusammenhang interessante Text steht im zweiten und dritten Kapitel des 1. Buch Moses, und die entsprechenden Bibelzitate erinnern sicher manchen Leser wieder an seinen Religionsunterricht. Weil ich weiß, daß viele Menschen den Aussagen der Bibel recht skeptisch gegenüberstehen, will ich folgendes vorausschicken: Nach meiner Meinung ist die Bibel ein metaphysisch-mystisches Schriftwerk, durch das der aufrecht Suchende die grundlegenden Gesetze der geschaffenen Welt erkennen kann. Diese Erkenntnis erhebt ihn über das profane Alltagswissen und läßt ihn den Plan und die tiefe Bedeutung der Schöpfung verstehen. Wer aber die Texte wörtlich nimmt, dem sind die in der »Heiligen Schrift« niedergelegten Geheimnisse nicht verständlich, weil die Bibel ein Buch von Symbolen ist. Die darin enthaltenen Erzählungen sind nur der Mantel, in den die Offenbarungen gekleidet sind. Wer den Mantel schon für die Offenbarung hält, für den sind diese einfachen Erzählungen schon die ganze Wahrheit. Wenn dem aber so wäre, dann könnte die Heilige Schrift nicht »das Buch der Bücher« genannt werden. Würden unsere besten Wissenschaftler gemeinsam ein ähnliches Buch verfassen, so wäre es sicherlich übersichtlicher und weniger dunkel und anstößig. Aber die hebräischen Buchstaben der heiligen Texte sind nicht nur Zeichen, die von Menschen erfunden wurden, um Dinge, Ereignisse und Gedanken festzuhalten, sondern ihre Buchstaben und Zahlen sind vor allem Gefäße für die göttlichen Wahrheiten. *„Unwandelbare Zahlen und Buchstaben“*, sagt der Arzt und Philosoph Agrippa von Nettesheim (1486–1535), *„hauchen die Harmonie des höchsten göttlichen Wesens aus!“*
Die Aufgabe des Suchenden ist es nun, diese verhüllte Bedeutung durch geeignete Methoden, die in der Regel durch mündliche Überlieferungen weitergereicht wurden, zu enträtseln. Da uns entsprechende Lehrer nicht zur Verfügung stehen, ist es kein Wunder, wenn viele Menschen vom »Buch der Bücher«

nichts wissen wollen. Was man nicht versteht, weil es voller Widersprüche ist, das mag man auch nicht lesen. Auch mir ist es nicht anders ergangen. Erst als ich entdeckte, was sich hinter dem Schlangensymbol verbirgt, erkannte ich mehr und mehr, daß die Bibel ein noch weitgehend ungelöstes »riesiges Rätsel« ist, in dem die Widersprüche als Stolpersteine fungieren. Weil Rätsel mich schon immer faszinierten, wurden Bibeltexte, wie die nun folgenden, für mich wieder hochinteressant: „*Und Gott der Herr machte den Menschen aus einem Erdenkloß und blies ihm ein den lebendigen Odem in seine Nase, und also ward der Mensch eine lebendige Seele. Und Gott der Herr pflanzte einen Garten* in Eden *gegen Morgen und setzte den Menschen drein, den er gemacht hatte. Und Gott der Herr ließ aufwachsen aus der Erde allerlei Bäume, lustig anzusehen und gut zu essen und den Baum des Lebens mitten im Garten und den »Baum der Erkenntnis« des Guten und Bösen. Und es ging aus* von Eden *ein Strom, zu* wässern *den Garten und teilte sich von dannen in vier Hauptwasser.*

Das erste heißt Pison, das fließt um das ganze Land Hevila und daselbst findet man Gold. Das andere Wasser heißt Gihon, das fließt um das ganze Mohrenland. Das dritte Wasser heißt Hiddekel, das fließt vor Assyrien. Das vierte Wasser ist der Euphrat. Und Gott der Herr nahm den Menschen und setzte ihn in den Garten, daß er ihn baute und bewahrte. Und Gott der Herr gebot dem Menschen und sprach: ‚Du sollst essen von allerlei Bäumen im Garten, aber von dem »Baum der Erkenntnis« des Guten und Bösen sollst du nicht essen, denn welchen Tages du davon issest, wirst du des Todes sterben.‘ Und Gott der Herr sprach: ‚Es ist nicht gut, daß der Mensch allein sei. Ich will ihm eine Gehilfin machen, die um ihn sei.‘ Da ließ Gott der Herr einen tiefen Schlaf fallen auf den Menschen, und er entschlief. Und nahm seiner Rippen eine und schloß die Stätte zu mit Fleisch. Und Gott der Herr baute ein Weib aus der Rippe, die er von dem Menschen nahm, und brachte sie zu ihm. Und sie waren beide nacket, der Mensch und sein Weib, und schämeten sich nicht. Und die Schlange war listiger denn alle Tiere auf dem

Felde, die Gott der Herr gemacht hatte, und sprach zu dem Weibe: ‚Ja, sollte Gott gesagt haben, ihr sollt nicht essen von allerlei Bäumen im Garten?‘ Da sprach das Weib zu der Schlange: ‚Wir essen von den Früchten der Bäume im Garten, aber von den Früchten des Baumes mitten im Garten hat Gott gesagt: Esset nicht davon, rührets auch nicht an, daß ihr nicht sterbet!‘ Da sprach die Schlange zum Weibe: ‚Ihr werdet mitnichten des Todes sterben, sondern Gott weiß, daß, welches Tages ihr davon esset, so werden eure Augen aufgethan und werdet sein wie Gott und wissen was gut und böse ist.‘

Und das Weib schaute an, daß von dem Baum gut zu essen wäre und lieblich anzusehen. Daß es ein lustiger Baum wäre, weil er klug machte, und nahm von der Frucht und aß und gab ihrem Mann auch davon und er aß. Da wurden ihrer beider Augen aufgethan und wurden gewahr, daß sie nacket waren und flochten Feigenblätter zusammen und machten sich Schurze. Und sie höreten die Stimme Gottes des Herrn, der im Garten ging, *da der Tag kühl worden war, und Adam versteckte sich mit seinem Weibe vor dem Angesicht Gottes des Herrn unter die Bäume im Garten. Und Gott der Herr rief Adam und sprach zu ihm: ‚Wo bist du?‘ Und er sprach: ‚Ich hörte deine Stimme im Garten und fürchtete mich, denn ich bin nacket, darum versteckte ich mich.‘ Und er sprach: ‚Wer hat dir's gesagt, daß du nacket bist? Hast du nicht gegessen von dem Baume, davon ich dir gebot, du sollst nicht davon essen?‘ Da sprach Adam: ‚Das Weib, das du mir zugesellet hast, gab mir von dem Baum, und ich aß.‘*

Da sprach Gott der Herr zum Weibe: ‚Warum hast du das gethan?‘ Das Weib sprach: ‚Die Schlange betrog mich also, daß ich aß.‘ Da sprach Gott der Herr zu der Schlange: ‚Weil du solches gethan hast, seist du verflucht, vor allen Tieren. Auf deinem Bauche sollst du gehen und Erde essen dein Leben lang.‘ Und zum Weibe sprach er: ‚Ich will dir viel Schmerzen schaffen, wenn du schwanger wirst. Du sollst mit Schmerzen Kinder gebären, und dein Verlangen soll nach deinem Manne sein und er soll dein Herr sein.‘ *Und zu Adam sprach er: ‚Dieweil* du hast gehorchet der Stimme deines Weibes *und gegessen von dem*

Baum, davon ich dir gebot und sprach: Du sollst nicht davon essen — verflucht sei der Acker um deinetwillen. Mit Kummer sollst du dich drauf nähren dein Leben lang. Dornen und Diesteln soll er dir tragen und sollst das Kraut auf dem Felde essen. Im Schweiß deines Angesichts sollst du dein Brot essen.' Und Adam hieß sein Weib Eva, darum daß sie eine Mutter ist aller Lebendigen.

Und Gott der Herr machte Adam und seinem Weibe Röcke von Fellen und kleidete sie. Und Gott der Herr sprach: ,Siehe, Adam ist worden als unser einer und weiß was gut und böse ist. Nun aber, daß er nicht ausstrecke seine Hand und breche auch von dem »Baum des Lebens« und esse und lebe ewiglich!' Da ließ ihn Gott der Herr aus den Garten Eden, daß er das Feld baute, davon er genommen ist und trieb Adam aus und lagerte vor den Garten Eden die »Cherubim« mit dem bloßen hauenden Schwert, zu bewahren den Weg zu dem »Baum des Lebens«!"

Damit sich der Leser ein eigenes Urteil darüber bilden kann, ob sich hinter der »Paradiesgeschichte« tatsächlich mehr verbirgt, als es vordergründig den Anschein hat, will ich versuchen, hier einen ihrer Symbolgehalte so mitzuteilen, wie er sich aus meiner Weltsicht ergibt. Danach haben die Eingeweihten ihre Parabeln so abgefaßt, daß sie jedem etwas zu geben haben, ob er nun ein einfacher Gläubiger oder ein großer Weiser ist. So läßt sich auch die Paradiesgeschichte ganz grob in drei Sinngehalte aufgliedern. Der erste bezieht sich auf den äußeren Wortsinn und hat mehr märchenhaften Charakter. Er ist für die einfachen Menschen bestimmt. Der zweite gilt dem aufrecht nach Wahrheit suchenden Schüler, der schon bestimmte Vorkenntnisse besitzt. Der dritte ist einzig dem weit in die Zusammenhänge eingedrungenen Meister vorbehalten. Er bezieht sich auf die ursächliche Verknüpfung von Schaukraft und Welt; dieser eigentümlichen Verstrickung des »Sehers als Subjekt« mit der zu erfahrenden materiellen Welt als Objekt, der Ursache von Bewußtsein und Leben. Der erste und der dritte Sinngehalt soll uns hier nicht beschäftigen, und daher wollen wir uns dem zweiten zuwenden. Des besseren Verständnisses wegen, möchte ich

vorher noch einige grundsätzliche Anmerkungen machen.
Die geistigen Urheber der Parabeln haben in der Regel Symbole benutzt, die jedermann auch heute noch bewußt oder unbewußt in seinen täglichen Redewendungen gebraucht. Ein Autofahrer in einer »Rückreisewelle« steuert seinen Wagen beispielsweise in »Schlangenlinien«, wenn er betrunken ist. Sofort bildet sich hinter ihm eine lange »Autoschlange«! Dem hellen Polizisten, der dies beobachtet, »geht ein Licht auf«! Mit seinem »messerscharfen Verstand« hat er die Sachlage schnell erfaßt. Er stoppt das Fahrzeug und bemerkt, daß der Fahrzeuglenker »beschwingt gestimmt« in illusionären »paradiesischen« Gefilden weilt und daher den »harten Tatsachen« nicht zugänglich ist. Erst sein »Hausdrachen«, die »falsche Schlange«, läßt ihn nicht länger »im Dunkeln tappen« und »öffnet ihm die Augen«, wenn er am anderen Morgen vergeblich seinen Führerschein sucht. Drache kommt von griechisch »Drakon« und bedeutet »Schlange«.
Als Sagengestalt, die meistens schlangenförmig und geflügelt dargestellt wurde, war der »Drache« bei den alten Babyloniern, Assyrern, Persern, Griechen, Japanern und Chinesen ein häufig dargestelltes Motiv. In germanischen und deutschen Sagen, wie z.B. im Nibelungenlied, hieß er »Lindwurm« und im bayerisch-österreichischen Sprachraum »Tatzelwurm« (Abb.26, S.93). Auch dort war er ein Drache, der »Feuer speit«. Feuer symbolisiert noch heute Energie, Aktivität und Tatkraft. Bekanntlich hat ja ein aktiver Mensch »Feuer im Blut«, wobei hier mehr das »Feuer der Leidenschaften« gemeint ist, wenn sein »seelisches Getriebe« leidenschaftlich bewegt ist. So hat der Drache symbolisch eine doppelte Bedeutung. Als Schwingung liefert er der materiellen Welt die physikalische Energie und im seelischen Bereich ist er die Ursache der Gemütstätigkeiten und Empfindungen. Er gehört zur Familie der Greife, weil zwei der vier Grundschwingungsarten, auf denen die Welt nach Ansicht der Überlieferer beruht, »stehende« Schwingungen sind. Sie schwingen auf der Stelle, ohne von sich aus den Ort zu wechseln, und erzeugen dabei die vier Greifkräfte, die den Überliefe-

Abbildung 26
Feuerdrachen.
Als Sagengestalt war der Drache, Tatzel- oder Lindwurm bei vielen Völkern des Altertums ein häufig dargestelltes Motiv.

rern bekannt waren. Aus diesem Grunde haben die »Fänge« eines echten hermetischen Drachen vier Greifkrallen. Sein eines Bein steht symbolisch für jene sogkrafterzeugende »Rotationsschwingung«, die wir vom gewöhnlichen Wasser als »wirbelnden« Strudel kennen; das andere steht für den auf der Stelle pulsierenden »Pulsar«, der von innen nach außen und von außen nach innen schwingt, wie die atmende Lunge der »Großen Mutter« oder der Pulsschlag unseres Herzens. Seine zwei »Schwingen« symbolisieren die beiden Grundschwin-

gungsarten, die sich im Raum fortpflanzen. Eine davon können wir auf jedem See oder Teich beobachten, wenn wir einen Stein hineinwerfen. Dann hüpfen die Wasserteilchen auf und nieder, wie der Flügel eines Vogels, und die dadurch entstehenden Wellen eilen auf der Wasseroberfläche dahin. Die andere Grundschwingungsart erzeugen wir in der Luft, wenn wir sprechen oder singen. Sie pflanzt sich fort, weil sich die Luft in Bewegungsrichtung streckt und wieder zusammenzieht, wie eine kriechende Schlange oder ein kriechender Wurm.
Manche Überlieferungen vergleichen diese Grundschwingung auch mit der Fortbewegungsart eines hinkenden, lahmenden Menschen, der ja das eine Bein rasch vorschnellen läßt und das andere langsam nachzieht. Weil die Schlange den Adam, hebräisch Mensch, Erdling, Erdensohn, betrügt, indem sie ihm Welt vorgaukelt, wo doch nur ein schwingendes Feld ist, wurde sie bei den Alten zur »falschen« Schlange, und weil der Mensch das nicht bemerkte, nannten sie sie listig. Auch der Mensch der Neuzeit hat begonnen, dies intrigante Spiel mit Hilfe moderner Apparaturen zu durchschauen. Die derart gewonnenen Forschungsergebnisse geben den Alten recht. Wir wissen heute, daß z.B. die Farbenpracht in unserer Umwelt nur reflektierte elektromagnetische Wellen sind. Erst unser Gehirn macht aus den unterschiedlichen Lichtfrequenzen die verschiedenen Farbempfindungen. Wie leicht unser Gehirn zu täuschen ist, kann jeder sehen, wenn er mit einer starken Lupe ein beliebiges Bild in einer Tageszeitung betrachtet. Zu seinem größten Erstaunen löst es sich dann in lauter kleine Punkte auf. Ähnlich verhält es sich auch mit der für uns erfahrbaren materiellen Welt. Würden wir diese Punkte in unserer Zeitung immer weiter auflösen, erhielten wir immer kleinere Einheiten. Zuerst Moleküle, dann Atome, später Atomarteilchen, und letztlich würden wir entdecken, daß alles nur Kombinationen der vier Grundschwingungen sind, die sich unserer Wahrnehmung normalerweise entziehen. Daher ist die Welt aus der Sicht der Wissenden nur ein »Schwingungszustand des Ewigen«, der den Seher, bedingt durch die organischen Sinnesorgane, täuscht.

Ein Mensch, der von Geburt an in einem Raum aufwachsen würde, dessen Fußboden, Decke und Wände riesige, ständig in Betrieb gehaltene Bildröhren wären, befände sich in einer ähnlichen Situation. Er würde die Fernsehbilder, die ja lediglich das Produkt unterschiedlicher Lichtfrequenzen sind, für real halten. Es wäre nicht leicht, ihm später den Betrug bewußt zu machen. Um wieviel schwerer muß dies bei einem Weltbefangenen sein, für den noch die Trägheitseigenschaft der Materie erschwerend hinzukommt und der durch seine sechs Sinnesorgane die Welle auf sechs verschiedenen Ebenen erlebt? Für die Weisen war das Gehirn ein sechstes Wahrnehmungsorgan, weil es dem »Seher« in der Traumphase und beim intuitiven Denken, ohne die übrigen fünf Sinne zur Wahrnehmung verhilft, denn er betrachtet die Welt ja nicht direkt, sondern die Schwingungen der seelischen Welt. Erst die Tätigkeit der anderen fünf Sinne läßt ihn seine Umwelt erleben, weil sie die Bewegungen des seelischen Getriebes den Außeneinflüssen entsprechend verändert.

Die ihm so dargebotene Welt ist leider illusionär, ist die »Maya« oder große Täuschung, in der die »Mayas«, die Getäuschten wohnen. Darum unterschieden die Wissenden immer streng zwischen dem unvergänglichen, ewigen »Hauptsein« und dem »Para- oder Nebensein«, der Werden und Vergehen unterworfenen Welt. Das Wort Paradies oder Paradeis hat eine doppelte Bedeutung. In bezug auf seinen Begriffsinhalt »Nebensein« läßt es sich vom Griechisch-Lateinischen herleiten. »Para« (griech.) bedeutet dort soviel wie neben, entgegen, hinzu und »deis« ist mit dem lat. »deus« verwandt, das mit Gott oder »Sein« übersetzt werden kann. Weil »dies« in alchimistischen Schriften »Tag« bedeutet, ist mit diesem Neben-Sein der »Welten-Tag«, das »Welt-Sein«, gemeint. Der zweite Wortsinn ergibt sich aus der persischen Übersetzung. Die alten Perser nannten das »Umwallte« oder »Umhegte« Paradies. Es war die Bezeichnung für einen Platz, der mit einem Schutzwall oder mit einem Gehege umgeben war. Das Gehege, der Schutzwall, an anderer Stelle auch die »Feste«, der das »Nebensein« einfriedet, ist der

Potentialwall, den wir Gravitation nennen, und der auch jeden Lebensplaneten umgibt. Der nicht nur die lebensnotwendige Gashülle am Entweichen hindert, sondern auch dafür sorgt, daß die Lebewesen nicht so leicht in den für sie tödlichen Weltraum gelangen können. Wie schwer es ist, den Potentialwall unserer Erde zu überwinden, wird uns spätestens dann bewußt, wenn wir andere Himmelskörper besuchen wollen.
Viele unserer heutigen Redewendungen haben eine lange Vorgeschichte und beziehen sich auf konkrete physikalische Sachverhalte. So sprechen wir vom »Garten Europas«, wenn wir eine bestimmte geographische Örtlichkeit mit besonders günstigen klimatischen und geologischen Lebensbedingungen meinen, und von einer »öden Wüste«, wenn es sich um lebensfeindliche Regionen handelt. Die Überlieferer haben es in ihren Parabeln nicht anders gehalten. So ist z.B. das Wort »Eden«, von sumerisch »edin« abgeleitet und bedeutet Öde, Steppe, Wüste. In unserer Paradiesgeschichte ist damit die wüstenähnliche »Leere« zwischen den Himmelskörpern gemeint; denn lebensfeindliche Regionen sind nicht nur auf die Sand-, Stein- und Eiswüsten der Planeten oder die Gluthöllen der Sonnen beschränkt. Ein Raumfahrer, der mit einem Superraumschiff durch das Weltall reist, stellt sehr schnell fest, daß der Weltraum selbst die größte lebensfeindliche Wüste ist, in der die Leben tragenden Planeten wie Oasen in einer Sandwüste, nur an bevorzugten Plätzen innerhalb eines Planetensystems anzutreffen sind. Wohin unser Raumfahrer auch reisen mag, überall nur Öde, Weite, Leere. Allein die Temperaturen, die seine Außenbordgeräte anzeigen, sie schwanken zwischen 220 Grad Kälte im leeren Raum und 20 Millionen Grad Wärme im Zentrum der Sonnen, machen jede Hoffnung auf Leben zunichte. Der Temperaturbereich, in dem wir Menschen elend frieren bis grausam schwitzen, zählt da ganz gewiß zu den besonderen Bedingungen. Und doch besitzen alle Sonnen einen mehr oder weniger schmalen Gürtel gemäßigter Temperaturen, in dem sich organisches Leben entwickeln kann.
Diesen lebensfreundlichen Gürtel innerhalb eines Sonnen-

systems nennt unsere Wissenschaft »Ökosphäre«. Sie ist mit dem Garten in Eden identisch (Abb.27, S.98). Weil das Wort »Eden« bei den alten Griechen auch »Wollust« bedeutet, wurde es später mit »Lustgarten« übersetzt. Ein Garten wie der »in Eden« war aber nicht nur bei den jüdischen Weisen ein Begriff. Auch die Wissenden Chinas kannten schon vor 2000 Jahren einen solchen ursprünglichen Garten, den die »Drachen der Weisheit« bewohnten. Mit den Drachen der Weisheit sind hier jene Schwingungen gemeint, die mit Lebens-, Schau- und Erkenntniskraft begabt, die physischen Körper der Organismen bewohnen. Ihn wässern die vier Ströme Oxus, Indus, Ganges und Silo. Der Legende nach fließen sie aus einer gemeinsamen Quelle, dem »See der Drachen«. Sie symbolisieren den gleichen physikalischen Sachverhalt wie die vier Flüsse Pison, Gihon, Hiddekel und Euphrat, die den jüdischen »Lustgarten« wässern. Es liegt auf der Hand, daß sich hinter den vier Flüssen die vier Grundschwingungen verbergen. »Pison« bedeutet z.B. der »Hüpfende« und »Gihon«, der »Hervorsprudelnde, Hervorschnellende«. Der erste erinnert an die Schwingungen der hüpfenden Wasserteilchen und der zweite an den Pulsar, der mit Wucht aus dem Inneren hervorschnellt. Weil Flüsse sich durch die Landschaft schlängeln und ihre Schattenrisse große Ähnlichkeit mit denen der Schlangen haben, wurden sie von den Alten ebenfalls als Symbole für Schwingungen benutzt.
Wie sehr sich die Formen der Flüsse und die der Schlangen ähneln, hat der beliebte Moderator Frank Elstner in seiner Fernsehserie »Wetten daß ...« vielen Millionen Menschen vor Augen geführt. In einer seiner interessanten Sendungen erkannte ein Kandidat die vielen Flüsse unseres Planeten allein an ihrer Form. Die zu diesem Zweck vorbereiteten Schattenrisse der zu erratenden Flüsse aber waren der Einfachheit halber alle als Schlangen gezeichnet. Der Schlangenkopf gab die Flußrichtung an und das Schwanzende die Stelle, an der die Wasserläufe der Erde entströmten. Symbolisch steht das Wort »Erde« in den Überlieferungen genau wie Maya, für die grobstoffliche, materielle Welt, die Materie. Sie beginnt ihr Dasein

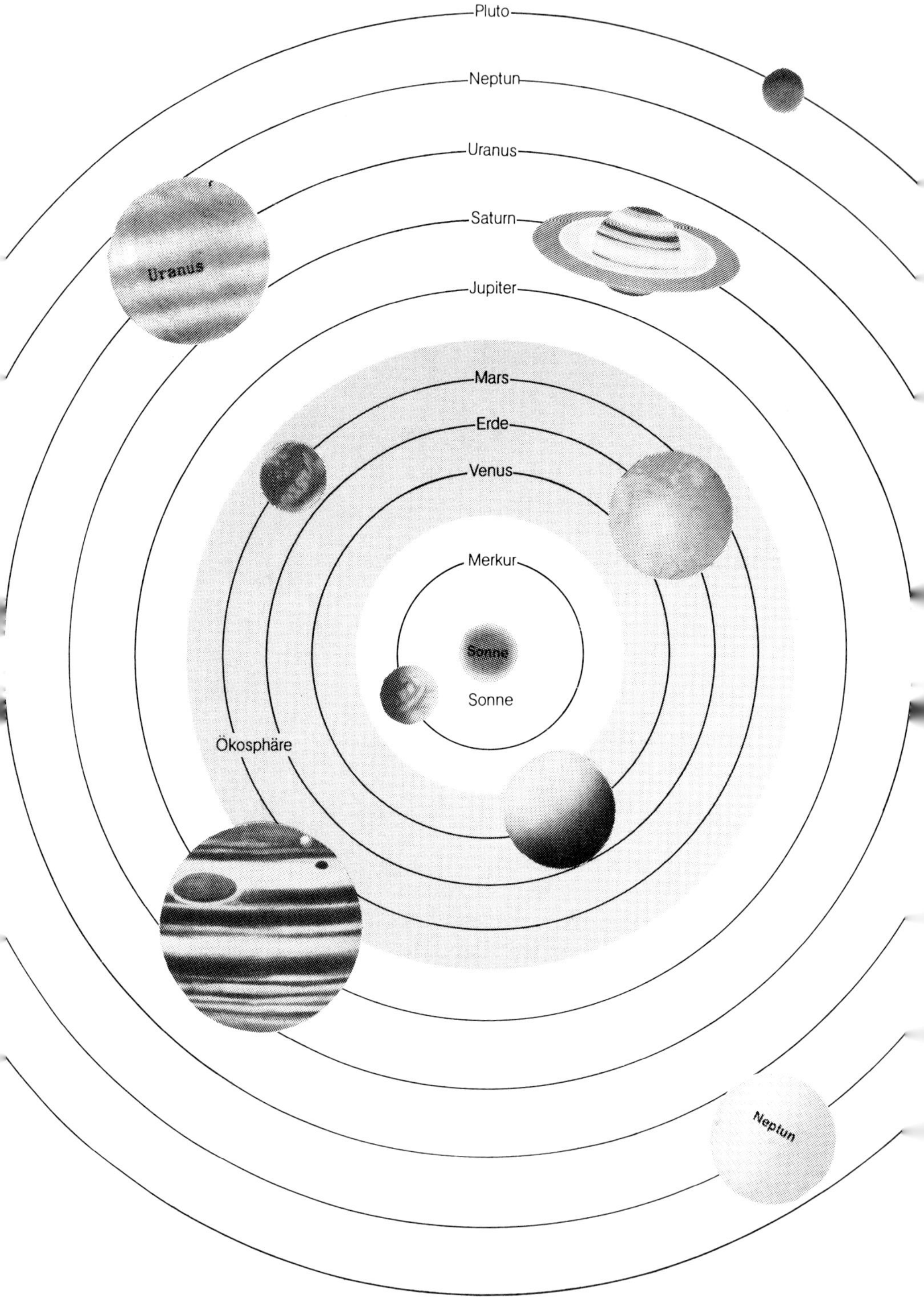
Pluto
Neptun
Uranus
Saturn
Jupiter
Uranus
Mars
Erde
Venus
Merkur
Sonne
Sonne
Ökosphäre
Neptun

gegen »Morgen«, wenn ihr Zwillingsbruder, die feinstoffliche, erkennende »Himmelswelt«, die Schale des »kosmischen Schlangeneis« zerbricht und mit seinem erhellenden »Licht«, der erkennenden Schaukraft, die dunkle Weltennacht erleuchtend, den ersten »Weltentag« einleitet. In den alten Schriften bedeutet daher »Es werde Licht« immer »Es werde Erkennen« und »Ich bin das Licht der Welt« bedeutet »Ich bin das Erkennende der Welt«. Dagegen ist der »Baum der Erkenntnis« die über Keim, Wurzel und Stamm wachsende, sich verästelnde Ursache des Erkennbaren, nämlich die Gesamtsumme der möglichen Erkenntnisse (Abb.28, S.100).

Das Symbol für geheime heilige Erkenntnis war im Altertum allgemein ein Baum, worunter auch eine Schrift, eine Aufzeichnung oder ein Buch verstanden wurden, weil sie ähnlich wie ein Baum, mehr oder weniger gute Früchte tragen. In der Paradiesgeschichte symbolisieren der »Baum der Erkenntnis« und der »Baum des Lebens« die erkennbaren Grundgesetze, die beide Welten wie eine Frucht reifen lassen. Diese Frucht ist in der Symbolik der Alten der »Weltenapfel«, weil die Erde in Form und Aufbau einem Apfel ähnelt. Er hat vermutlich dem »Reichsapfel« Karls des Großen als Vorlage gedient. Wer nach Erkenntnissen strebt, gibt damit zu, daß er unwissend ist. Unwissenheit erzeugt, wie jeder Spannungszustand des Bewußtseins, Unlust. Das bewußt empfundene »Nichtwissen« ist daher die Triebfeder für das Streben nach Wissen. Das Erkennen des »Nichtgewußten« löst diese Unlust erzeugende Spannung im seelischen Getriebe, und das Bewußtsein empfindet für den Moment des »Aha-Effektes« Lust. Aus diesem Grunde ist der Baum der Erkenntnis ein lustiger Baum, weil er klug macht. Was für die tote Materie der Baum der Erkenntnis, das ist für die feinstoffliche, lebensmächtige Gegenwelt der »Baum des Lebens«.

Hinter diesem Symbol verbergen sich die Grundgesetze, die das

Abbildung 27
Die Ökosphäre unseres Sonnensystems.

DI
UNI: VERSALEM
STU
UM

Leben mit seinen Eigenschaften hervorbringen und aufrechterhalten. Vom Baum des Lebens zu brechen und zu essen bedeutet daher in unserer Paradiesgeschichte, die erkannten Gesetzmäßigkeiten für die Verlängerung des eigenen Lebens zu nutzen. Daß dies im Prinzip möglich ist, wird auch von unseren modernen Forschern nicht bestritten. Allerdings sind wir in dieser Beziehung bis heute Unwissende geblieben. Unwissende und Nackte haben manches gemeinsam. Beide sind z.B. den Unbilden ihrer Umwelt schutz- und hilflos ausgeliefert, aber in der Regel trotzdem unbekümmert. Erst wenn ihnen ihre Unwissenheit oder Nacktheit mehr oder weniger bewußt wird, weil sie dadurch Nachteile haben, versuchen sie, sich zu schützen. Das versuchte in der biblischen Erzählung auch Adam, als er erkannte, wie unerfreulich die Wahrheit ist.

Abbildung 28
Baum der Erkenntnis.
Kupferstich aus »Geheime Rosenkreuzer« (1785).
Die Allegorie leitet sich aus erheblich früheren Quellen ab und symbolisiert in etwa folgendes:
Das Handeln des »Unsichtbaren« **(Hand aus den Wolken)** läßt alles Erkennende und Erkennbare als »Welten-Äpfel« wachsen und reifen. Sie wurzeln in der erkennbaren, rauhen, eisstarren **(Rauhreif)**, grobstofflichen Materie **(nach unten weisendes Dreieck links unten)** und der feinstofflichen, mit »Schau- und Lebenskraft« begabten **(flammendes nach oben weisendes Dreieck rechts unten)** Himmelswelt **(Blitz, Wolken)**. Fließen beide Elemente ineinander **(Davidsstern Bildmitte)**, entsteht die Vielfalt organischen Lebens, das die Früchte des göttlichen Handelns durch eigene Handlungen **(Arme mit Händen)** erntet. Sind diese Handlungen entsprechend ausgerichtet, steigt das »Sehende« in die »Licht-Welt« der Götter auf **(Sonne, Licht)** zur reinen betrachtenden »Schau« **(Sonnenaugen)**. Sind sie es nicht, wandert das »Sehende« **(Augen im Kreislauf)** durch alle drei »Seinsformen«, die materielle, die feinstoffliche und die organische. Kommt es im Zentrum zur Ruhe, eint es sich mit dem »Universalen«, dem »Ewig Einen«, zum ewigen Leben **(flammender Kreis)**.

Das Feigenblatt als Stolperstein

Einer der Stolpersteine, der den aufrecht nach Wahrheit suchenden Schüler daran hindern soll, die Paradiesgeschichte wörtlich zu nehmen, sind in unserem Falle die Feigenblätter, aus denen sich Adam angeblich Schurze flocht, um seine Blöße zu bedecken. Wer einmal ein Feigenblatt berührt hat, wird zugeben müssen, daß es für diesen Zweck denkbar ungeeignet ist. So behauptet denn auch der britische Hautarzt D.Thomas Smith: *„Adam kann im Paradies unmöglich ein Feigenblatt getragen haben!“* Er muß es schließlich wissen. Nur mit einem Feigenblatt bekleidet, war er stundenlang im Park spazierengegangen. Der Arzt: *„Die untere Seite des Blattes ist rauh wie Schmirgelpapier. Adam hätte nach kürzester Zeit eine sehr schmerzhafte Entzündung an seiner empfindlichsten Stelle haben müssen und wäre wohl kaum der Stammvater der Menschheit geworden!“*

Beim Anblick seiner geschundenen Männlichkeit ist sicher auch in seinem Weibe »Eva« das »Begehren« erloschen, das sie zur Mutter aller Lebendigen werden ließ. Das Begehren nach Leben und Lust spielt in den Überlieferungen eine entscheidende Rolle. Für die Wissenden ist es Ursache und Triebkraft des Lebens, sichert seinen Fortbestand und zwingt den Handlungen der Lebewesen seine Zielrichtung auf. Das erfährt jedermann täglich am eigenen Leibe. Auch wir geben möglichst den Tätigkeiten den Vorrang, die uns die meiste Lust verschaffen und meiden tunlichst, was Unlust erzeugt. Dies hat seine Ursache in einem fundamentalen Prinzip, auf das hier leider nicht näher eingegangen werden kann. Interessierten Lesern sei das Buch »Der Irrtum mit der Seele« empfohlen. Darin bringt der englische Autor und Wissenschaftler Prof. Chambell, seine Forschungsergebnisse auf einen einzigen Satz: *„Wenn der Leser keine Pflanze ist, so strebt er stets nach Lust, denn das tun alle Tiere!“* Er hätte getrost die Pflanzen in seine Feststellung mit einbeziehen sollen, denn auch sie unterliegen in ihrem rechtschaffenen Streben dem »Lustprinzip«. Weil es in den Augen der Wissenden so fundamental war, verbargen es die Alten hinter dem »Eva-Symbol«. Nach ihrer Meinung ist daher das »Begehren nach Leben und Lust« die Mutter aller Lebendigen. Dem kann man nur beipflichten, denn wäre z.B. der Zeugungsakt nicht mit einem so intensiven Lustgefühl verbunden, wäre die Welt längst ausgestorben.

Die »ewige Eva« ist auch heute noch das Sinnbild des Begehrens schlechthin, denn »Ewig lockt das Weib!«. Wer das bezweifelt, braucht nur auf unsere Werbung zu achten und wird schnell eines Besseren belehrt. „Ob Auto, Zeitschrift, Hühnerei – ein schönes Weib ist stets dabei!" Der Begriff »Weib« ist hier in bezug auf die holde Weiblichkeit selbstverständlich nur positiv gemeint – so, wie das in früheren Zeiten immer der Fall gewesen ist. Der Name »Eva« kommt von hebräisch »Chawwa« und bedeutet »das Weib, das Leben«. Die Alten benutzten ihn auch als Symbol für das Begehren nach weltlicher Lust und weltlichem Sein, das den echten Adepten daran hindert, sich mit Gott zu einen. Weil er die Gier nach weltlicher Lust und weltlichem Leben zähmen, zügeln und später gänzlich abstellen mußte, wenn er das höchste Ziel erreichen wollte, war »das Weib« für ihn sündig. Sein Wahlspruch sollte lauten: *„Bist du fromm, so bist du angenehm bei Gott. Bist du aber nicht fromm, so ruhet die Sünde vor der Tür, und nach dir hat sie Verlangen. Du aber herrsche über sie!"* Wenn also in den alten Schriften steht: *„Das Weib sei unterthan dem Manne, er soll ihr Herr sein!«*, so bedeutet dies, daß der Adept über das Begehren herrschen soll und nicht das Begehren über ihn. Leider wurden und werden diese und ähnliche Aussagen der alten Schriften immer wieder allzu wörtlich genommen und müssen als billiger Vorwand herhalten, um die Unterwerfung des weiblichen Geschlechts zu rechtfertigen.

Daß die geistigen Urheber der Paradiesgeschichte als Ausgangspunkt für die Erschaffung der Stammutter aller Lebendigen eine Rippe des Mannes wählten, wird verständlich, wenn

Abbildung 29

Schlange am Kreuz.

»Die Leben und Schaukraft hervorbringende Schwingung« (Schlange) ist es, die das »Welterleiden« ertragen muß, wenn sich Vater- und Mutterwelt kreuzen.

man das sumerische Wortspiel zwischen den Wörtern »Rippe« und »Leben« betrachtet, die beide durch dasselbe Ideogramm dargestellt und »ti« oder »til« ausgesprochen werden.
Es zeigt, daß das Begehren nach Leben und Lust ein Stück vom Menschen ist. Daher heißt es im Bibeltext: *„Da sprach der Mensch: Das ist doch Bein von meinem Beine und Fleisch von meinem Fleisch, man wird sie Männin heißen, darum daß sie vom Manne genommen ist. Darum wird ein Mann an seinem Weibe hangen, und sie werden sein ein Fleisch!"* Der Mensch ist also an sein Begehren gebunden, weil es mit ihm identisch ist. Mit »Mensch« ist hier das Ebenbild der ewigen Grundlage gemeint, der schiere Tropfen des unermeßlichen Raum-Ozeans als individualisierter Schwingungsträger. Er verhält sich zum »Ewigen« wie das schwingende Wasserteilchen zum Meer, in dem es Welle ist. Er ist das Höchste, des »Menschen Sohn« — der Sohn Gottes. Eine seiner inneren Regungen ist das Begehren nach Leben und Lust. Welche Grundschwingungsart sich hinter der Grundregung verbirgt, verrät uns die hebräische Übersetzung von »ti« oder »til«, aus der sich lahmen, hinken, stolpern, fallen ergibt.
Damit haben wir das Geheimnis ein wenig gelüftet. Als physikalischer Sachverhalt versteckt sich hinter dem »Eva-Symbol« jene Schwingung im seelischen Getriebe des »Menschen«, die auch in uns das Verlangen nach Leben und Lust erzeugt. Nach Meinung der Weisen ist das der Drache, den der wahre Adept mit seinem Schwert besiegen muß, weil er es ist, der ihn im Kreislauf der Wiedergeburten gefangen hält. Damit nagelt er des »Menschen Sohn« an das Kreuz des Leidens und schmiedet ihn an den Fels des Materiellen (Abb.29, S.104).
Ein Schwert ist bekanntlich ein großes Messer. Es steht symbolisch für den Verstand, weil beiden das Trennen oder Zerlegen gemeinsam ist. Das hauende Schwert trennt den Feinden die Köpfe vom Rumpf, der Verstand zerlegt die mit den Sinnen erfaßbare Welt und trennt Schein und Wirklichkeit. Beide, Schwert und Verstand, können scharf oder stumpf sein, was ihre Brauchbarkeit steigert oder mindert. Ein scharfer Ver-

Abbildung 30
Alchimistische Allegorie: »Die Tötung des Drachen«.

stand, symbolisch ein scharfes Schwert, ist die einzige Waffe, mit der man den Drachen der leidenschaftlichen Bewegungen besiegen kann. Das Töten des Drachens bedeutet in diesem Falle das »Zur-Ruhe-bringen« der Bewegungen der seelischen Welt (Abb.30, S.106). Dann eint sich der individualisierte Schwingungsträger mit dem »Ewigen« wie das zur Ruhe gekommene Wasserteilchen mit dem Meer. Er wird mit dem »Einen« eins.

Als Sinnbild hat der Tod in der Paradiesgeschichte noch eine zweite Bedeutung. Wie jedermann weiß, ist er etwas Unwiderrufliches. Ein einschneidendes Ereignis, das nicht mehr umkehrbar ist, das nicht mehr rückgängig gemacht werden kann. Dieser irreversible Sachverhalt bezieht sich in unserem Falle auf die Tatsache, daß einmal entdeckte Zusammenhänge für den Erkennenden nicht wieder zu Geheimnissen werden. Ein intelligentes Kind, das seine Eltern heimlich beim Verpacken der Weihnachtsgeschenke beobachtet hat, wird schwerlich dazu zu bewegen sein, an den geschenkebringenden Weihnachtsmann zu glauben, weil es von seinem scharfen Verstand daran gehindert wird. Wer einmal die Ursachen von Weltwerden und Vergehen durchschaut hat, wird ebenfalls von der eigenen Erkenntnisfülle daran gehindert, in die vorherige illusionäre Weltsicht zurückzufallen.

Das hebräische Wort für »Fülle der Erkenntnis« heißt »Cherubim«. Bei den Cherubim, den beiden geflügelten Gestalten aus der nächsten Umgebung Gottes, handelt es sich also um zwei Grunderkenntnisse, die unmittelbar mit der ewigen Grundlage zusammenhängen. Die eine Fülle von Erkenntnissen bezieht sich auf die erkennbaren Gesetzmäßigkeiten der toten Materie und die andere auf jene der feinstofflichen Gegenwelt. Wer im Besitz beider Wahrheiten ist und auf der höchsten Bewußtseinsstufe das Wesen der ewigen Grundlage erfahren hat, weil er sich für Momente mit ihr einte, darf sich »Hermes-Trismegistos, der Dreimalgroße« nennen (Abb.31, S.108). Von dieser hohen Warte aus erfaßt er den letzten Sinn der Paradiesgeschichte, indem er die Ursache erkennt, die für ihn den Kreis-

ΘΕΟϹ

lauf der Wiedergeburten in Gang gesetzt hat, und kann sich vor ihm schützen.
Betrachtet man die Paradiesgeschichte unter den Aspekten der vorher aufgezeigten Weltsicht, so ist die Vertreibung aus dem Paradies für den nach Wahrheit dürstenden Schüler der Sturz aus seiner illusionären Weltsicht oder Weltanschauung, in der er vorher befangen war. Für den fortgeschrittenen Meister die Weltflucht, das Erreichen von »Nirwana« auf dem achtfachen Pfade des Yoga. Übersetzt man nun alle Symbolgehalte der Paradiesgeschichte in entsprechender Weise, ergibt sich in bezug auf ihren zweiten Symbolgehalt in etwa folgende Aussage: Am Anfang der Weltwerdung betätigte sich Gott, der Urgrund allen Seins, als Gärtner und setzte Leben hervorbringende Ursachen in der allgemein lebensfeindlichen, öden Weite des Weltraums, und zwar in einem schmalen begrenzten Bereich mit besonders günstigen Lebensbedingungen, der Ökosphäre. Eine gewaltige Schwingung, der Pulsar der Weltschöpfung, ausgehend von der allgemein lebensfeindlichen öden Weite des Weltraums erhielt und nährte auch diesen lebensfreundlichen Gürtel. Durch unterschiedliche Bewegungen teilte sich der Welten erzeugende Pulsar in dem von ihm erfaßten Bereich in vier Grundschwingungsarten auf und schuf damit vier Grundkräfte, die auch den Fortbestand der Ökosphäre sichern. Aus dem darin enthaltenen Materiellen ließ Gott, der Urgrund allen Seins, verschiedenartige Abläufe und Formen hervorgehen, deren Wahrnehmen Lust vermittelt und deren Wirkungen und Hervorbringungen dem Leben dienlich sind.
Die Ursachen, deren Früchte das Lebendige, und die Ursachen, deren Wirkungen Erkenntnisse des allgemein Nützlichen und des allgemein Schädlichen sind, stellte er in den Mittelpunkt. In diesen lebensfreundlichen Gürtel integrierte nun Gott, der Urgrund allen Seins, den durch seine Unwissenheit schutzlosen und daher allen Unbilden seiner Umwelt hilflos ausgelieferten

Abbildung 31
Idealbild des »Hermes Trismegistos«.

Menschen, mit seinem Begehren nach Leben und Lust, damit er ihn weitsichtig nutzen und vor Zerstörung bewahren und schützen sollte. Er erlaubte ihm, von allen Abläufen und Ursachen die Wirkungen oder Früchte für die Zwecke des Lebens zu nutzen, außer von denen, die im Mittelpunkt stehen und deren Wirkungen Erkenntnisse des allgemein Nützlichen und allgemein Schädlichen in bezug auf seinen Lebenssinn sind. Sollte der Mensch dieser einzigen Forderung, die Gott an seinen Willen stellte, nicht nachkommen und doch nach den im Mittelpunkt stehenden Erkenntnissen streben, so würde ihm Einschneidendes, nicht mehr Umkehrbares widerfahren. Denn wenn der Mensch, verführt und getrieben von seinem Begehren nach Leben und Lust, unter den immer vorhandenen und immer erkennbaren Gesetzmäßigkeiten und Sachverhalten entdeckt, wie ihm die weltenhervorbringende Schwingung, symbolisiert durch die Schlange, gesetzmäßig und periodisch die Welt, den Weltenapfel, zum Zwecke des Weltessens, des Welt-Erlebens und seiner Befreiung davon, darbietet, werden ihm die Augen aufgetan (Abb.32, S.111).
Nun erst wird ihm der Zusammenhang offenbar zwischen sich als Subjekt und der Welt als Objekt und der Sinn seines Lebens bewußt. Er kann nun leicht unterscheiden zwischen den Handlungen, die diesem eigentlichen Lebensziel förderlich, also gut sind und solchen, die diesem Lebensziel abträglich, also böse sind. Diese Erkenntnis vertreibt ihn radikal aus seiner bisher vertretenen, illusionären Weltsicht und stellt ihn erbarmungslos auf den Boden der harten Tatsachen. Diese zwingen ihn unumgänglich zur Erreichung des nun sichtbar gewordenen hohen Zieles, die harten Realitäten in einem genau vorgegebenen Rahmen selbst für diesen Zweck nutzbar zu machen, denn niemand kann ihm dies abnehmen. Das ist ein schweres Unterfangen, denn schmerzliche Rückschläge und Widerstände erschweren die notwendigen Fortschritte auf diesem beschwerlichen Wege. Nur unter großen Opfern und Mühen, die nicht spurlos an ihm vorübergehen, stellen sich die von ihm so heiß ersehnten notwendigen Erfolge ein auf dem steilen, steinigen

Abbildung 32
Der »Affe Gottes« (der Mensch) **das »Schlangen-Ei« anbetend,** das ihm die welterzeugende Schwingung — als Schlangen-Gott personifiziert — zum »Welt-Essen« darbietet.

Pfade. Ein Zurück aber in seine vorherige illusionäre Weltsicht versperrt ihm der eigene, auf das gute Ziel ausgerichtete, geschulte, erkennende, Schein und Wirklichkeit messerscharf trennende Verstand, der ihm die Fülle der Erkenntnisse beschert hat.
Soweit der unerfreuliche Symbolgehalt der Paradiesgeschichte, wie er sich aus meiner Sicht ergibt. Mag sein, daß so mancher Leser mit meiner Darstellung der Sachverhalte nicht einverstanden ist und alles für ein Horrormärchen hält. Vielleicht ist er der Überzeugung, daß unserer Menschheit eine Vertreibung aus einer illusionären Weltsicht nicht bevorstehen kann, weil

wir als letztes und klügstes Glied in der langen Kette der Evolution das meiste Wissen zusammengetragen haben und daher am aufgeklärtesten sind. Wer dieser Ansicht ist, sollte aber bedenken, daß unsere Wissenschaft noch weit davon entfernt ist, die entscheidenden Fragen über Weltwerden und Vergehen schlüssig und bindend zu beantworten. Hier hat sie lediglich eine Reihe konkurrierender Theorien anzubieten, von denen bis heute noch keine als gesichert gelten kann. Warum das so ist, steht allerdings auf einem anderen Blatt. Nach meiner Meinung liegt es nicht am Schwierigkeitsgrad des universalen Kreuzworträtsels, sondern daran, daß unsere auf Materialismus gründende Wissenschaft eine der wichtigsten Querverbindungen mit dem Axiom: »Alle das Universum auf- und abbauenden Kräfte und Eigenschaften wohnen materiellen Teilchen inne« falsch besetzt hat. Solange sie diesen Satz nicht streicht, wird das kosmische Kreuzworträtsel nicht aufgehen, denn in dieser Hinsicht unterscheidet es sich in nichts von einem gewöhnlichen. Was damit gemeint ist, soll ein kleines Gleichnis verständlich machen, das ich in Dr. Dan Frys Buch »Erlebnis von White Sands« entdeckte.

Der Wissensbaum

Wie wir gesehen haben, kann man die Gesamtsumme der möglichen Erkenntnisse mit einem Baum vergleichen. Auch unsere Forscher sprechen gelegentlich von Wissenszweigen anstatt von Disziplinen. Nehmen wir an, dieser Wissensbaum wäre eine alte, mächtige, knorrige Eiche mit beträchtlichem Umfang und großer Höhe. Wuchtige, weit ausladende und stark belaubte Äste reckten sich in großer Zahl dem Licht entgegen. Nehmen wir weiter an, in einem Ameisenhügel am Fuße dieser uralten Eiche lebe eine sehr kluge und neugierige Ameise. Dieser Ameise käme eines Tages der Gedanke, die höchste Spitze des riesigen Baumes zu erklimmen, um von dieser hohen Warte aus den Baum als Ganzes bewundern zu können. *"Sogleich beginnt sie damit, am borkigen Stamm emporzuklettern. Sie weiß, daß sie immer nach oben streben muß um ihr Ziel zu erreichen, aber ihr Sichtbereich ist zu klein, um den ganzen Stamm zu überblikken. So kann es geschehen, daß sie einen der dicken unteren Zweige erreicht hat und weil er sich nach oben reckt, daran weiter klettert, ohne zu erkennen, daß sie den Stamm verlassen hat. Dies geht eine gewisse Zeit gut, denn sie bemerkt, daß sie höher und höher steigt. Sie kann sogar einige Früchte der Erkenntnis pflücken, aber früher oder später wird sie verwirrt, weil der starke Ast, den sie ja immer noch für den Stamm hält, beginnt, sich in Myriaden von Zweigen, Ästchen und Blättern aufzuteilen, die nun in die verschiedensten Richtungen weisen.*" Sie kann nun Ästchen für Ästchen abklappern und wird dennoch die Spitze nicht erreichen! „*In dieser Situation befindet sich jetzt unsere Wissenschaft. Mehr und mehr erkennt der nach Wissen suchende Forscher, daß die großen Grundgesetze, die er vorher für unerschütterlich hielt, sich zu teilen beginnen und wie die Äste der Eiche, ebenfalls in verschiedene Richtungen weisen. Als Ergebnis seiner Überlegungen kommt er zu dem Schluß, daß er sich der Grenze des erfaßbaren Wissens nähert, hinter der alle physikalischen Gesetze letztlich rein statistisch werden. An diesem Punkt kann er nur durch abstrakte mathematische Überlegungen weitere Fortschritte erzielen. Das ähnelt in etwa einer Fahrt in einer U-Bahn. Er wird an einem Ziel ankommen, obgleich er nicht sieht, wohin er fährt. Er hat auch keine Möglichkeit, festzustellen, ob er nicht einen besseren Weg wählen konnte, der ihn schneller und bequemer ans Ziel geführt hätte. Will er z.B. erklären, warum das Elektron sowohl ein Massepartikel als auch gleichzeitig eine Wellenerscheinung ist, bleibt ihm nur die Behauptung, daß das Elektron ein Partikel in einer Wahrscheinlichkeitsschwingung ist. Dies ist ein Zustand, der mit den Sinnen nicht mehr vorstellbar ist, und die einzigen Mittel zum Fortschritt, die er finden kann, erhält er durch die untergründigen Wege der abstrakten Mathematik. Wie aber die Geschichte gezeigt hat, sind die fundamentalen Wahrheiten immer einfach und verständlich, wenn man sie aus der richtigen*

Perspektive betrachtet. So wird der Wissenszweig, den ein Forscher entwickelt hat, erst als Zweig verständlich, wenn man ihn von oben, am Stamm hinunterblickend, betrachtet. Kurz gesagt — um wieder echte Fortschritte erzielen zu können, muß die Wissenschaft auf dem Ast zurückgehen, auf dem sie nicht weiterkommt, bis sie wieder am Stamm angelangt ist, um dann von neuem zu beginnen.“

Da kann man Dr. Fry nur zustimmen. Wie er richtig aufzeigte, hat unsere moderne Forschung den Stamm an der Stelle verlassen, wo sie das mit den Sinnen Vorstellbare durch nichtvorstellbare, untergründige, abstrakte Mathematik ersetzte. Der Stamm aber, zu dem sie zurückkehren muß, um wieder echte Fortschritte erzielen zu können, ist die »klassische Mechanik«. Jenes Grundwissen, das unsere gesamte Technik, von der einfachsten Dampfmaschine bis zum computergesteuerten Superroboter ermöglichte. Nur um ihr materialistisches Weltbild nicht aufgeben zu müssen, hat die Wissenschaft den festen Boden der klassischen Mechanik verlassen und durch Professor Einsteins »Relativitätstheorie« ersetzt. Durch einen Trick kommt Prof. Einstein in diesem mathematischen Denkgebäude ohne ein Trägermedium der elektromagnetischen Wellen aus. Mit diesem genialen Rechenkunststück, das die »Wasser des Raumes« als schwingende Grundlage aus dem Rennen warf, verführte er die Forscher dazu, vom rechten Wege abzuweichen.

Der Michelson-Morley-Versuch

Um den Beweis für diese Behauptung anzutreten, muß ich auf einen Versuch der modernen Physik zurückkommen, der unter dem Begriff »Michelson-Experiment« in die Analen der Wissenschaft eingegangen ist. Der Versuch jährte sich 1981 zum einhundertsten Male und veranlaßte Prof. Einstein u.a. zur Formulierung seiner Relativitätstheorie. Der Mann, der diesen Versuch ausführte und der ihm seinen Namen lieh, war der

nordamerikanische Physiker und Nobelpreisträger Albert Abraham Michelson, der von 1852 bis 1931 lebte. Er wollte mit Hilfe von Lichtgeschwindigkeitsmessungen die Existenz des »Äthers« nachweisen. Das Wort »Äther« kommt aus dem Griechischen und bedeutet zart, himmlisch, durchgeistigt. Es handelte sich dabei also um einen höchst feinen Stoff, der das gesamte Weltall ausfüllt und der der Träger der Lichtwellen sein sollte. Nach dem Verständnis der Physik seiner Zeit pflanzt sich das Licht als eine Welle in einem angenommenen Medium, in eben diesem Äther, fort. Dieser Äther bedeutete im Rahmen der klassischen Optik das gleiche wie das Wasser bei der Wellen- oder die Luft bei der Schallausbreitung. Er ist der Träger der Schwingungen und damit der Wellenausbreitung oder besser, er ist es, der da schwingt oder sich wellt. Aufgrund genauer Untersuchungen der Lichtausbreitung mußte dieser hypothetische Lichtäther allerdings Eigenschaften besitzen, für die es in der materiellen Physik kein Gegenstück gab. Wegen der ungeheuer großen Fortpflanzungsgeschwindigkeit der Lichtwellen, die rund dreihunderttausend Kilometer pro Sekunde beträgt, mußte er beispielsweise ein Vielfaches der Elastizität des besten Chrom-Vanadium-Stahls aufweisen. Da er aber den Raum zwischen den Himmelskörpern ausfüllt, ohne diese durch Reibung bemerkbar abzubremsen, mußte seine Dichte unmeßbar gering sein.
Bei der Einführung eines hypothetischen Mediums mit solch entgegengesetzten Eigenschaften, ist den Physikern damaliger Zeit sicher nicht sehr wohl zumute gewesen. Das erklärt vielleicht, warum es unter ihnen »Äther-Anhänger« und materialistisch orientierte »Äther-Gegner« gab, die sich heftig bekämpften. In der Hoffnung, diesen Streit durch die Schaffung eindeutiger Tatsachen zu beenden, versuchte Michelson jahrelang mit immer weiter verbesserten Anordnungen, die Lichtgeschwindigkeit einmal mit und ein andermal gegen die Erdbewegung zu messen. Da unumstößlich feststand, daß sich die Erde mit einer Geschwindigkeit von 29 km in der Sekunde um die Sonne bewegt, mußte er in der Bewegungsrichtung der Erde eine

größere Geschwindigkeit messen als in der entgegengesetzten (Abb.33, S.118). Michelson wiederholte seine Messungen mit äußerster Sorgfalt immer wieder, und zwar zu verschiedenen Tages- und Jahreszeiten und mit verschiedenen Instrumenten. Er benutzte dazu als erstes eine Apparatur, wie sie in der nebenstehenden Abbildung gezeigt und beschrieben wird (Abb.34, S.119). Die Apparatur war so weit ausgereift, daß die erforderliche Meßgenauigkeit gegeben war. Sie ruhte auf einer schweren Steinplatte als Unterlage, die auf einer Zwischenschicht aus Quecksilber erschütterungsfrei gelagert war. Ein Spiegelsystem verlängerte den Lichtstrahl auf weit größere Strecken als in früheren Versuchen, so daß man eindeutige, exakte Meßwerte erwarten konnte. Aber in welcher Richtung er auch maß, er fand keinen Unterschied in der Laufzeit des Lichtes.
Die Messungen ergaben eindeutig in jeder Richtung und zu verschiedenen Jahreszeiten, also an verschiedenen Stellen der Erdumlaufbahn um die Sonne, für die Lichtgeschwindigkeit, relativ zum erdfesten System, den Wert *c*. Dieses Ergebnis widersprach nicht nur dem gesunden Menschenverstand und der Alltagserfahrung, sondern was weit schlimmer war, auch dem Gesetz der Addierbarkeit der Geschwindigkeiten, dem Grundpfeiler der klassischen Mechanik, auf den sich die damalige Technik stützte und auch funktionierte. Um sich klar zu machen, um was es dabei ging, stelle man sich vor, ein Reisebus führe mit 80 Stundenkilometern eine Straße entlang. Es ist sicher, daß alle darin sitzenden Reisenden sich ebenfalls mit 80 Stundenkilometern bewegen. Stünde dagegen jemand von den hinteren Bänken auf und ginge nach vorn zum Busfahrer, so wäre er schneller als seine sitzenden Mitreisenden, denn er würde sie ja alle überholen. Wollte man seine tatsächliche Geschwindigkeit ermitteln, so müßte man seine Gehgeschwindigkeit und die Busgeschwindigkeit addieren, und ein an der Straße postiertes Radargerät würde das Resultat bestätigen. Dieser Sachverhalt ist so selbstverständlich, daß man das in entsprechend anderer Größenordnung auch in bezug auf Erde und Lichtausbreitung erwarten mußte.

Die Erde verhält sich in diesem Falle wie der Reisebus, das Licht wie der Reisende und die Michelson-Apparatur wie das Radargerät. Der entscheidende Unterschied beim Ausgang des Michelson-Experimentes war nun, daß das als selbstverständlich zu erwartende Additionsergebnis, nämlich 300 000 km/sek. Lichtgeschwindigkeit plus 29 km/sek. Erdgeschwindigkeit gleich 300 029 km/sek. von dieser Michelson-Apparatur nicht bestätigt wurde. Sie zeigte immer in allen Richtungen 300 000 km/sek. an. Da das Meßergebnis offensichtlich falsch war, versuchte Michelson nun das richtige Ergebnis mit einer anders funktionierenden Versuchsanordnung herbeizuführen. Er benutzte dazu ein Gerät, mit dem man Lichtwellen überlagern kann, ein sog. Interferometer (Abb.35, S.120). Es hat zwei senkrecht aufeinander stehende Arme mit einer besonderen Spiegelanordnung, wie es im Bild gezeigt ist. Licht aus der Quelle LQ trifft auf den halbdurchlässigen Spiegel SP3 und wird dort aufgespalten. Auf einem Schirm werden die beiden Lichtstrahlen wieder vereinigt, nachdem sie von SP1 und SP2 reflektiert wurden. Wäre der Zeitaufwand für die beiden Lichtwege gleich, dann würde der Überlagerungs- oder Interferenzeffekt Verstärkung bewirken (Abb.36, S.121). Das Experiment besteht darin, daß die Spiegel so eingestellt werden, bis sich additive Überlagerung ergibt (Abb.37, S.122). Dann dreht sich die Anordnung infolge der Erdrotation langsam, und ein neues Überlagerungsmuster müßte beobachtet werden; denn wären die Zeiten für die beiden verschiedenen Lichtwege infolge der »Ätherdrift« unterschiedlich groß, dann würde sich das in einer Änderung des Überlagerungsbildes bemerkbar machen. Selbst der im Vergleich zur Lichtgeschwindigkeit »schwache« Ätherwind« von 29 km/sek. würde einen deutlich erkennbaren Effekt ergeben (Abb.38, S.123). Aber ungeachtet aller Bemühungen, gelang es Michelson auch mit dieser Apparatur nicht, den erwarteten Effekt nachzuweisen. Er fand auch diesmal keinen Unterschied in der Laufzeit des Lichtes. Die Lichtgeschwindigkeit erwies sich hartnäckig als konstant, völlig unabhängig von der Bewegung der Erde. Stand die Erde still?

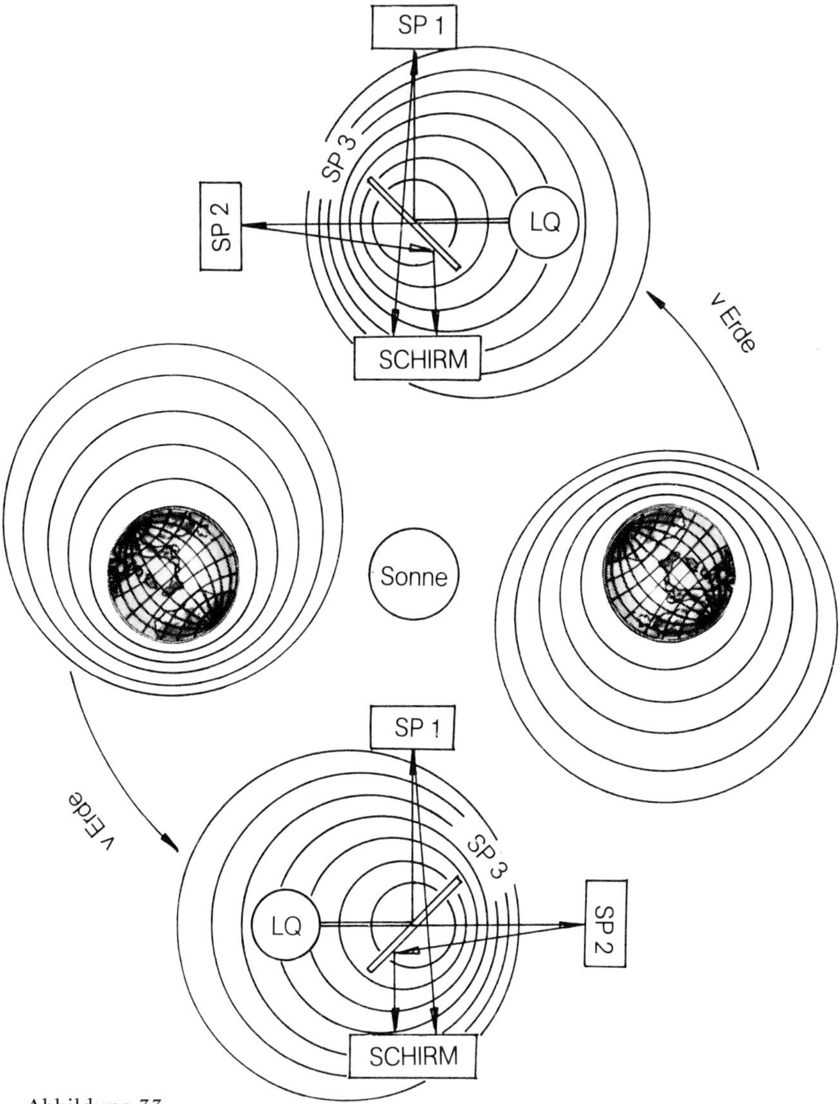

Abbildung 33

Wellen-Ausbreitung die Michelson nachweisen wollte.

Wellenbild, das an allen Positionen der Erdumlaufbahn im »Interferometer« beobachtet werden muß, wenn sich die Erde, wie von Michelson angenommen, durch den »ruhenden« Äther bewegt.

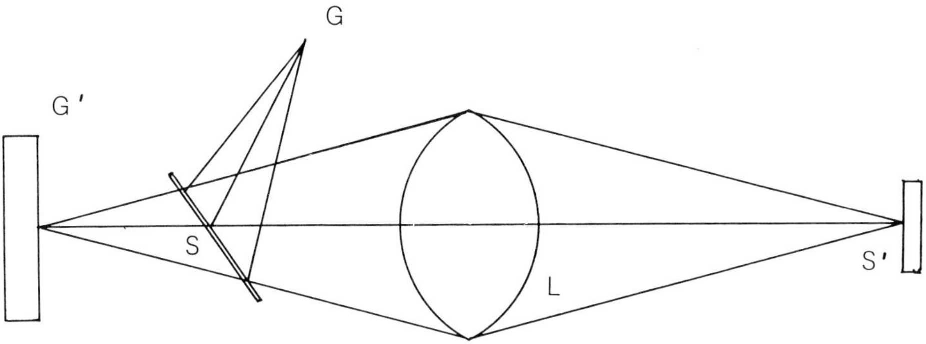

Abbildung 34
Versuchsanordnung zur Messung der Lichtgeschwindigkeit.
Michelson benutzte zur Messung der Lichtgeschwindigkeit eine Versuchsanordnung, die in etwa wie folgt beschrieben wurde:
In G ist eine geteilte Glasplatte aufgestellt, von welcher durch einen ebenen Spiegel S ein virtuelles Bild in G' entworfen wird.
Die von G' ausgehenden Lichtstrahlen gehen durch eine Linse L und werden auf der Fläche eines zweiten ebenen Spiegels S' vereinigt. Von dort gelangen sie auf demselben Wege wieder nach G' zurück, so daß hier das Bild einer geteilten Glasplatte, mit dieser selbst coincidiert, falls der Spiegel S feststeht.
Rotiert dagegen der Spiegel S, so wird das bei G' zustande kommende Bild der Teilung gegen diese verschoben. Aus dieser Verschiebung kann die Lichtgeschwindigkeit berechnet werden. Als Mittel aus mehreren Versuchsreihen ergab sich eine Lichtgeschwindigkeit von 186508 engl. Meilen pro Sekunde.

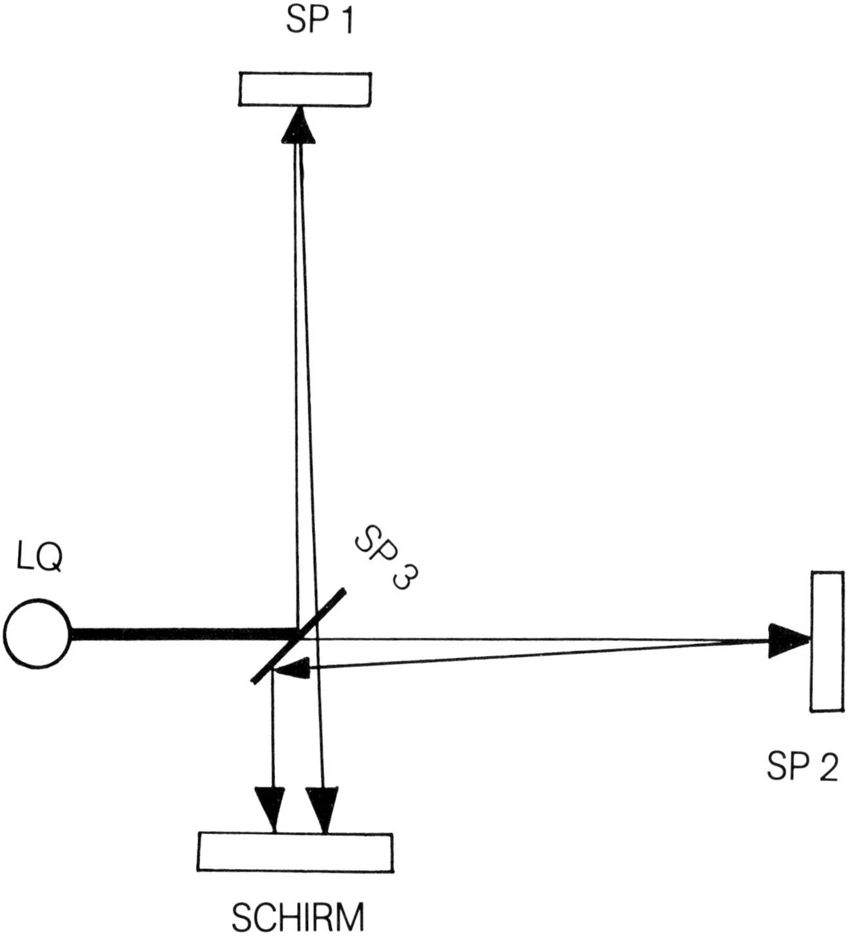

Abbildung 35
Interferometer nach Michelson.

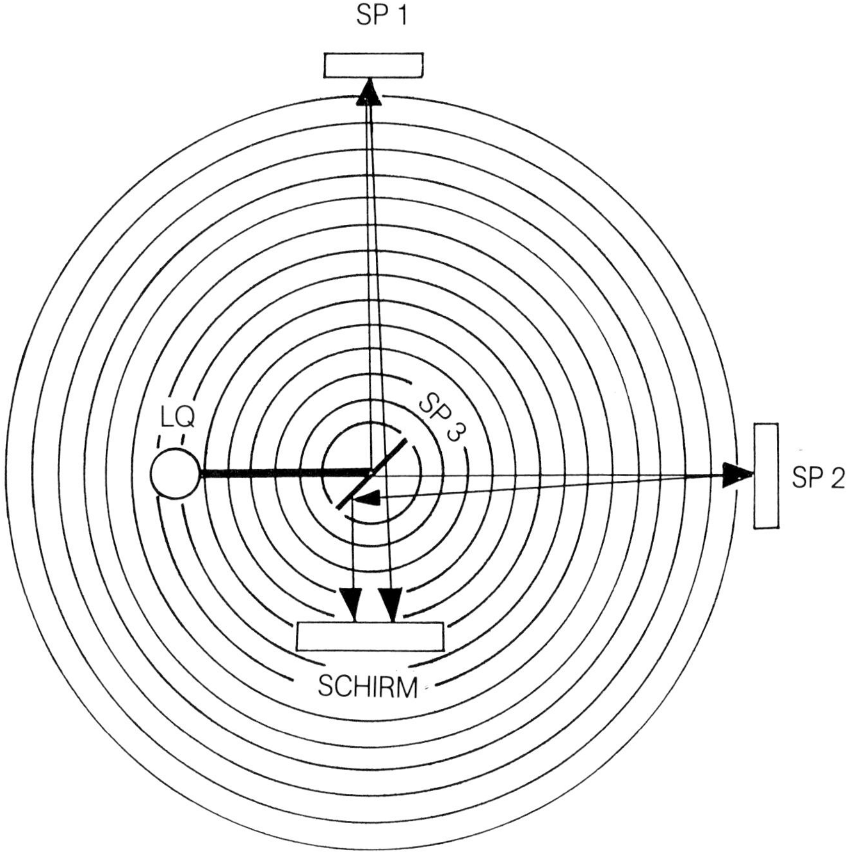

Abbildung 36

Wellenbild bei gleichen Lichtwegen.

Vereinfacht dargestellt, wie sich die Lichtwellen im Interferometer vom halbdurchlässigen Spiegel Sp 3 aus verteilen, wenn der Zeitaufwand für die beiden Lichtwege gleich ist.

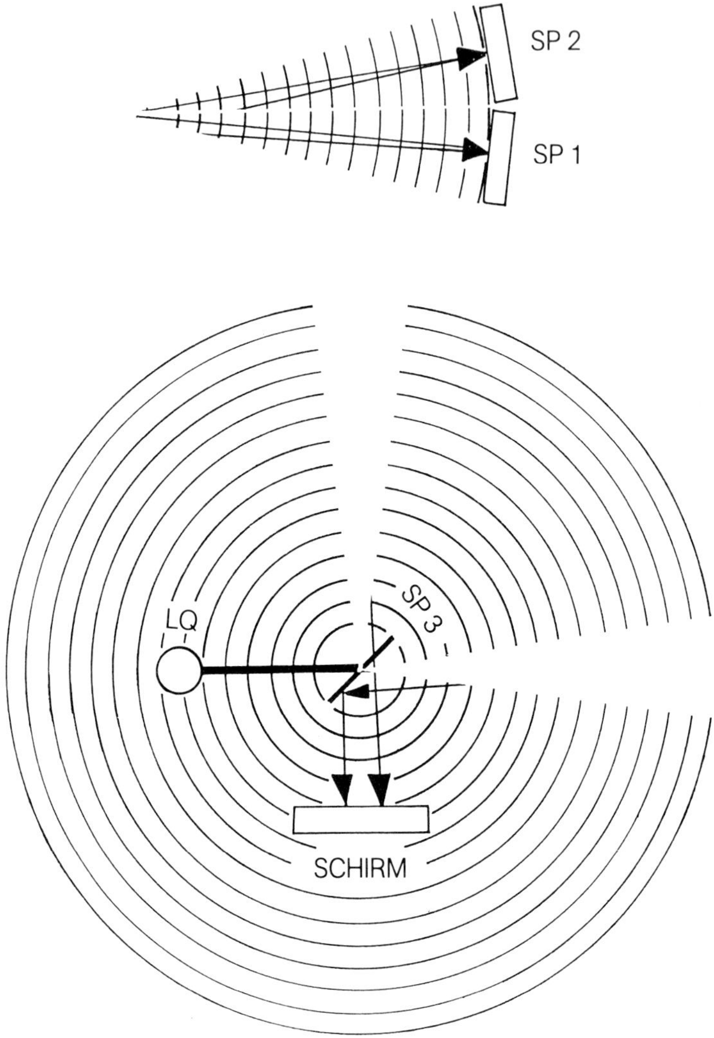

Abbildung 37
Wellen-Überlagerung bei gleichen Lichtwegen.
Wellenbild-Muster, das bei Überlagerung der Lichtwellen von »Sp 1« und »Sp 2« beobachtet werden muß, wenn das Trägermedium der Lichtwellen in bezug auf das Interferometer »ruht«.

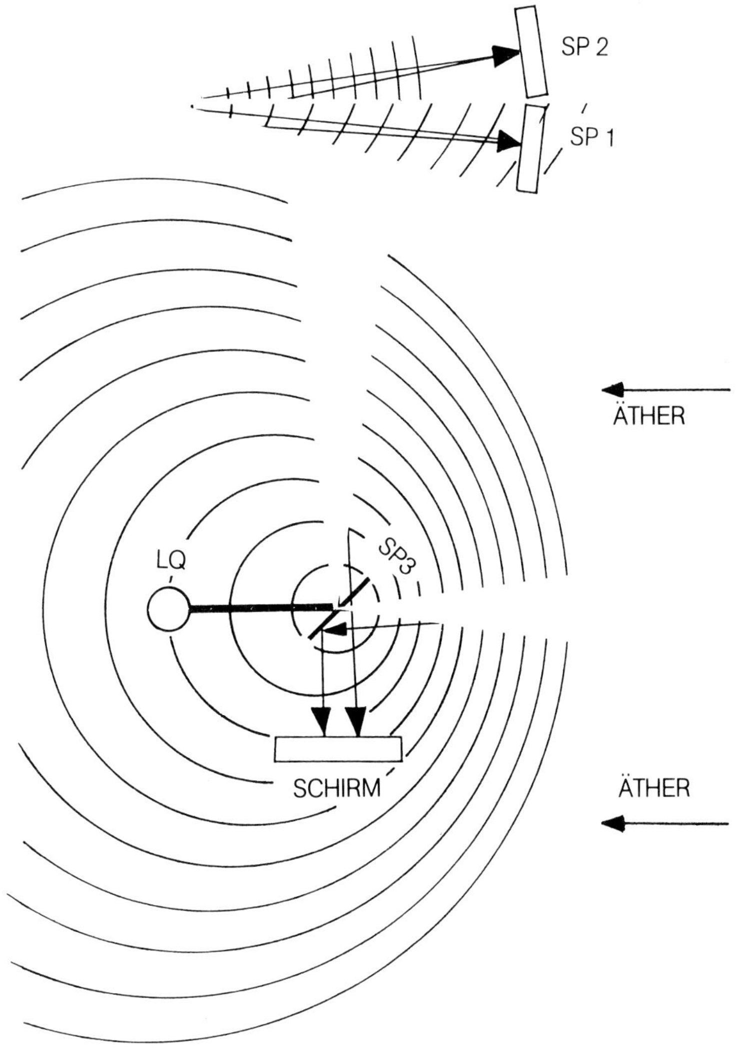

Abbildung 38
Wellen-Überlagerung bei ungleichen Lichtwegen.
Wellenbild-Muster, das bei Überlagerung der Lichtwellen von »Sp 1« und »Sp 2« beobachtet werden muß, wenn sich das Trägermedium der Lichtwellen in bezug auf das Interferometer »bewegt«, oder umgekehrt.

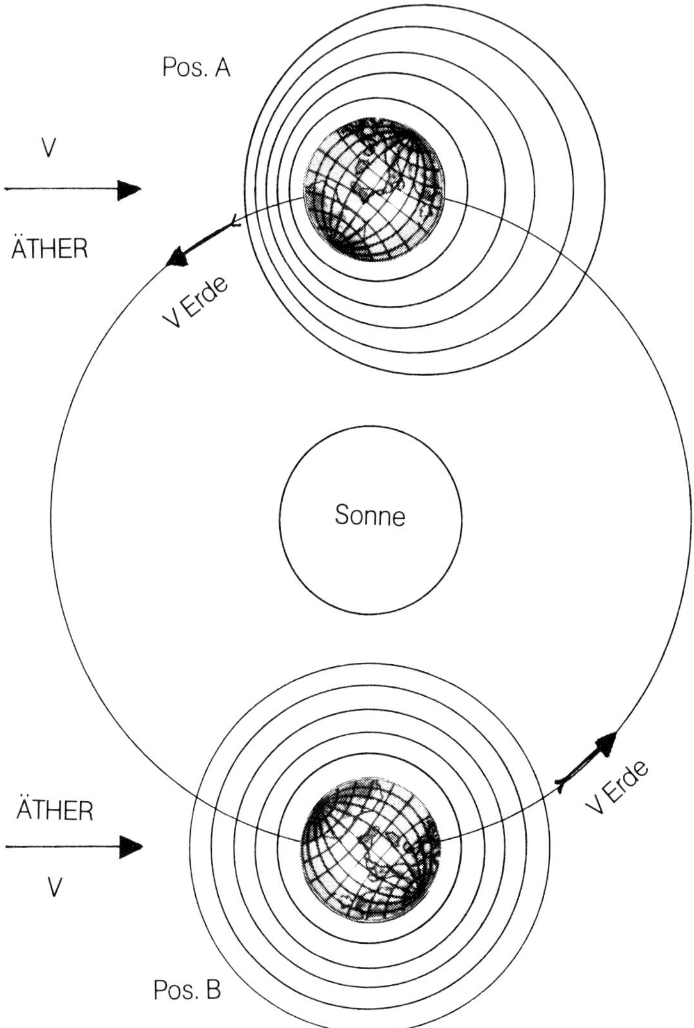

Abbildung 39
Wellen-Ausbreitung bei ungleichen Lichtwegen.
Wellenbilder, die jeweils an den Positionen »A« und »B« der Erdumlaufbahn im Interferometer beobachtet werden müßten, wenn sich der Äther als Trägermedium der Lichtwellen, mit einer Geschwindigkeit von 29 km/sec. in bezug auf das Sonnensystem bewegt.

Zu Galileis Zeiten wäre der Ausgang dieser Versuche eine erstklassige Widerlegung des heliozentrischen Weltbildes gewesen. Man nahm zunächst an, der Äther bewege sich zufällig mit einer Geschwindigkeit von 29 km/sek. mit Bezug auf das Sonnensystem. Es gibt dann eine Position der Erde bei der Rotation um die Sonne, in der die Erdgeschwindigkeit, relativ zum Äther, Null ist (Abb.39, S.124).
Michelson wiederholte jedoch seine Versuche sechs Monate später, als sich die Erde am gegenüberliegenden Punkt der Erdumlaufbahn befand und der doppelte Effekt erwartet werden mußte, aber wiederum war überhaupt nichts nachzuweisen. Eine andere mögliche Erklärung für den scheinbar negativen Ausgang des Experiments bestand darin, daß die Erde eine lokale Region des Äthers mit sich zieht, so daß zwischen beiden Ruhe herrscht. Daraus würde jedoch folgen, daß eine jährliche Hin- und Herbewegung der Sterne beobachtet werden mußte, was doch gar nicht der Fall war. Diese Erklärung stimmte also nicht mit den astronomischen Beobachtungen überein.
Andere Physiker, unter ihnen der bekannte Niederländer Hendrik Lorenz, nahmen an, daß sich die Längen aller physikalischen Körper, die sich gegen den Äther bewegen, um den Faktor ihrer Eigengeschwindigkeit verkürzen. Dies umsomehr, je größer ihre Eigengeschwindigkeit in bezug zum Äther ist. Sie meinten, dadurch würde bewirkt, daß sich die Arme des Interferometers bei einer Drehung um 90 Grad in ihrer Lage gerade so verändern, daß der Effekt ausgeglichen wird. Dieser Einwand wurde berücksichtigt, indem ein neues Interferometer mit verschieden langen Armen benutzt wurde. In einem solchen Interferometer konnte die »Lorenz-Kontraktion«, wie dieser hypothetische Sachverhalt von den Physikern genannt wurde, nicht zu einer vollständigen Auslöschung des Effektes führen. Für verschiedene Geschwindigkeiten der Meßapparatur, relativ zum Äther, müßten sich verschiedene Resultate ergeben. Aber auch diese Experimente fielen nach Meinung der Physiker für alle Positionen der Erde auf ihrer Umlaufbahn um die Sonne negativ aus. Auch eine Anzahl weiterer, noch künstlicherer

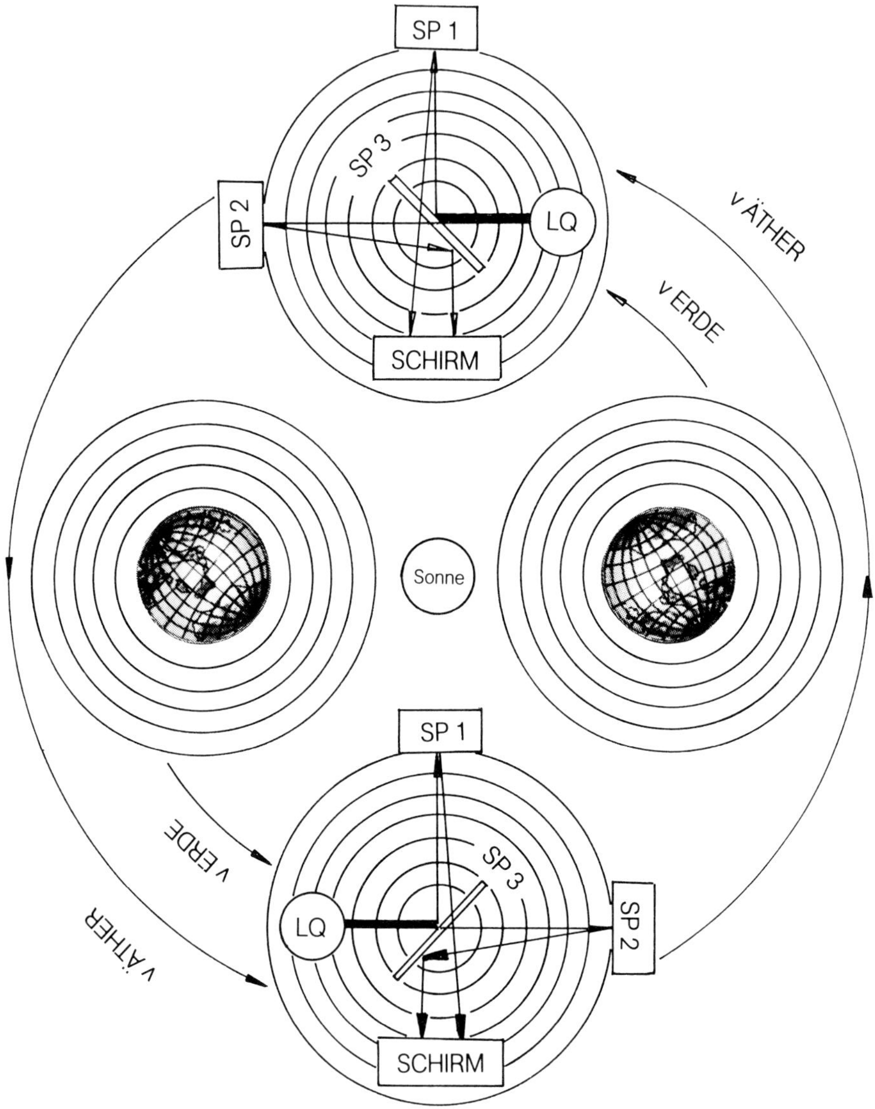
SP 1
SP 2
SP 3
LQ
SCHIRM
v ÄTHER
v ERDE
Sonne
SP 1
SP 2
SP 3
LQ
SCHIRM
v ERDE
v ÄTHER

Annahmen zur Erklärung des paradoxen Resultates liefen bei genauerer Betrachtung lediglich darauf hinaus, die an sich schon recht künstliche und unbeliebte »Äther-Hypothese« durch noch kompliziertere Mechanismen zu ersetzen, Mechanismen, die sich der experimentellen Nachprüfung noch viel mehr entzogen als die Annahme des fiktiven Äthers.
Übrig blieb die vom Standpunkt der klassischen Physik völlig unerklärliche, jedoch experimentell durch wiederholte und immer feinere Versuche vom michelsonschen Typ fundierte Tatsache, daß das Licht sich offenbar in allen, auch relativ gegeneinander bewegten Systemen in allen Richtungen mit der gleichen Geschwindigkeit ausbreitet. Die Physik stand damit vor der Aufgabe, mit diesem Tatbestand zu leben, formulierte G. Berendt in seinem Buch »Das Wissen der Gegenwart«. Da sich die Existenz eines »ruhenden« Lichtäthers nicht nachweisen ließ, zog Prof. Einstein den Schluß, daß es einen solchen Äther nicht gibt. Die Idee, daß der Äther als riesiger »Äther-Wirbel« um die Sonne rotiert und dabei die Erde mit sich führt, wie es die entschlüsselten Texte der Überlieferungen lehren, ist ihm offenbar nicht gekommen. Genau dieser Tatbestand ergibt sich aber aus allen Michelson-Experimenten, wenn man sie im Sinne der klassischen Mechanik interpretiert (Abb.40, S.126).

Abbildung 40
Wellen-Ausbreitung, wenn die Erde im »Äther-Wirbel« um die Sonne rotiert.
Diese Wellen-Ausbreitung wurde an allen Positionen der Erdumlaufbahn von »allen« Michelson-Apparaturen angezeigt.
Prof. Einstein zog daraus den Schluß, daß es kein Trägermedium der Lichtwellen gibt und setzte in seine Wellengleichungen entsprechende Korrekturfaktoren ein, damit sie »ohne« den allseits »unerwünschten« Äther auskamen.
Diese Schummelei hat unter dem Begriff »Relativitätstheorie« in die Physik Einzug gehalten und wird bis heute von allen ernstzunehmenden Wissenschaftlern gebilligt.

Darf Ideologie Forschungsergebnisse beeinflussen?

Selbstverständlich kann ich nicht sagen, warum die nach meiner Meinung einzig richtige Interpretation bis heute außer acht gelassen wurde. Tatsache ist, daß die Äther-Gegner sich durchsetzen konnten und beim erbitterten Kampf um das Für und Wider seinerzeit ebensoviel Ideologie mit im Spiel gewesen ist, wie bei der Auseinandersetzung um die Lehre Darwins. In diesem Forschungsbereich spielen die ideologischen Gesichtspunkte unterschwellig immer noch eine gewichtige Rolle. Noch heute fürchten Wissenschaftler, die aufgrund ihrer Forschungsergebnisse von Darwin abrücken wollen, den Beifall von der falschen Seite: von jenen bibeltreuen Zeitgenossen, die den Schöpfungsbericht der Bibel wörtlich für richtig halten. Weil bei den Äthergegnern und den Darwinisten die gleichen ideologischen Motive eine Hauptrolle spielten, die mit den jeweils zur Debatte stehenden physikalischen Sachverhalten eigentlich nichts zu tun haben, ergeben sich eine Menge Parallelen. So gilt denn auch das, was J. Schappach in »P.M. 1/1985« in bezug auf die Darwinisten aufgezeigt hat, in entsprechend abgewandelter Form auch für die Äther-Gegner. In seinem ausgezeichneten Artikel »Gesucht: Ein neuer Darwin« schreibt er unter anderem folgendes: *„Seit 125 Jahren gilt Darwins Abstammungslehre auch für den Menschen. Wie automatisch hat sie Generation für Generation übernommen und sie sich zu eigen gemacht. Gab es aber in diesen 125 Jahren je einen Wissenschaftler, der aus vollem Herzen hätte sagen können, daß er mit dieser Lehre keine Schwierigkeiten hat?*
Uns ist kein solcher Gelehrter bekannt. Tatsache ist vielmehr: je präziser die Forschung arbeitet, um so größere Schwierigkeiten ergeben sich mit der Lehre Darwins. Wenn aber die Lehre Darwins so große Beweisnöte verursacht, warum wurde sie dann überhaupt allgemein akzeptiert? Vermutlich deshalb, weil damals die Energie der großen Geister nicht nur auf die Erfassung

des Neuen konzentriert war, sondern weil — man kann es in allen Geschichtsbüchern nachlesen — die Kraft der früheren Darwinisten zum größten Teil von der Bekämpfung des Alten absorbiert wurde. Es galt nicht in erster Linie, der »Darwinschen Lehre« ein Fundament ohne Fugen und Risse zu geben. Viel wichtiger war es zunächst, die weltanschauliche Auseinandersetzung zu führen und den damals ungeheuerlich klingenden Anspruch Darwins durchzusetzen: »Die Wahrheit steht in meinem Buch und nicht in der Bibel!« Diesen Satz hat Darwin natürlich nie gesagt, aber der Anspruch ergab sich automatisch aus dem Inhalt seines 500-Seiten-Werkes."
Mit diesem Zitat will ich nicht unterstellen, daß Prof. Einstein in bezug auf seine Relativitätstheorie etwas ähnliches gesagt hat. Aber die Ideologiehaftigkeit der Sache, in Verbindung mit seiner Feststellung, daß es den Äther nicht gibt, waren nach meiner Meinung die Hauptgründe dafür, daß sich die Wissenschaft von der Äthervorstellung abgewendet hat.

Prof. Einsteins Korrektur am Doppler-Effekt — eine korrekte Schummelei?

Schließlich brachte ja Einstein die durch die Fehlinterpretation des Michelson-Experiments böse in Unordnung geratenen mathematischen Formeln wieder in Gleichschritt, ohne den unerwünschten Äther der Überlieferungen zu bemühen. Er tat dies, indem er dem Ausdruck einer der Größen in den Formeln, der sich auf den bewegten Teil bezieht, einen Korrekturfaktor vorsetzte. Mit anderen Worten, indem er ein wenig schummelte. Nun war eine Sekunde beim ruhenden Teil nicht gleich mit der Zeit von einer Sekunde beim bewegten System. Die Zeit beim bewegten System erscheint dadurch um den entsprechenden Korrekturfaktor gedehnt. Jede Sekunde in ihm dauert vom ruhenden System aus beurteilt länger. Es ist gerade so, als wenn jemand bei einem Grundstückskauf, bei dem ein Quadratmeterpreis ausgemacht wurde, mit einem Bandmaß aus Gummi anrückte und dieses bei seinen Messungen kräftig auseinander zöge, um so die Grundstücksgröße festzustellen. Die Abstände der Metermarkierungen würden länger, die Zahl der Meter, die er abliest, wird kleiner, die Anzahl der Quadratmeter, die er so errechnet, weniger und der von ihm zu zahlende Preis geringer. Die Frage ist nur, ob der Verkäufer mit dieser Meßmethode einverstanden ist.

Die Zeitdilatation und ihre Konsequenzen — Realität oder Physikerlatein?

Zwar war die Wissenschaft nun das leidige »Ätherproblem« los, mußte sich dafür aber mit den Konsequenzen auseinandersetzen, die sich zwangsläufig aus der Zeitdehnung oder Zeitdilatation, wie dieser Sachverhalt nunmehr genannt wurde, ergaben. Diese waren noch weniger mit dem gesunden Menschenverstand zu begreifen. Immerhin verging danach die Zeit in einem sich sehr schnell bewegenden Raumschiff viel langsamer als auf der Erde. Das bedeutet, daß Raumfahrer darin nicht so schnell altern wie die auf der Erde verbleibenden Menschen. In einem Raumschiff, das mit Lichtgeschwindigkeit reisen könnte, würde ein Astronaut so gut wie gar nicht altern. Auch war es theoretisch möglich, mit entsprechenden Maschinen in Vergangenheit und Zukunft zu reisen. Es ist gut zu verstehen, daß diese Tatbestände so manchem Autor sehr willkommen waren, um seine Theorien und Ideen abzusichern. Die ungeheuren Entfernungen zwischen den Sternen spielten nun eine weniger wichtige Rolle. Sobald die Antriebs- und Energiefrage technisch gelöst ist, könnten die fast nicht alternden Astronauten getrost Hunderte von Lichtjahren reisen. Sie würden ihre Ziele in den Tiefen des Alls erreichen und zurückkehren, ohne vorher an Altersschwäche gestorben zu sein.
Leider würden sie auf ihrem Heimatplaneten keinen Bekannten mehr lebend antreffen, weil dort inzwischen Jahrhunderte

ins Land gegangen sind. Vielleicht finden sie ihn auch nur in Bruchstücken vor, weil ihre damaligen Zeitgenossen oder ihre Nachkommen ihn auseinandergesprengt haben. Mag sein, sie stellen dann ebenfalls die Frage nach dem gesunden Menschenverstand und erinnern sich noch an die Antwort, die Prof. Einstein auf diese Frage gegeben hat: „*Der gesunde Menschenverstand — das sind all die Vorurteile, die sich bis zum achtzehnten Lebensjahr im Bewußtsein ausgebildet haben.*“ Sicher hat er diesen Ausspruch nicht auf mit- und zwischenmenschliche Verhaltensweisen gemünzt. Es war seine Antwort auf die logischen Einwände seiner Gegner, die sich mit den haarsträubenden Resultaten, wie sie sich aus seiner relativistischen Mathematik ergaben, nicht abfinden wollten.

Das Zwillingsparadoxon, wie das Patentrezept ewiger Jugend von den Relativisten genannt wird, ist nur eines von vielen anderen. Wie soll man zum Beispiel mit seinem gesunden Menschenverstand begreifen, daß jemand an seinem Zielpunkt ankommt, noch bevor er gestartet ist? Das ist nicht etwa »Physiker-Latein«, sondern ergibt sich aus den relativistischen Gleichungen der einsteinschen »Zeitdehnung oder Zeitdilatation«. Die Ursache für dieses paradoxe Ergebnis ist der von ihm in seine Gleichungen eingesetzte »Korrektur- oder Gammafaktor«. In der Studienausgabe für Physikstudenten »Grundlagen der modernen Physik«, wird dieser Sachverhalt sogar poetisch dargestellt: „*Ein junges Mädchen, Fräulein Faust, lief schneller als der Lichtstrahl saust, und begann sie ihre Fahrt auf die einsteinsche Art, war sie zurück, noch eh' sie abgebraust!*“

Auch der relativistisch orientierte Autor »Nigel Calder« hat sich zu diesem Thema etwas einfallen lassen. In seinem Buch »Einsteins Universum«, das er zu Ehren von Einstein geschrieben und für dessen zeitgemäße Fertigstellung er siebzig Physiker und Astronomen diesseits und jenseits des Atlantiks eingespannt hat, kann man folgendes lesen: „*Wenn ein Lichtgeist in seinem Raumschiff die mit Lichtgeschwindigkeit fliegenden Signale begleitet, wird er feststellen, daß er den Empfänger der Signale zur gleichen Zeit erreicht wie er gestartet war! Die Zeit dehnt sich ins Unendliche, und Entfernungen schrumpfen zum Nichts zusammen. Ein Beobachter wird feststellen, daß die Uhr in dem Miniraumschiff stillsteht. Ein mit Lichtgeschwindigkeit Reisender könnte das gesamte Universum in der Zeit Null durchmessen. Raum und Zeit verschwinden!*"

Ich frage mich nur, warum die Astronomen die Abstände zwischen den Sternen immer noch nach Lichtjahren messen können. Da das Licht nach Prof. Einstein immer mit Lichtgeschwindigkeit reist, müßten die Entfernungen, die es durcheilt, doch ebenfalls zu Nichts zusammenschrumpfen und Zeit und Raum längst verschwunden sein. Auch uns, die wir in diesem Universum leben, dürfte es danach ebenfalls nicht mehr geben, weil der für uns erfaßbare Weltraum ununterbrochen von Sternenlicht durchflutet wird. Selbstverständlich hat auch hier der »Gamma-Faktor«, dieser universale Korrekturfaktor, regulierend seine Hand im Spiel, wird mir der Relativist entgegenhalten. Nach der Relativitätstheorie sind die Messungen von Entfernungen, Räumen und Zeitintervallen für jeden Beobachter Privatsache. Daher ergeben sich für die Laufzeit des Sternenlichts für jeden Beobachter andere Werte. Die Gamma-Sekunden sind ja für die entsprechenden Relativbewegungen verschieden lang. Ändern sich aber die Zeitangaben, ändern sich auch alle anderen Werte und Größen, und zwar in einer Art und Weise, die sich jeder logischen Vorstellung entzieht.

Wie soll man sich zum Beispiel vorstellen, daß die Gesamtdauer des Universums gleich Null ist? Daß das Licht von unseren Augen ausgestrahlt und von den Sternen absorbiert wird? Daß die Toten aus ihren Gräbern herauskommen, rückwärts wachsen und schließlich noch nicht geboren sind? Damit niemand meint, diese Aussagen seien meiner Phantasie entsprungen, soll hier wieder der Fachmann Nigel Calder das Wort haben. Er schreibt in »Einsteins Universum«: „*Es ist durchaus nicht unmöglich, daß die Gesamtdauer des Universums gleich Null ist. Die Zeit, die bei der Expansion vergeht, könnte hier irgendwie später wiedergewonnen werden in einer Zeit negativer Zeit. Einige Theoretiker überlegen die Möglichkeit, ob die Zeit nicht während der Kontraktion bis zum großen Zusammensturz rückwärts läuft. Michael Berry von der University of Bristol schreibt dazu: „Das Licht würde von den Sternen absorbiert und von den Augen ausgestrahlt.“ Etwas weitergehend schreibt John Taylor vom Kings College in London von Leuten, die aus ihren Gräbern herauskommen, rückwärts wachsen und schließlich noch nicht geboren sind. Eine Umkehrung der normalen Richtung der Zeit ist natürlich schwer vorstellbar. Man kann sie jedoch nicht einfach mit der Begründung beiseite schieben, daß die Theoretiker noch nicht genug darüber wüßten. Seit Einstein ist das ein Problem für Physiker, nicht für Philosophen!“*

Korrekturfaktoren sind das Fundament der Relativitätstheorie

Ich glaube nicht, daß Calders letzte Feststellung die Philosophen alter Prägung traurig macht, weil in ihrem Weltbild Logik und gesunder Menschenverstand immer eine entscheidende Rolle gespielt haben. Dagegen sind die relativistischen Physiker dem Alltagsdenken gegenüber und allem, was augenfällig erscheint, sehr mißtrauisch. Nach ihrer Meinung ist der gesunde Menschenverstand lediglich das Produkt menschlichen Bewußtseins. Für sie besteht kein Grund für die Annahme, daß das Naturgeschehen diesem Bewußtsein immer entsprechen muß. Auf das physikalische Geschehen angewendet, mißtrauen sie sogar der Gleichung $3 + 3 = 6$. Nach ihren relativistischen Formeln sind zum Beispiel 20 Milliarden Zentimeter je Sekunde plus 20 Milliarden Zentimeter je Sekunde nicht 40 Milliarden Zentimeter je Sekunde, sondern 27,7 Milliarden Zentimeter je Sekunde. Die Relativisten addieren Geschwindigkeiten in einer Weise, die dem normalen Empfinden seltsam erscheint. Die sich aus ihren Formeln ergebenden Geschwindigkeiten sind immer kleiner als die Summen der Komponenten.
Wenn zum Beispiel ein Motorboot mit 20 km/h in bezug auf das Wasser stromab fährt, die Strömungsgeschwindigkeit des Was-

sers aber 10 km/h beträgt, so ist die relativistisch errechnete Geschwindigkeit des Motorbootes in bezug auf das Ufer nicht etwa die Summe beider Teilgeschwindigkeiten, nämlich 30 km/h, sondern 29,999 999 999 999 994 85 km/h! Die Formeln, mit denen dieses Resultat errechnet wird, nennen die Relativisten das »Einsteinsche Additionstheorem der Geschwindigkeiten«. Die mit Hilfe dieses Additionstheorems gewonnenen Endresultate weichen nur deshalb vom logischen Sachverhalt ab, weil Prof. Einstein in die entsprechenden Gleichungen einige Korrekturfaktoren eingebaut hat. Wie schon vorher erwähnt, bezog sich einer davon auf die Zeit beim bewegten System. Einen zweiten setzte er in die Wellengleichungen ein, weil es in seinem demokratischen Universum keinen Unterschied machen darf, ob sich der Sender der Wellen auf den Empfänger oder der Empfänger auf den Sender zubewegt. Damit sie sein Relativitätsprinzip nicht verletzen, müssen die beim Empfänger ankommenden Wellenfrequenzen in beiden Fällen gleich sein. Daß dies in krassem Widerspruch zur klassischen Mechanik und zur objektiven Beobachtung steht, will ich an einem kleinen Beispiel zeigen.

Nehmen wir an, auf einem See mit ruhiger Wasseroberfläche schwimmen in einem bestimmten Abstand zwei Paddelboote, in denen jeweils ein Junge sitzt. Weil der eine Junge mit einem Ruder ins Wasser schlägt und auf der vorher ruhigen Oberfläche Wellen erzeugt, wollen wir ihn »S« = Sender nennen. Nach einer Weile bemerkt der Junge im anderen Boot, wie die ankommenden Wellen an seine Bootswand schlagen. Er wird so zum Empfänger der Wellen, und wir wollen ihn daher »E« nennen. Wenn »S« nun alle 12 Sekunden ins Wasser schlägt und die dadurch entstehenden Wellenabstände genau 12 m betragen, so zählt »E« auch alle 12 Sekunden einen Wellenzug der an seine Bordwand schlägt. Bewegt sich »E« aber mit halber Wellengeschwindigkeit auf »S« zu, so verkürzen sich die Zeitabstände, in denen die Wellen sein Boot berühren. Ist »E« der nächsten Welle 4 m entgegengekommen, hat diese bereits das Doppelte, nämlich die restlichen 8 m geschafft, so daß sein Boot mit ihr kollidiert. Weil die Wellen für jeden Meter, den sie zurücklegen, genau eine Sekunde benötigen, zählt »E« nunmehr alle 8 Sekunden einen Wellenzug an seinem Boot. Ist es umgekehrt, und »S« bewegt sich mit halber Wellengeschwindigkeit auf »E« zu, ohne seinen Schlagrhythmus zu ändern, so empfängt »E« in seinem ruhenden Boot ebenfalls mehr Wellenanschläge pro Zeiteinheit als wenn beide Boote ruhen. Ist die von »S« erzeugte Welle 12 m gelaufen, ist er ihr genau 6 m nachgefahren, wenn er die nächste Welle erzeugt. Der so zustande kommende Wellenabstand beträgt demgemäß 6 m, und dementsprechend empfängt »E« nun alle 6 Sekunden einen Wellenzug an seiner Bordwand. Wie wir sehen, ergibt sich bei der Frequenzberechnung eindeutig ein Unterschied zwischen dem Fall, daß sich der Empfänger auf den Sender und dem, daß sich der Sender auf den Empfänger zubewegt.

Im ersten Fall kommt alle 8 Sekunden ein Wellenzug und im zweiten alle 6 Sekunden ein Wellenzug beim Empfänger an, obwohl sich die Wellengeschwindigkeit in bezug auf den See nicht geändert hat. Die Laufzeit der Wellen war immer 1 m/Sek. die der sich bewegenden Boote 0,5 m/Sek. Das hätten wir vom Ufer aus auch beobachten und nachprüfen können. Sollen die ungleichen Endresultate in unserem Beispiel dem Einsteinschen Relativitätsprinzip entsprechen, müssen beide dasselbe aussagen. Wir müssen also eines von beiden korrigieren, indem wir ihm einen Korrekturfaktor vorsetzen. Wir könnten diese Operation beispielsweise beim ersten Ergebnis vornehmen, indem wir die 8 Sekunden pro Welleneinheit um 25 % = 2 Sekunden kürzen. So kommen in beiden Fällen 6 Sekunden pro Welleneinheit heraus. Ob das aber korrekt ist, was wir da getan haben?

Warum Prof. Einstein die logischen Rechenoperationen der klassischen Mechanik durch seine Relativitätstheorie ersetzte, ist in vielen einschlägigen Büchern erklärt worden. Da ich hier eine andere Auffassung vertrete, will ich nicht näher darauf eingehen. Es soll genügen, wenn ich hier Nigel Calder aus seinem Buch »Einsteins Universum« zitiere, der zu diesem Thema folgendes schreibt: „*Es ist erstaunlich, wie nahtlos Einstein das Universum zusammengestrickt hat, ohne eine Masche fallen zu lassen! Als er sich entschieden hatte, auf eine absolute Zeit zu verzichten und die Uhren unterschiedlich laufen zu lassen, bewahrte er die Physik vor Widersprüchen, die viel tiefer gewesen wären. Er bewahrte uns damit vor dem Zusammenbruch der Physik. Sein Wagnis machte sich bezahlt. Änderungen im Gang der Uhren, die Lichtgeschwindigkeit als unüberschreitbare Barriere und die Gleichung* $E = mc^2$, *sie alle sind verbunden durch den »Gammafaktor«. Für kleine Geschwindigkeiten, wenn der Gammafaktor = 1 ist, entsprechen die Bewegungsgleichungen fast genau denen von Isaac Newton. Aber im Bereich hoher Geschwindigkeiten gehorcht das Universum Einsteinschen Gesetzen. Er entschied, daß die Naturgesetze und besonders die Maxwellschen Gesetze über den Elektromagnetismus, die die Lichtgeschwindigkeit festlegen, für jeden Beobachter dieselben sein mußten, unabhängig von seiner eigenen Geschwindigkeit!*"

Ob die dafür erforderlichen Manipulationen in einer exakten Wissenschaft zulässig sind, mag jeder Leser für sich entscheiden. Bei seinen Überlegungen sollte er aber bedenken, daß die einzelnen Wellenfrequenzen gleichzeitig Energie- oder Massebeträge darstellen. Das kurzwellige blaue Licht entspricht hoher Energie, hoher Temperatur und großer Masse, das rote Licht niedriger Energie, tiefer Temperatur und geringer Masse. Jede Frequenzänderung, ob tatsächlich oder nur angenommen, hat unweigerlich eine Energie-, Masse- und Temperaturänderung zur Folge. Damit aber sind die nächsten Korrekturfaktoren schon vorprogrammiert. So schreibt denn auch Nigel Calder in »Einsteins Universum«: „*Die erforderliche Korrektur ist klein, aber entscheidend, weil das blaue Licht seinem Wesen nach energiereicher ist als rotes, so daß eine Farbänderung des Lichtes seine Energie beeinflußt, und das Universum würde dann an Energie überfließen. Die Natur hat aber ein strenges Auge auf ihre Energie, und die Gesamtenergie im Universum ist unveränderlich. Man kann die einzelnen Energieformen nur*

ineinander umwandeln. Prof. Einstein war sich dessen bewußt, daß seine Korrektur des Dopplereffektes beim Licht das Universum aus den Angeln zu heben drohte. Um das zu verhindern, verlieh er dem Universum eine bestimmte Menge an Energie, die die wildesten Vorstellungen seiner Zeitgenossen übertraf.“
Was sich hinter diesen wenigen Sätzen verbirgt, soll ein kleines Gedankenexperiment verdeutlichen. Wir wollen annehmen, jemand bewege sich mit hoher konstanter Geschwindigkeit an der Sonne vorbei. Er wird das von der Sonne gleichmäßig in den Raum abgestrahlte Licht in verschiedenen Frequenzen wahrnehmen. Nähert er sich der Sonne, so empfängt er in Bewegungsrichtung kurzwelliges, energiereiches blauverschobenes Licht, entfernt er sich von ihr, registriert er auf ihrer Rückseite langwelliges energiearmes, rotverschobenes Licht. Berechnet er nun mit Hilfe des »Einsteinschen Additionstheorems« die von der Sonne kommende Lichtenergie, indem er über die Energie des blau- und rotverschobenen Lichtes mittelt, so erhält er einen größeren Wert als den, den er neben der Sonne ohne die Wirkung des Dopplereffektes messen würde. Das heißt im Klartext, der so errechnete Energiebetrag steht in krassem Widerspruch zu dem tatsächlich von der Sonne abgegebenen und in ihrer Nähe gemessenen Wert. Damit wird aber eindeutig der Satz von der Erhaltung der Gesamtenergie verletzt und der errechnete überschüssige Energiebetrag muß wieder kompensiert werden.
Für die erforderliche Korrektur gibt es zwei Möglichkeiten. Sie könnte z.B. an den Geschwindigkeiten der bewegten Objekte erfolgen. Die Geschwindigkeit unseres Reisenden durch eine Korrektur zu verringern, ist nicht angezeigt, weil diese ja konstant bleiben muß, um unser Gedankenexperiment nicht zu verfälschen. Ihn an der Bahngeschwindigkeit der Sonne anzubringen, ist ebenfalls nicht möglich. Die Umlaufgeschwindigkeit der Sonne kann sich nicht ändern, ohne daß diese sich aus ihrer normalen Bahn herausbewegt. Diesen Gefallen tut sie selbst Prof. Einstein nicht, und deshalb entschied er sich für die zweite Möglichkeit. Da Energie gleich Masse ist und

umgekehrt, nahm er in den entsprechenden Gleichungen die erforderliche Korrektur an der Masse der bewegten Objekte vor. Entsprechend dieser Korrektur gewinnt oder verliert daher ein beschleunigtes oder verlangsamtes Objekt scheinbar an Masse. Ein beschleunigter Raumfahrer beispielsweise wird in seinem Raumschiff »scheinbar« massereicher, ohne daß er davon etwas bemerken könnte und verliert wieder an Masse, wenn sich die Geschwindigkeit seines Raumschiffes verringert. Damit hier kein Mißverständnis aufkommt — die eben beschriebenen »Gewichtschwankungen« des reisenden Astronauten haben nichts mit einer ernährungsbedingten Gewichtsänderung zu tun. Es sind fiktive Werte, die sich aus dem Korrekturfaktor ergeben. Auch die Masse eines bewegten Objekts wird, nach Prof. Einstein, durch den Gammafaktor bestimmt, oder besser, verfälscht. Die Masse, die übrigbleibt, wenn ein Objekt zur Ruhe kommt und Gamma gleich »1« wird, ist die sog. Ruheenergie. Ihr Wert ist fast identisch mit dem, den man durch die Gleichungen der klassischen Mechanik erhält.
Dies gilt auch für alle anderen Phänomene, die durch den Gammafaktor verursacht werden. Die Abweichungen, die sich nach Prof. Einstein in bezug auf die errechneten Werte der klassischen Mechanik ergeben, sind in unserer überschaubaren Alltagswelt so gering, daß sie sich in diesem Bereich jeder Nachprüfung entziehen. Die Ergebnisse einiger Experimente, die angeblich die Einsteinsche Relativitätstheorie bestätigen, können auch gegen sie verwendet werden, wie wir noch sehen werden. Schon einmal hat Prof. Einstein mit einem seiner Korrekturfaktoren Schiffbruch erlitten. Als er seine mathematischen Formeln danach befragte, ob das Weltall endlich oder unendlich groß sei, und wie ein endliches Weltall begrenzt sein könnte, war die Antwort, daß es keine Grenzen brauche, weil es wie eine Kugel gekrümmt sei. Weil der weitere Verlauf dieser historischen Begebenheit so delikat ist, will ich hier lieber einen bekannten Wissenschaftler zu Worte kommen lassen. So schreibt z.B. Prof. Hoimar von Ditfurth in seinem Bestseller »Im Anfang war der Wasserstoff« zu diesem Thema folgendes:

„Wenn sich Prof. Einstein mit der neuen Formelsprache beschäftigte, mit der das gekrümmte Weltall beschrieben werden konnte, dann ergab sich jedesmal, daß dieses Weltall eigentlich nicht stabil sein konnte. Wie immer er auch rechnete, das Resultat blieb das gleiche. So wie die Formeln aussahen, konnte ein in der Weise beschriebenes Weltall nicht dauerhaft sein. Entweder, so besagten die mathematischen Symbole, müßte dieses endliche und gekrümmte Weltall in sich zusammenbrechen, oder es müßte nach allen Seiten auseinanderfliegen. Einstein traute seinen Formeln soweit denn doch nicht. Die Auskunft erschien ihm zu phantastisch. Er zog es vor, in seine Gleichungen eine zusätzliche Zahl künstlich einzusetzen, die er ganz bewußt so wählte, daß die Aussage, die ihn störte, beseitigt wurde. Diese Zahl nannte er das »kosmologische Glied«!“
Dem aufmerksamen Leser wird nicht entgangen sein, daß es sich dabei um einen Korrekturfaktor handelt, wie wir ihn schon kennengelernt haben. Aber lesen wir, was Prof. Ditfurth weiter schreibt: *„Die Manipulation erschien auch den Fachkollegen einleuchtend und zulässig. An der Beständigkeit der Welt war, so schien es, nicht zu zweifeln. Es ist nicht ohne Pikanterie, daß der große Einstein das »kosmologische Glied« letzten Endes also deshalb in seine Gleichungen nachträglich einsetzte, weil er – fast ist es peinlich, es so offen auszusprechen – es sich nicht vorstellen konnte, daß die Welt nicht von Dauer sei. Die Strafe für diese Inkonsequenz folgte, so ist man versucht zu sagen, fast auf dem Fuße. Als Edwin P. Hubbel die Rotverschiebung aufgrund des Dopplereffektes in fast allen Galaxien nachweisen konnte, zog er den einzig möglichen Schluß, alle Spiralnebel entfernen sich voneinander. Ihre Fluchtgeschwindigkeit ist um so größer, je weiter sie voneinander entfernt sind. Prof. Einsteins Formeln hatten die Wahrheit gesagt. Das Weltall war weder unendlich noch beständig. Als Prof. Einstein von der umwälzenden Hubbelschen Entdeckung hörte, nahm er das kosmologische Glied stillschweigend aus seinen Gleichungen heraus. Die Korrektur war fehl am Platze!“*
Wir leben tatsächlich in einem expandierenden Weltall, das

Abbildung 41

Alchimistische Allegorie: »Das philosophische Ei«.

„Abgeschieden, das Feuer der Leidenschaften unter Kontrolle, den scharfen Verstand (das messerscharfe Schwert) fest im Griff, so geht der wahre Adept dem »Ei des Kolumbus« zu Leibe.
Michael Majer, der Leibarzt Kaiser Rudolfs II. (1568-1622) empfiehlt: Lerne, was es mit dem »Ei« auf sich hat und zerschneide es mit flammendem Schwert. Es gibt in unserer Welt einen Vogel (Drache als Greif), der erhabener ist als alle anderen. Nach seinem »Ei« zu suchen, sei dein einziges Bestreben."

einen Anfang hatte und ein Ende haben wird, wie es die Überlieferungen seit Jahrtausenden lehren. In ihrer gleichnishaften Art beschreiben sie es als ein pulsierendes Universum, das wie eine Lunge atmet. Schreitet es von innen nach außen, entrollt es sich zu Weltsein und Leben, schreitet es von außen nach innen, rollt es sich ein und rafft alles hinweg. Die Grundlage aber, von der unsere Wissenschaft noch gar nichts weiß, das Atmende, Ewige, Eine, wird dann zum Keimträger, zum kosmischen Ei, dem Ei der Philosophen, das sich bei erneutem Entrollen zur bunten Welt verfärbt (Abb.41, S.140). Daß die geistigen Urheber der Osterbräuche, wie Eier bemalen, verstecken und suchen, von diesen Sachverhalten inspiriert wurden, sei nur am Rande bemerkt. In dieser Symbolik wird der im »Zick-Zack« hüpfende Hase, der sich als Schnelläufer durch Strecken und Zusammenziehen fortbewegt, stellvertretend für die Schlange, zum Symbolträger der fruchtbaren welterzeugenden Schwingung. Wenn der Pulsschlag der Weltentstehung den Frühling der neuen Welt einläutet und das »Lebendige« zu neuem organischen Dasein erweckt, indem er die Lebensschwingung – des »Menschen Sohn« – erneut ans Kreuz des Leidens nagelt, wenn sich die beiden Welten kreuzen, versteckt er das weiße, neutrale »kosmische« Ei, und man muß nach der Grundursache des Weltwerdens, dem Keimträger, suchen.

Die 3-K-Radioenergie – ein absolutes Bezugssystem?

Daß die von Edwin Hubbel geschaffenen Tatsachen die Aussagen der Überlieferer bestätigten, paßte den damaligen Gelehrten nicht ins Konzept. So fährt denn auch Hoimar von Ditfurth in seinem Bestseller fort: „*Die Wissenschaftler waren hier auf Fakten gestoßen, die den Gedanken nahelegten, daß die Welt einen Anfang gehabt haben muß. Diese Möglichkeit erschien vielen von ihnen so revolutionär, als so unwissenschaftlich oder, um einen Lieblingsausdruck vieler Wissenschaftler anzu-*

führen, »singulär«, daß eine Fülle von Theorien entwickelt wurden, um diesen sensationellen, an uralte Mythen und religiöse Aussagen erinnernden Konsequenzen auszuweichen. Wir brauchen auf diese z.T. sehr komplizierten Theorien und Weltmodelle hier nicht weiter einzugehen, weil die 1965 durch Zufall entdeckte Hintergrundstrahlung des Weltalls diese Frage ein für alle Mal entschieden haben dürfte. Die Welt hat wirklich einen Anfang gehabt!“ Diese so beweiskräftige Hintergrundstrahlung wurde von Arno Penzias und Robert Wilson zufällig entdeckt, als sie bei den Bell-Telephon-Laboratories mit einer Hornantenne und einem empfindlichen Empfänger hochfrequente Radioenergie auffangen wollten. Für sie handelte es sich dabei um eine ununterbrochene, lästige schwache Störung, die von allen Seiten zu kommen schien und den ganzen Himmelskreis ausfüllte. Diese Strahlung dringt sogar bis in unsere Wohnzimmer vor. Sie verursacht einen Teil des optischen Rauschens und des sog. »Schneefalls«, den wir auf unseren Fernsehern sehen, wenn das Gerät leer läuft. Spätere Untersuchungen haben gezeigt, daß es sich bei ihr um eine Strahlung handelt, deren Temperatur −270,15 Grad Celsius beträgt und damit drei Grad über dem absoluten Nullpunkt liegt. Man nannte sie daher »3-K-Radio-Energie«.

Sie füllt den ganzen Weltraum überall gleichmäßig aus und sorgfältige Messungen, die von Mikrowellen-Astronomen über zehn Jahre lang durchgeführt wurden, ergaben nicht die geringste Abweichung in der Intensität. Es waren die genauesten Messungen, die jemals in der Kosmologie gemacht wurden! Selbstverständlich hatte dieser Aufwand gute Gründe. Die Wissenschaftler maßen der mysteriösen Weltraumstrahlung mit den seltsamen Eigenschaften deshalb so viel Wert bei, weil sie offenbar vom »Big Bang« der Weltentstehung übrig geblieben war. Sie konnte als Beweis für die Richtigkeit der »Urknall-Theorie« gewertet werden. Die von E. Hubbel in allen Spiralnebeln nachgewiesene Rotverschiebung reichte offenbar nicht aus, um eine so fundamentale Theorie abzusichern. Man brauchte zusätzliche Beweise.

Einer der Physiker, die darüber nachdachten, wie die erforderlichen Beweise aussehen könnten, war Robert H.Dicke in Princeton. Er berechnete die Bedingungen, die in den ersten Sekunden der Weltentstehung geherrscht haben mußten und versuchte, daraus Symptome abzuleiten, die sich vielleicht noch nachweisen ließen. Bei seinen Berechnungen kam schließlich heraus, daß von dem Explosionsblitz des »Ur-Knalls« noch eine Strahlung von etwa 3 Kelvin übrig geblieben sein müßte. Außer der Temperatur von −270,15 Grad Celsius sollte sie das ganze Weltall völlig gleichmäßig erfüllen und scheinbar aus allen Richtungen kommen. Während man in Princeton noch damit beschäftigt war, entsprechende Spezialantennen zu konstruieren, hörte Dicke durch Zufall von den Schwierigkeiten der Bell-Telephon-Ingenieure und identifizierte ihr seltsames Störungsrauschen als Reststrahlung des »Ur-Knalls«. Penzias und Wilson hatten, ohne es zu wissen, das gesuchte Beweisstück entdeckt.
Für mich ist diese »3-K-Radioenergie« u.a. deshalb so bedeutsam, weil sie die kosmische Allgemeingültigkeit von Prof. Einsteins Relativitätstheorie erschüttert. Entgegen ihrem Geist ermöglicht uns diese allgegenwärtige Weltraumstrahlung eine gleichförmige Geschwindigkeit relativ zum Gesamtuniversum zu messen. Auch Prof. Einsteins Grundannahme, daß es für einen Astronauten unmöglich festzustellen sei, ob er sich auf einen Stern zubewege oder der Stern auf ihn, erweist sich dadurch als falsch. Der Astronaut kann ja mit einer entsprechenden Apparatur die Intensität der »3-K-Radioenergie« in den verschiedenen Richtungen messen. Fliegt er z.B. mit hoher Geschwindigkeit durch den Weltraum, wird die Mikrowellenenergie in der Bewegungsrichtung intensiver und in der entgegengesetzten Richtung schwächer sein. Dadurch kann er seine tatsächliche Bewegungsrichtung und Geschwindigkeit feststellen.
Richard Muller vom Lawrence-Berkeley-Laboratory in Kalifornien baute einen entsprechenden Geschwindigkeitsmesser. Er flog mit diesem Gerät in einem U-2-Flugzeug in große Höhen

und maß die »3-K-Radioenergie« in den verschiedenen Richtungen. Er untersuchte sie in bezug auf die Bewegung der Erde um die Sonne, die der Sonne um die Milchstraßenmitte und die der Milchstraße als Ganzes, die sich ja infolge der Expansion des Weltalls ebenfalls bewegt. Bei seinen Messungen kam heraus, daß unsere Milchstraße mit fast 650 km/sek. in Richtung des Sternbildes »Hydra« durch das Weltall rast. Diese Geschwindigkeit ist weit höher, als es die Kosmologen erwartet hatten. Daß man die tatsächliche Geschwindigkeit unserer Milchstraße mit dieser Methode feststellen kann, ist ein eindeutiger Beweis dafür, daß die »3-K-Radioenergie« ein allgemeingültiges Bezugssystem darstellt, auf das alle in ihr stattfindenden Bewegungen bezogen werden können. Damit ist ein Ersatz für das absolute Bezugssystem gefunden, nach dem Michelson seinerzeit so erfolglos gesucht hat. Selbstverständlich ist dieses Ersatz-Bezugssystem dem gesuchten nicht ebenbürtig, weil es sich dabei um Schwingungen, oder besser, um einen Schwingungszustand, nicht aber um das schwingende Medium selbst handelt.

Die Wissenschaft leugnet ein Trägermedium der elektromagnetischen Wellen

Hier kommen wir abermals an den wunden Punkt in unserer Physik. Sie kennt zwar alle möglichen Arten von elektromagnetischen Schwingungen. Die Bandbreite dieser bekannten Schwingungen reicht von den Lang-, Mittel-, Kurz-, Ultrakurz- und Mikrowellen im Radio-, Fernseh- und Radarbereich über die Infrarot-, Licht- und Ultraviolett-Wellen bis hin zu den Röntgen- und Gamma-Wellen. Nur auf die Frage, was denn da schwingt, kann sie keine verbindliche Antwort geben. Im Gegenteil, sie leugnet sogar ein Trägermedium bei den elektromagnetischen Wellen, wie wir gesehen haben. Es ist geradeso, als wenn da jemand ein Gezeitenkraftwerk betreibt, aber energisch bestreitet, daß es Wasser gibt. Ein Sachkenner wie

G. Berendt hat denn auch große Schwierigkeiten, diese paradoxe Situation verständlich zu machen. In seinem Sachbuch »Das Wissen der Gegenwart« versucht er es wie folgt: „*Wenn das Licht eine Wellenbewegung darstellt, was eigentlich schwingt denn da, und welches ist das Medium der Fortpflanzung der Lichtwellen? Auf diese Frage gibt es eine unmittelbar negative Antwort. Sicherlich kann das Licht keine Materiewelle sein, wie etwa der Schall. Das heißt, es schwingt sicherlich kein materielles Teilchen, und die Ausbreitung der Welle findet nicht statt aufgrund von elastischen Eigenschaften des tragenden Mediums. Denn das Licht breitet sich ja beispielsweise von der Sonne kommend durch den leeren Raum aus, in dem die Dichte der darin enthaltenen Materie derart gering ist, daß keine Möglichkeit besteht, die Ausbreitung des Lichtes auf mechanische Effekte zurückzuführen. Damit stellt uns gerade diejenige physikalische Erscheinung, die der Urgrund allen irdischen Lebens ist, die Ausbreitung des Lichtes von der Sonne zur Erde, vor das grundlegende Problem in der Wellenvorstellung des Lichtes. Die Frage stellte sich bereits in dem Augenblick, in dem sich die Wellennatur des Lichtes in der physikalischen Welt durchgesetzt hatte. Beantwortet wurde sie, als man den Zusammenhang der Lichterscheinungen mit denen des Elektromagnetismus erkannte. Auch zu dieser Zeit gab es keine einleuchtende Vorstellung von dem Medium, welches die Lichtwellen trug. Heute wissen wir, daß es sich bei den Lichtschwingungen (?) um elektrische und magnetische Schwingungen handelt, die infolge ihres Zusammenhangs eine Ausbreitung dieses speziellen Zustands des »Raumes« — der durch das Vorhandensein periodisch auftretender elektrischer bzw. magnetischer Kraftwirkungen gekennzeichnet ist — nach allen Richtungen mit eben Lichtgeschwindigkeit bewirken.*“

Wenn ich die Sache richtig sehe, so brauchen die elektromagetischen Wellen kein Trägermedium, weil der »Raum« durch periodisch auftretende elektrische bzw. magnetische Kraftwirkungen gekennzeichnet ist. Danach hat also der »Raum« selbst eine Kennzeichnung oder Eigenschaft. Ihn kennzeichnet ein periodisch auftretender Zustand, der sich mit Lichtgeschwindigkeit ausbreitet. Wird er dadurch nicht doch zum geleugneten Trägermedium? Worin besteht denn der Unterschied zwischen einer sich periodisch ausbreitenden elektromagnetischen »Kraftwirkung« und einer sich ausbreitenden Welle? Es handelt sich doch in beiden Fällen um einen Bewegungs- oder Schwingungszustand, der sich im Medium »Raum« fortpflanzt, und das nennt das Lexikon »Welle«.

Ist es denn so abwegig, daß der Raum selbst das schwingende Medium ist? Die von mir so häufig zitierten Überlieferer waren da konsequenter. Nach ihrer Lehre ist der »Raum« tatsächlich als Schwingungsträger die ewige Seinsgrundlage. Nach ihren Aussagen ist er unanfänglich und nimmt nie ein Ende. Eine zweitlose Realität, die weder hervorgebracht wurde noch jemals vergeht. Sie waren sicher, daß auf ihm Werden und Vergehen von Weltsein und Leben beruhen, weil beides nur seine Bewegungs- oder Schwingungszustände sind.

„*Was ist das, welches war, ist und sein wird, ob da ein Universum ist oder nicht, ob da Götter sind oder nicht?*" Fragt der esoterische Senzar Katechismus und die gegebene Antwort ist: »*Der Raum!*«

Auch der okkulte Katechismus fragt ähnliches:

„*Was ist das, das immer ist? RAUM, das ewig Elternlose!*
Was ist das, das immer war? Der Keim in der Wurzel!
Was ist das, das immer kommt und geht? Der große »Atem«!
Dann gibt es drei Ewige? Nein, die drei sind eines!
Das, das immer ist, ist eines, das, das immer war, ist eines,
das, das immer seiend und werdend ist, ist auch eines:
und dieses ist »RAUM«!"

Der »Raum-Ozean« ist das A und O, der Erste und der Letzte!

Weil der »Raum« unendlich ist, gibt es für ihn kein Außen, und er kann nicht in zwei Teile geteilt werden, er ist daher der »EINE«! Aus dem gleichen Grunde ist es ihm auch unmöglich, sich als Ganzes zu bewegen. Er bewegt sich daher lediglich in sich. Dadurch entsteht in ihm sofort ein Ungleichgewicht, ein Unterschied in seiner vorher gleichmäßigen Struktur. Nun gibt es in ihm Regionen mit mehr Raum und, dazu analog, Regionen mit weniger Raum, oder besser, regionale Verdünnungen und Verdichtungen im Wechselspiel – die Kontraktionen und Expansionen der Schwingungen. Der »Raum« selbst ist es also, der da schwingt oder sich wellt, indem er sich in kleineren oder größeren lokalen Bereichen streckt und wieder zusammenzieht, wie eine Schlange, die sich bewegt. Auch das Kommen und Gehen dieser Bewegungen ist periodisch. Schwingt der Raum in sich, ist er also gewellt, gibt es die gewellte »Seinsweise«, die »Welt«! Erreicht er einen Zustand latenter Ruhe, schwingt er nicht mehr, und es gibt keine Welle, keine »Welt«! Die Welle, die Welt, kommt und geht, er aber, der »RAUM« ist ewig! (Abb.42, S.149)

„Er ist das »A« und das »O«, der Erste und der Letzte!
Der Anfang und das Ende! Der da ist, der da war und der da sein wird! Der das »All« ausmachende – das »All« seiende – das »Ewige«, lehrt uns die Bibel in Joh. 1/V8
und in Ep. Pauli 1/V15–17:
„Er, der unsichtbare »Gott« (Raum) ist alles, durch »Ihn« ist alles, für »Ihn« ist alles und es bestehet alles in »Ihm«!“

Auch die Upanischad der Inder macht die gleichen Aussagen. Sie beginnt damit, daß die Götter zur Himmelswelt gehen und den »Rudra« fragen: *„Wer bist Du?“*

Er antwortet:

„Ich bin der »EINE«, ich war als »ERSTER« da.
Außer mir gibt es keinen Anderen!

Ich bin der, der aus dem Inneren in das Innere drang.	(der in sich unendlich ist)
In das Innere der Welträume ging ich ein!	(der alles Erfüllende)
Ich bin ewig und nicht-ewig.	(das Vergängliche und Unvergängliche)
Offenbar und nicht-offenbar,	(wahrnehmbar und nicht-wahrnehmbar)
brahman und nicht-brahman	(Person und nicht-Person)
ich bin östlich, westlich, südlich, nördlich, ich bin männlich, weiblich, sächlich!	(allgegenwärtig)

Alle bin ich!

Ich bin das »Unendliche«!	(die räumliche Unendlichkeit)
Ich bin der ganze Kosmos,	
das Schicksal, Todesgott und Tod.	
das »Todlose« auch!	(das Nirwana)
Das »All«, das grobe	(das Materielle)
und das »feine«,	(das Immaterielle)
das »lichte«	(das Erkennende)
und das »dunkle«,	(das Nichterkennende)

»Das Ganze«, das Ewig-Wirkliche, — Alles!“

Beide Aussagen, die der Bibel und die der Upanischad, treffen auf den »Raum« als letzte und einzige Realität oder Seinsweise zu, denn ausnahmslos alle Dinge und Daseinsformen sind ausschließlich seine Bewegungs- oder Schwingungsformen. Er ist das »Wesentliche«, das »Wesen der Welt«, der in allem »Wesende«! Wer aus diesem Tatbestand ein väterlich lenken-

Abbildung 42
»Equinox«, Chichen Itza, Yuc. Mexico,
21. März und 21. September.
»Die Welle kommt, die Welle geht«, symbolisiert der schlangenförmige Schatten, der im Wechsel der Jahreszeiten an diesem Bauwerk auf- und niedersteigt.

des »Gottwesen« ableitet, degradiert ihn zur Endlichkeit, zur Form, die in einem Übergeordneten existieren würde und deshalb nicht der »EINE« genannt werden könnte. Es gäbe dann zwei, das väterlich lenkende Gottwesen und die Realität, in der es existieren würde. Diese Realität aber könnte wieder nur der »Raum« sein! Weil der Raum unendlich ist, ist er auch ohne jede Form, und es gibt nichts, dem er vergleichbar wäre. Darum warnt auch die Bibel in Moses 5/V8: „*Du sollst dir von Gott kein Bildnis machen, keinerlei Gleichnis, weder des, das oben im Himmel, noch des, das unten auf Erden, noch des, das im Wasser oder unter der Erde ist. Du sollst sie nicht anbeten, noch ihnen dienen!*“ Wenn der Raum alles ist, muß auch alles räumlich sein, und es darf nichts geben, das keinen Raum besitzt. Sollte etwas nichträumliches existieren, wäre diese Lehre falsch! Aber wie man sich auch bemühen mag, man wird nichts Entsprechendes finden. So kommen denn auch alle mir bekannten früheren Weisen zu dem Schluß: *„»Einer« ist alles, durch »IHN« ist alles, für »IHN« ist alles und in »IHM« ist alles!“*

Die gefallenen Engel und die Evas-Töchter

Ein früher Meister der alchimistischen Kunst, ein mysteriöser Mann namens »Chemes«, soll diesen Satz, der uns schon von der Bibel her bekannt ist, zum ersten Mal formuliert haben. Leider hat dieser legendäre Urvater der Goldmacher keine Spur hinterlassen, die einen Schluß auf sein Leben zuließe. Nur sein Name ist immer noch lebendig geblieben, weil ihn sich unsere moderne »Chemie« von ihm ausgeliehen hat. Man vermutet, daß die sog. »gefallenen Engel« sein Buch »Chemia« bei ihren Unterweisungen benutzt haben, als sie den Töchtern der Menschen die Geheimnisse der chemischen Kunst verrieten. Sicherlich haben sie dabei mit ihnen nicht nur über wissenschaftliche Themen geplaudert, sondern das getan, was im Verkehr mit dem anderen Geschlecht auch heute noch gang und gäbe ist.
Aus Dankbarkeit für die erwiesenen Liebesdienste und mit dem Hintergedanken, daß ihre Gespielinnen Juwelen, herrliche Kleider und Wohlgerüche zur Erhöhung ihrer Schönheit herstellen sollten, unterwiesen die gefallenen Engel die Frauen in den verschiedenen Künsten. Weil sie dadurch die Sitten und Gebräuche der einfachen Erdenmenschen verdorben haben, waren sie in den Augen der alten Weisen böse. Diese Ansicht bestätigt uns der Kirchenschriftsteller Tertullian (gest. um 222), indem er sagt, die Kinder Gottes hätten ihre Weisheit an die Sterblichen nur in der bösen Absicht weitergegeben, sie zu »weltlichen Freuden« zu verführen. Für diesen Verrat sind sie bestraft worden, weil sie nunmehr wie die Menschen sterben

mußten. Daher lag ein Fluch auf dem verbotenen Wissen, das den Menschen befähigte, es seinem Schöpfer gleichzutun und die Erforschung der verborgenen Werke der Natur war frevelhaft. Viele antike Schriftsteller teilten diese Meinung und sprachen vom »eitlen und neugierigen Wissensdurst«, der als »Erkenntnis-Wissenschaft« bekannt ist. Das Symbol für diese sündige »Wissensgier« ist auch in den ersten nachchristlichen Jahrhunderten der »Baum der Erkenntnis« gewesen. Durch den Genuß der verbotenen Frucht war der Mensch »gottähnlich« geworden, denn er verstand, was Gut und Böse ist.
Zosimos von Panopolis, ein Schriftsteller des 4. Jahrhunderts, teilt uns mit, wann das nach seiner Meinung gewesen sein könnte. Er erklärt, daß die Anfänge der Wissenschaft von den Metallen, Edelsteinen und Düften in dem Zeitabschnitt der Menschheitsgeschichte zu suchen sind, in dem sich die gefallenen Engel mit den Frauen der Menschen gepaart hätten. Daß das vor undenklichen Zeiten tatsächlich der Fall gewesen sein muß, läßt uns die Bibel in 1.Mose 6,2 wissen, wenn sie berichtet: *„Da sahen die Kinder Gottes nach den Töchtern der Menschen, wie sie schön waren und nahmen zu Weibern, welche sie wollten! Da die Kinder Gottes zu den Töchtern der Menschen eingingen und ihnen Kinder zeugeten, wurden daraus Gewaltige in der Welt und berühmte Männer!“* (1.Mose 6,4)
Wer aber waren diese gefallenen Engel, die hier als Symbolträger für eine andere tiefergehende Wahrheit herhalten mußten? Leider machen alle mir bekannten Überlieferungen darüber keine präzisen Angaben. Ich nehme daher an, daß es sich dabei um »Globetrotter der Milchstraße« handelt. Um Astronauten von fremden Planeten, die auf ihren langen galaktischen Reisen, auf der Erde ein wenig Abwechslung suchten, wie die Männer der christlichen Seefahrt in einem exotischen Hafen. Obwohl unsere Wissenschaft mit Nachdruck lehrt, daß unsere Vorvorderen nur primitive Barbaren waren, mit denen die Astronauten aus fremden Welten eigentlich nichts hätten anfangen können, kann man vielen überlieferten Texten entnehmen, daß die gefallenen Engel, oder die Kinder Gottes,

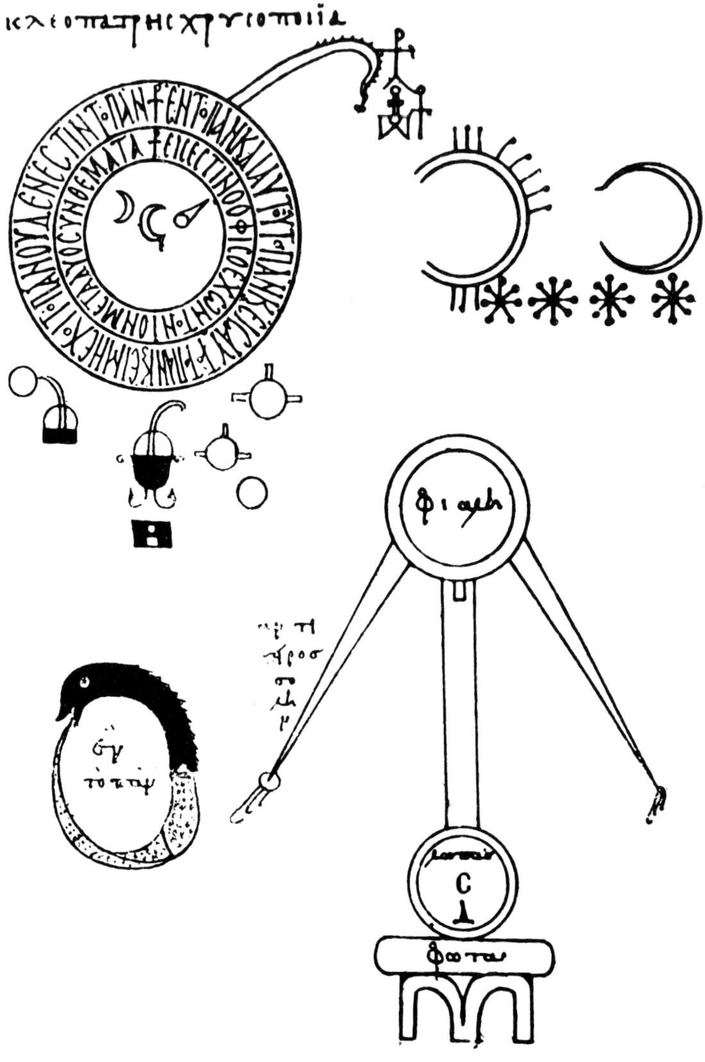

Abbildung 43

»Eines ist Alles!«

Dieses »Axiom« der Hermeten wird hier vom »Quroboros« umgeben. Zeichnung aus der »Chrysopeia« der Kleopatra (10.-11. Jh.).

wie sie an anderen Stellen genannt werden, das offenbar anders gesehen haben.
Offensichtlich waren unsere mit Bärenfellen bekleideten, Keulen und Steinbeile schwingenden Vorfahren doch ganz annehmbare Gesprächspartner für sie. Auch muß der holden irdischen Weiblichkeit die Bärenfellmode recht vorteilhaft gestanden haben, denn zumindest einige vom rechten Wege abgewichene »Weltraum-Abenteurer« fanden sie so begehrenswert, daß sie ihre himmlische Heimat aufs Spiel setzten. Das überliefert uns beispielsweise der sagenumwobene Schriftsteller »Hermes« in seinem »Buch über die Naturen«, das nach seinen Worten einen offenkundigen und einen verborgenen Sinn aufweist, mit folgender Aussage: *„Die alten und göttlichen Bücher sagen, daß gewisse Engel von Leidenschaft zu den Weibern ergriffen wurden. Sie stiegen zur Erde herab und lehrten sie alle Werke der Natur. Weil sie, stolz geworden, die Menschen alle üblen Dinge gelehrt hatten, die nicht der Seele zum Besten dienen, wurden sie aus dem Himmel gejagt. Sie, die gefallenen Engel waren es, die die chemischen Bücher verfaßt haben, und von ihnen stammen die ersten Überlieferungen der Kunst. Die späteren Kommentatoren verdarben die Bücher und machten ein Geheimnis daraus. Sie ertränkten die Schriften in einem Ozean von Worten!“*

In einem anderen Werk, einem frühen alchimistischen Manuskript, bestätigt uns eine Priesterin, die sich »Isis« nennt und die ihre Schriften an ihren Sohn »Horus« richtet, daß sie ihre Kenntnisse »Amnael«, dem ersten der Engel und Propheten verdanke. Isis sagt ganz offen, daß sie ihre Weisheit als Belohnung für ihre Liebesbeziehungen zu Amnael erhalten habe. Sie war nicht die einzige Frau, die auf diese Art zu chemischem Wissen gelangte, denn eine andere frühe Gelehrte namens »Kleopatra« hat durch den »Quroboros« wohl die kürzeste Weltformel überliefert. Sie zeichnete eine Schlange, die sich in den Schwanz beißt und schrieb in den so entstehenden Kreis »Eines ist alles«! (Abb.43, S.152)

Warum wurde die Schlange bei vielen Völkern als Schöpfergott verehrt?

Damit kommen wir wieder an das Symbol, daß wohl in allen Kulturkreisen der Antike anzutreffen ist, an das »Schlangensymbol«. Wer einmal eine Schlange beobachtet hat, wird zugeben müssen, daß Schlange und Schwingung vieles gemeinsam haben. Beide sind nicht in der Lage, sich geradlinig fortzubewegen, beide bewegen sich vorwärts durch Expandieren und Kontrahieren, beide bestehen aus einzelnen, aufeinanderfolgenden Gliedern, Rippen oder Teilen, wo eines dem anderen nachfolgt, beide ziehen ihre Beute in sich hinein, um sie zu verdauen. Wie das letztere bei der Schwingung vor sich geht, werden wir später noch sehen.

Aus allen diesen Gründen ist die Schlange als Symbolträger für den physikalischen Sachverhalt einer Schwingung bestens ge eignet und wurde von den Überlieferern auch in diesem Sinne benutzt. Das ist der Grund dafür, daß die Schlange früher bei vielen Völkern als Gott verehrt wurde, denn eine Schwingung ohne den »Raum als Schwingungsträger« wäre für die damaligen Wissenden undenkbar gewesen. Die augenfälligste Schlangenverehrung veranstalten noch heute die »Vendas«. Dieser Negerstamm lebt im Grenzgebiet von Rhodesien, Südafrika und Mozambique. In ihren Dörfern pflegt man bis zum heutigen Tage uralte Traditionen. Beim Wechsel von der Gruppe der Jugendlichen in die der Erwachsenen, der für die jungen Vendas der entscheidende Schritt ins Leben ist, tanzen sie beim großen Einweihungsfest den »Schlangen-Tanz«. Er ist der Höhepunkt des Einweihungsrituals. Vom Rhythmus der großen »Domba Trommel« erfaßt, winden sich die »Venda-Mädchen« wie eine Schlange über den heiligen Platz.

Körper an Körper, so bilden sie die Schlange und ahmen dieses Tier in seinem Verhalten nach, weil es ihr »Symbol der Schöpfung« ist. Während des langen Tanzes lassen sie einander nicht mehr los und tanzen bis zur völligen Erschöpfung. Sie sind

sicher, wenn die Schlange stirbt, dann vergeht die Welt! Erst wenn sie wieder tanzt, ersteht sie erneut. Diese Ansicht teilen sie nicht nur mit den altindischen Weisen, die ihren Gott »Rudra« ebenfalls als Schlange symbolisierten und sagten: *„Wenn Rudra sich zusammenringelt, welken alle Welten dahin, wenn er sich wieder aufringelt, erstehen sie erneut!"* Die Wissenden aus allen früheren Kulturepochen waren aus guten Gründen derselben Ansicht.
Nur unsere Wissenschaftler vertreten hier eine andere Meinung. Sie kann weder der »Quroboros« noch der Schlangen-Tanz der Vendamädchen beeindrucken. Sie wissen nichts vom Zusammenhang zwischen Schlangen-Symbol und Weltentstehung, weil sie eine ewige Grundlage als Schwingungsträger leugnen. Für sie ist ja der »Raum« vergänglich und die Materie ewig! Ihre Erklärung für den »Schlangen-Kult« der afrikanischen Ureinwohner? Die Vendas tanzen den »Schlangen-Tanz«, um Schwangerschaft und Geburt sichtbar zu machen, nur darum geht es im Phyton- oder Schlangentanz der Vendamädchen. Nach wissenschaftlicher Auffassung wird die Schlange von diesem kleinen Bantuvolk nur deshalb als Gott und Weltschöpfer angebetet, weil sie sie mit dem Leib einer Gebährenden vergleichen. Er sei Loslösung und Neuwerdung, Verwandlung und Schicksal des Menschen. Dieser Tanz voller Besessenheit sei eine leidenschaftliche Form der Mystik, ein symbolischer »Liebesakt«.
Was soll man dazu sagen? Schließlich wird in einschlägigen Kreisen auch der »Sündenfall« von Adam und Eva in ähnlicher Weise interpretiert, obwohl es keine einzige mir bekannte Überlieferung gibt, die eine solche Auslegung stützen könnte. Wie wir gesehen haben, ist es die durch die Schlange symbolisierte Schwingung, die dem Menschen den Welten-Apfel zum Welten-Essen darbietet. Er nun, verführt und getrieben von seinem Begehren nach Leben und Lust, kann nicht widerstehen und wird in die »Welt des Leidens« verstrickt. Kein echter Weiser wäre auf die Idee gekommen, den sich auf- und zusammenringelnden »Rudra« oder die sich in den Schwanz beißende

Schlange der Kleopatra, als »Phallus« zu identifizieren. Für sie war der Kreis des »Quroboros« das Sinnbild für den »Unendlichen, Ewigen«, die ihn bildende Schlange das Symbol für die fruchtbare Schwingung, die die »Fülle« der Welt ins Dasein hob. „Ein schwingendes, ewiges Unendliches ist alles und dieses Schwingende ist der Raum!" So hätte es jeder Wissende übersetzt. Sollte unsere Wissenschaft ihre Fehlinterpretation des Michelson-Experimentes eines Tages revidieren, wird sie den Raum als ein Feld beschreiben und formulieren: **„Ein schwingendes Feld ist alles!"** Warum das noch nicht geschehen ist, ist mir angesichts der eindeutigen Forschungsergebnisse in der Nuklear-Physik ohnehin unverständlich. Gestützt auf eine physikalische Realität, die durch zahlreiche Experimente deutlich wurde, sind die Wissenschaftler doch längst gezwungen worden, die Tatsache zu formulieren: „Teilchen »sind« Wellen und Wellen »sind« Teilchen!" Es ist ihnen lange bekannt, daß die »Welle-Teilchen-Dualität« ein grundlegendes Prinzip ist und für alle Teilchen und Wellen gilt. Auch die Wellennatur der Materie ist durch viele voneinander unabhängige Untersuchungen bestätigt worden.

Daß unsere Physik gerade an diesem entscheidenden Punkt nicht weiter kommt, liegt sicher nicht am Schwierigkeitsgrad des Problems, sondern an ihrer »Ausgangs-Situation«. Die Frage nach dem letzten »Baustein« unserer Welt, die sie in all ihren Forschungen zu beantworten sucht, ist falsch gestellt. Diese falsche Fragestellung hat unsere Physik in eine Sackgasse geführt. Die unentwegten Versuche, die Materie immer weiter zu zerlegen, um durch das Auffinden eines »Atomos«, eines letzten unteilbaren kleinsten Teilchens, dem alle das Universum auf- und abbauenden Kräfte innewohnen, das Rätsel des Mikrokosmos zu lösen, sind zum Scheitern verurteilt.
Ein solches letztes unteilbares Teilchen gibt es nicht! Selbst wenn mir jemand ein entsprechendes Teilchen vor- oder nachweist, würde ich sofort fragen, aus was es denn besteht, und er müßte neue Untersuchungen anstellen, um mir zu antworten. Ein derart vorgehender Wissenschaftler gleicht jemandem, der

in der Mathematik versuchte, durch fortwährende Teilung die Zahl mit dem geringsten Nennwert zu finden, aus der sich nach seiner Meinung die Zahlenwelt zusammensetzt. Jedermann wird einsehen, daß es eine solche Zahl nicht gibt. Wer meint, dieser Vergleich sei nicht angebracht, sollte bedenken, daß die Mathematik bei richtiger Handhabung bisher alle Phänomene dieser Welt am sichersten und exaktesten beschrieben hat. Das aber setzt voraus, daß die Beziehungen in der Zahlenwelt den Beziehungen in der realen Welt entsprechen. Eine Ausnahme, wie z.B. ein letztes »unteilbares« Teilchen, darf es dabei nicht geben. Die Forderung muß für alle physikalischen Bereiche gültig sein, ob es sich dabei nun um Beziehungen im Mikrokosmos oder um Zusammenhänge im Makrokosmos handelt.

Der »Vierdimensionale« – das »Ewig Eine«!

Nach der Lehre der Überlieferer ist jeder noch so kleine Raumteil theoretisch unendlich teilbar, weil sich der Raum auch nach innen unendlich erstreckt. Daher der Ausspruch des Rudra: „Ich bin der, der aus dem Inneren in das Innere drang!" Was damit gemeint ist, soll ein kleines Gedankenexperiment veranschaulichen. Nehmen wir an, wir wollten den absoluten Mittelpunkt unserer Erde lokalisieren. Dabei sollen die praktischen und technischen Schwierigkeiten keine Rolle spielen. Wir würden also den Umfang der Erde exakt messen, den sich daraus ergebenden Durchmesser berechnen und einen entsprechenden Stollen in Richtung Erdmittelpunkt vortreiben.
Wir wollen weiter annehmen, daß wir gleich beim ersten Anlauf ein gehöriges Stück vorangekommen sind und bei unserer Messung feststellen, daß noch genau die Hälfte der ursprünglichen Strecke vor uns liegt. Abermals bewältigen wir ein gehöriges Stück und unsere Messung ergibt, daß es genau die Hälfte der Reststrecke war. Wieder verkürzen wir die Reststrecke um die Hälfte, und wieder haben wir die andere noch vor uns.
Wir könnten dieses Verfahren bis in alle Ewigkeiten fortsetzen, den absoluten Mittelpunkt würden wir niemals erreichen. So

winzig der von uns gefundene Punkt auch immer sein mag, er würde Ausdehnung besitzen. Solange er aber räumlich ist, geht es nach innen immer weiter. Besitzt er keinen Raum mehr, existiert er nicht. Es gibt zwar nach außen, wie nach innen eine praktische Grenze, die im Mikrobereich von unseren Nuklearphysikern wahrscheinlich schon erreicht ist, aber keine tatsächliche. Diese praktischen Grenzen waren den Überlieferern wohlbekannt. Sie umfassen, vom Menschen aus gesehen, sieben Größenordnungen nach Innen und sieben Größenordnungen nach Außen, teilten sie mit.
Damit decken sich ihre Aussagen mit denen unserer Wissenschaft, wenn man sie in entsprechender Weise aneinanderreiht und Prof. Dr. Gernot Eders Aufstellung gegenüberstellt, die die wichtigsten »Lineardimensionen« in Zentimetern wiedergibt.

10^{-13}	Nukleon	1. Atomarteilchen
10^{-12}	Atomkern	2. Atom-Kern
10^{-8}	Wasserstoff-Atom	3. Atom
10^{-6}	Riesenmolekül	4. Molekül
10^{-4}	Virus	5. Zell-Kern
10^{-2}	Zelle	6. Zelle
10^{2}	Mensch	7. Mensch
10^{9}	Erde	8. Erde
10^{10}	Entfernung des Mondes	9. Erde-Mond-System
10^{11}	Sonne	10. Sonne
10^{13}	Enfernung der Sonne	11. Sonnensystem
10^{18}	Entfernung des nächsten Fixsterns	
10^{23}	Milchstraßensystem	12. Galaxie
10^{24}	Entfernung des Andromeda-Nebels	13. Satelitengalaxien-System
10^{28}	Grenze des Gesichtsfeldes für das größte Teleskop	
$10^{???}$		14. Unser endliches Weltall als riesiger Pulsar

Schöpfer oder Quirl? Das ist hier die Frage

Um dem Einwand zu begegnen, daß hier nur immer die wissenschaftlichen Aussagen als gesichert gelten, die die angeführten Textstellen der Überlieferungen bestätigen, will ich nunmehr den Standpunkt der modernen Physik aufzeigen, wie ich ihn verstanden habe und dem Weltbild der »gefallenen Engel« gegenüberstellen.

Vielleicht wird dadurch deutlich, warum in manchen Bereichen die Meinungen verschieden sind, in anderen aber Übereinstimmung herrscht. Scherzhaft könnte man den Unterschied der beiden unvereinbaren Weltbilder mit dem abgewandelten Zitat charakterisieren: »Schöpfer oder Quirl? Das ist hier die Frage«, denn sinnbildlich war für unsere modernen Physiker der Schöpfer der kleinen Annemarie doch ein »Quirl« aus Mutters Küche. Nach ihrer Meinung wurde er am Anfang der Weltwerdung aber nicht von einem Gärtner geschwungen, sondern von einem »Koch«, der die »Ursuppe« quirlend nach folgendem Rezept verfuhr: „Man nehme sechs Teile »Quark« und sechs Teile »Leptonen«, verquirle das Ganze zu einer »heißen Ursuppe«, fertig ist das Weltgericht!" So einfach lassen sich die Vorstellungen der Wissenschaftler zusammenfassen, die sie heute von der Materie haben, die uns auf der Erde und im Weltraum umgibt, weil aus wissenschaftlicher Sicht das ganze Universum mit allem, was es enthält, aus diesen wenigen Zutaten entstanden ist. Die Galaxien mit ihren Sonnen und Sonnensystemen, die Planeten mit ihren Meeren und Kontinenten, die Flora und Fauna auf ihren Oberflächen und damit auch der Mensch.

Aus ihrer Sicht vollzog sich kein Schöpfungsakt in den »Wassern des Raum-Ozeans«, sondern die Welt entstand in verschiedenen Stufen aus mehreren »Teilchen-Arten«, denen alle das Universum auf- und abbauenden Kräfte und Eigenschaften innewohnen. Diese »Urteilchen« in ihrer Gesamtheit bilden für

unsere Naturwissenschaftler das Potential der »unvergänglichen Materie«, die in verschiedenen Zustands- oder Energieformen existieren kann. Allein das Mischungsverhältnis der Urteilchen und ihrer Energiezustände bringt nach ihrer Meinung die Vielfalt der materiellen Welt und den Formenreichtum des Lebendigen hervor. Darum haben sie auch keinerlei Gewissensbisse, wenn sie den Versuchstieren in ihren Laboratorien unsagbare Qualen zufügen, denn diese individualisierten Lebensformen sind ja für sie nur besondere Zustandsformen der »seelenlosen« Materie.
Sie gehen davon aus, daß die gesamte Materie, die in den verschiedenen Zuständen im Weltall enthalten ist und mit ihr auch der »Raum« selbst, vor etwa 13 bis 20 Milliarden Jahren auf einem winzigen Punkt konzentriert gewesen ist. Mit einer von diesem Punkt ausgehenden gewaltigen Explosion, deren Fortsetzung wir in der Expansion des Weltalls heute noch miterleben, hat die Welt zu existieren begonnen. Auch die entschlüsselten Überlieferungen sagen aus, daß sich die neue Welt von einem winzigen Punkt aus entrollte. Nur meinen sie mit diesem Punkt den »Umkehr-Punkt« der nach innen gelaufenen »Puls-Schwingung« und nicht die konzentrierte Materie. Wenn man mit einem harten Gegenstand an eine runde randvolle Regentonne schlägt, kann man sehr schön beobachten, wie die dadurch erzeugte Welle auf der Wasseroberfläche von außen nach innen läuft, im Zentrum einen winzigen Punkt bildet und von dort wieder nach außen schwingt. Was hier zweidimensional sichtbar ist, läuft in den unsichtbaren »Wassern des Raumes« dreidimensional ab. Materie entsteht erst dann, wenn der Pulsar der Weltschöpfung von innen nach außen schwingt und in den elastischen Wassern des Raumes durch »Verwirbelung« die eine Art der stehenden Schwingungen in Form von winzigen »Strudeln« erzeugt, die sich aufgrund ihrer Trägheit wie materielle Teilchen verhalten. Obwohl alle Prozesse im ewigen Raum ablaufen, bleibt er dennoch davon unberührt, weil er unendlich und unvergänglich ist.
Das sehen unsere Wissenschaftler anders. Für sie entstand der

»Raum« durch den Urknall aus dem »Nichts«, weil aus ihrer materialistischen Weltsicht nicht der Raum die Materie enthält, sondern die für sie ja unvergängliche Materie den Raum. Völlig offen bleibt dabei die Frage, was vorher war und worin die Expansion begonnen hat. Diese Frage hätte keinen Sinn, weil ja auch die Zeit erst mit der Entstehung der Welt abzulaufen begann, argumentiert die Wissenschaft. Wenige Minuten nach dem »Big Bang«, wie dieser Schöpfungsakt aus dem »Nichts« von den englisch sprechenden Wissenschaftlern getauft wurde, bildeten sich die ersten Atome und chemischen Elemente wie Wasserstoff und Helium. Nach einigen Milliarden Jahren begann die Schwerkraft ihr Werk. Sie verdichtete das kosmische Gas zu »Materie-Wirbeln«, aus denen sich später Sonnen, Planeten, Planetensysteme und Galaxien bildeten.

Wie die Gravitation das Kunststück bewerkstelligte, das die Voraussetzungen für unser irdisches Leben begründete, kann die Wissenschaft nicht erklären. Sie hat auch hier nur eine Reihe konkurrierender Modellvorstellungen anzubieten, in denen der Zufall eine nicht geringe Rolle spielt. Auch das Wesen der Gravitation ist ihr noch weitgehend unbekannt. So sagte seinerzeit schon Sir Isaak Newton (1643–1727): *„Ich habe nun die Himmelserscheinungen und die Meeresgezeiten aufgrund der Schwerkraft erklärt, die Ursache der Eigenschaften der Schwerkraft konnte ich bis jetzt nicht aus den Erscheinungen ableiten.“*

Daran hat sich bis heute nichts geändert. Einer, der es wissen muß, weil er täglich mit dem Problem ihrer Überwindung zu kämpfen hatte, der ehemals stellvertretende Chefingenieur der Flugzeug-Motoren-Werke von Rolls-Royce, A.V. Cleaver meinte: *„Schwerkraft ist wirklich ein höchst mysteriöses und schwer faßliches Phänomen. Es erscheint fraglich, ob viele Menschen, sogar technisch geschulte Leute, sich darüber im klaren sind, wie berechtigt diese Behauptung ist, oder ob sie die Verschwörung des Schweigens bemerken, mit der die Schwerkraft in den meisten Lehrbüchern der Physik behandelt wird.*

Man wird dabei beinahe an ein polynesisches Tabu erinnert

oder an die viktorianische Einstellung bestimmten Themen gegenüber wie Sex oder bestimmter Körperorgane und -funktionen, die als nicht ganz artig angesehen wurden.
Der Student lernt, daß sich alle Körper gegenseitig anziehen, er lernt, daß die Stabilität des Weltalls dadurch bestimmt wird und die Gleichungen der Newtonschen Gesetze beschreiben ihre Wirkungen.
Gleichwohl – es sei denn, er ist ein spezialisierter, graduierter Student der reinen Physik – wird ihm dennoch zugemutet, daß er die alte Idee von der »Wirkung auf Entfernung« akzeptiert und es ist ziemlich unwahrscheinlich, daß einer seiner Lehrer seine Aufmerksamkeit auf unsere völlige Unkenntnis der physikalischen Beziehungen zwischen der Schwerkraft und anderen Erscheinungen lenkt, einfach, weil wir nichts darüber wissen und weil die akademische Welt es offensichtlich vorzieht, diese Tatsache nicht in die Welt zu posaunen!"
Selbstverständlich bemüht sich die Wissenschaft mit immer besseren und größeren Maschinen und mit immer mehr Aufwand und Kosten, diese fundamentale Lücke zu schließen, aber immer nach der Devise: zerlegen, zerlegen und nochmals zerlegen. Wie auch bei den anderen Eigenschaften, die ihr in den Erscheinungen dieser Welt begegnen, sucht sie nach letzten Teilchen, denen die Kraft der Anziehung innewohnt. Sie gibt sogar vor, bereits Erfolge in dieser Richtung zu verzeichnen. So wird z.B. die Ursache für die elektromagnetische Wechselwirkung den Photonen zugeschrieben. Diese winzigen Lichtteilchen, die keinerlei Masse besitzen, sollen die entsprechenden Anziehungs- und Abstoßungskräfte beinhalten. Leider wird dabei die Frage nach dem Wesen dieser Kräfte ausgeklammert. Sie bleibt nach wie vor unbeantwortet. Bei der »schwachen Wechselwirkung« treten an die Stelle des Photons drei sog. intermediäre Vektorbosonen, das positiv und negativ geladene W-Teilchen sowie das neutrale Z-Teilchen, das eine Art schweres Photon darstellt. Allerdings gelang es bisher nicht, die Vektorbosonen direkt zu erzeugen, so die Frankfurter Allgemeine Zeitung in ihrer Rubrik »Wissenschaft«. Für die starke Wechsel-

wirkung, an der nur Protonen, Neutronen, Mesonen und ähnliche Teilchen teilhaben, hat man das sog. »Quark-Modell« entwickelt.
Aus diesen hypothetischen »Quark-Teilchen«, von denen es laut Modell verschiedene Sorten gibt, sollen die oben genannten Kernbausteine zusammengesetzt sein. Für jede »Quark-Sorte« soll es eine rote, grüne und blaue Variante geben. Sie sind in der Natur immer so gemischt, daß das entstehende Teilchen farblos ist. Vielleicht sind sie deshalb so schwer zu entdecken, denn einzelne freie »Quarks« konnten noch nicht beobachtet werden. Die Wechselwirkung zwischen diesen farbigen »Quarks«, liest man in der FAZ weiter, wird durch den Austausch sog. »Gluonen« vermittelt, die die Rolle des Photons spielen. Diese masselosen »Gluonen«, von denen es acht verschiedene geben muß, tragen selbst Farbe und sind deshalb nicht direkt zu beobachten.
Bei Experimenten in Hamburg wurden jedoch verschiedene Prozesse registriert, in denen sich diese Teilchen indirekt zu erkennen geben. Was der elektromagnetischen Wechselwirkung das Photon, der schwachen die Vektorbosonen und der starken das Gluon, ist der Gravitation das sog. »Graviton«. Aus diesen hypothetischen Teilchen, die bisher ebenfalls noch nicht nachgewiesen wurden, sollen die postulierten »Gravitations-Wellen« bestehen. Prof. Einstein hat sie vorausgesagt, und man bemüht sich weltweit mit aufwendigen Mitteln und Gravitationswellendetektoren, ihre Existenz nachzuweisen.
Bisher ohne Erfolg. Lediglich der amerikanische Physiker Joe Weber gab seinerzeit vor, mit seinem Detektor solche Gravitationswellen empfangen zu haben, hat dies später aber widerrufen und erklärt, der Computer habe gesponnen. So steht es jedenfalls in »Bild der Wissenschaft – Kontroversen«.
„Gravitonen vereinen wahrscheinlich alle Wirkungen der Gravitation zwischen allen Objekten des Universums, die Masse besitzen“, schreibt Nigel Calder in Einsteins Universum und fährt fort: *„Aber Gravitonen selbst besitzen Energie und sind deshalb schwer und deshalb stehen sie selbst unter dem Einfluß*

anderer Gravitonen. D.h. Teilchen, die selbst Träger der Gravitation sind, unterliegen auch selbst dieser Wirkung — und auch sie werden deshalb auf gekrümmte Bahnen gelenkt. Dieser »Inzest« unter den Gravitonen erzeugt die Krümmung des Raumes.“

Wie groß ist der »Raum-Ozean«?

Wie man sieht, unterstellt auch die Wissenschaft dem Raum gewisse Eigenschaften, beispielsweise, daß er gekrümmt ist. Das führt dazu, daß gleichförmig bewegte Objekte im Weltenraum dieser Raumkrümmung folgen müssen. Wäre er nicht gekrümmt, würden sich die entsprechenden Objekte geradlinig bewegen. Daraus folgt z.B., daß es nicht gleichgültig ist, welche Eigenschaften man dem Raum zugesteht und welche nicht. Die Überlieferer haben am Raum in entscheidenden Punkten andere Eigenschaften entdeckt, als unsere modernen Forscher.
Aus einigen, die sie dem Raum ebenfalls zuschrieben, zogen sie Schlußfolgerungen, die ihnen das Wesen der Gravitation offenbarten. Diese Einsichten zwangen sie, den Raum als Hauptsache anzuerkennen und nicht als ein Nebenprodukt eines explodierenden »Materieklumpens«, wie dies unsere Wissenschaft lehrt. Darum spielt in ihrer Weltentstehungslehre der Raum als Ursache allen weltlichen Seins die entscheidende Rolle. Aus ihrer Sicht ist er mehr als die dreidimensionale, endliche Erstreckung der Wissenschaft, in der die Dinge nebeneinander, übereinander und hintereinander angeordnet sind. Mehr als diese Nebensächlichkeit, die ihre Existenz lediglich dem Vorhandensein von Materie verdankt, deren Wesen und Grundstoff die modernen Forscher, mit modernster Technik ausgerüstet, bis heute nicht erklären können.
Allein der Größenvergleich zwischen der Unermeßlichkeit des Raumes und der in ihm enthaltenen Materiemenge müßte schon nachdenklich stimmen. So schreibt z.B. Prof. H. Haber in seinem Buch »Der offene Himmel«: *„Der Weltraum ist so*

ungeheuer groß, daß sich die Milliardenzahl der Sterne in den Milchstraßen-Räumen völlig verliert. Es gibt in unserer täglichen Erfahrung kein Beispiel dafür, wie dünn die Sterne im Weltall gesät sind. Ein solches Beispiel müßte man mühsam konstruieren! Könnte man die Sterne soweit verkleinern, daß sie nur noch die Größe von Schneeflocken hätten, würden bereits zehn solcher Schneeflocken genügen, um den Raum von der Größe der Bundesrepublik Deutschland mit Sternen zu füllen. Hält man sich dieses Beispiel vor Augen, dann ahnt man, wie riesengroß der Weltraum ist und vor allem, daß er praktisch leer ist.“

Wenn aber der Weltraum so riesengroß ist und die in ihm enthaltene Materie-Menge so winzig klein, wie ist es dann möglich, daß der »Riese« vor dem »Big Bang« im kleinen Zwerg enthalten war? Ist es nicht logischer, wenn man davon ausgeht, daß das Kleinere im Größeren existierte? Um uns die Relationen zwischen »Raum« und »Materie-Menge« richtig bewußt zu machen, müssen wir die Erde verlassen und unseren Standpunkt in den Weltraum verlegen. Leider können wir dies vorläufig nur in Gedanken tun, weil uns noch keine geeignete Raumreisetechnik zur Verfügung steht.

Besteigen wir also in unserer Phantasie ein phantastisches »Super-Raumschiff« und brechen zu einer Weltraumreise auf, um uns die Größenverhältnisse anzusehen. Nehmen wir an, die Konstrukteure unseres utopischen Raumschiffes hätten die Antriebs- und Energiefrage gelöst, und es könnte beliebig schnell und weit in den »Raum« vorstoßen. Beziehen wir im Geiste unseren Platz in der Kommandozentrale unseres Raum-Kreuzers und schalten den großen Bildschirm ein, der mit den Außenkameras, die rings um das Raumschiff installiert sind, gekoppelt ist. Langsam heben wir vom Boden ab und steigen höher und höher. Nach kurzer Zeit sind die Gebäude einer unter uns liegenden Großstadt mit der sie umgebenden Landschaft zu Baukastengröße zusammengeschrumpft. Menschen und Autos bewegen sich durch die Straßen, wie Ameisen auf ihren markierten Wegen um ihren Ameisenhügel. Felder, Wäl-

der und Seen der weiträumig überschaubaren Landschaft sind nur noch bunte Tupfer, die von silbrig glänzenden Bändern, den Fernstraßen, Bächen, Flüssen und Kanälen durchzogen werden. Bald verschwinden auch diese Unterschiede und nur noch die Umrisse der Kontinente und Weltmeere lassen sich zwischen den freien Stellen großräumiger Wolkenfelder ausmachen. Bald sehen wir, wie sich die Erde zur riesigen graublauen Kugel verändert, auf der die Wolken den spiralförmigen Luftbewegungen folgen.
Mehr und mehr verschwinden auch diese Details, und bald leuchtet der Erdball auf in der Schwärze des Raumes, wie der Vollmond, der sich abends am östlichen Horizont emporschwingt. Auf einem pechschwarzen Hintergrund blinken tausend und abertausend von kleineren und größeren Lichtpunkten. Genau wie vom Erdboden aus finden wir in ihnen die bekannten Sternbilder wieder. Das Licht, das die Sterne rings um uns verstrahlen, erscheint hier draußen viel heller und intensiver, weil wir ihr Licht hier ohne die störende Atmosphäre unserer Erde betrachten können.
Noch strahlt unsere Sonne als dominierender Glutball im Zentrum unseres Sonnensystems. Vorbei geht es an den Planetenbahnen von Mars, Jupiter, Saturn, Uranus und Neptun, und je weiter wir uns von ihr entfernen, desto mehr schrumpft ihre Größe dahin. Bei Pluto, dem äußersten ihrer Trabanten angekommen, der sich immerhin 7,5 Milliarden Kilometer von ihr entfernt, war ihr Licht bis zu diesem äußersten Punkt in unserem Sonnensystem bereits sieben Stunden unterwegs, wenn es unser Raumschiff erreicht.
Von hier aus sehen wir unsere Sonne nur noch wie einen großen hellen Stern leuchten. Er unterscheidet sich nicht wesentlich von anderen großen hell leuchtenden Lichtern am Firmament und verrät bei oberflächlicher Betrachtung nichts von seiner zentralen Stellung im Planetensystem. Auch die Riesenplaneten Jupiter und Saturn sind längst nur noch schwache winzige Lichtflecke unter vielen anderen. Von diesem 7,5 Milliarden Kilometer von der Sonne entfernten Standpunkt aus, können wir

schon den ersten Größenvergleich zwischen der Raum-Kugel und der in ihr rotierenden oder umlaufenden Materie anstellen. Für diesen Vergleich wollen wir annehmen, daß die Pluto-Bahn in dieser Entfernung kreisförmig verliefe und so den Äquator dieser gigantischen Raum-Kugel darstellt. Weil die Entfernung »Sonne-Pluto« dann der Halbmesser dieser äquatorialen Umlaufbahn ist, hat diese Raumkugel, die hier mit der in ihr enthaltenen Materie verglichen werden soll, einen Durchmesser von 15 Milliarden Kilometern. Stellt man diesem ungeheuren Raumvolumen den Rauminhalt der gesamten in ihm enthaltenen Materie gegenüber, kann man mit Recht von einer gähnenden Leere des Raumes reden und die vernachlässigbar geringe Materie-Menge getrost vergessen. Die Sonne als größte Masse-Kugel bringt es im Mittel lediglich auf 1,4 Millionen Kilometer Durchmesser.
Es fällt daher schwer, einen anschaulichen Vergleich anzuführen, der auch nur annähernd die entsprechenden Größenverhältnisse widergibt. Ein kleiner Fingerhut voll Sand, den man unter dem imposanten Zeltdach des Münchener Olympiastadiums in die Luft wirft, das wäre vergleichsweise die gesamte Materiemenge, die sich in unserer Raumkugel befindet. Die Vorstellung, daß diese gewaltige Raumkugel ihre Existenz einzig und allein der in ihr enthaltenen geringen Massenansammlung verdanke, ist für mich genauso abwegig wie die Behauptung, der Fingerhut voll Sand, der da in die Luft geworfen wurde, habe das gesamte Olympiastadium hervorgebracht und würde nun allein durch sein Vorhandensein das riesige Kuppeldach stützen.
Dabei haben wir bei unseren Überlegungen noch nicht berücksichtigt, daß die Sonne ein unerhört aufgeblähter Gasball ist und beträchtlich an Größe verlieren würde, wenn sie zum Beispiel im flüssigen oder gar festen Zustand existierte.
Ganz zu schweigen von der Tatsache, daß auch die Atome als kleinste Bausteine eines chemischen Elements ebenfalls fast nur aus leerem Raum bestehen, weil praktisch die gesamte Atommasse im Atom-Kern konzentriert ist und dieser etwa

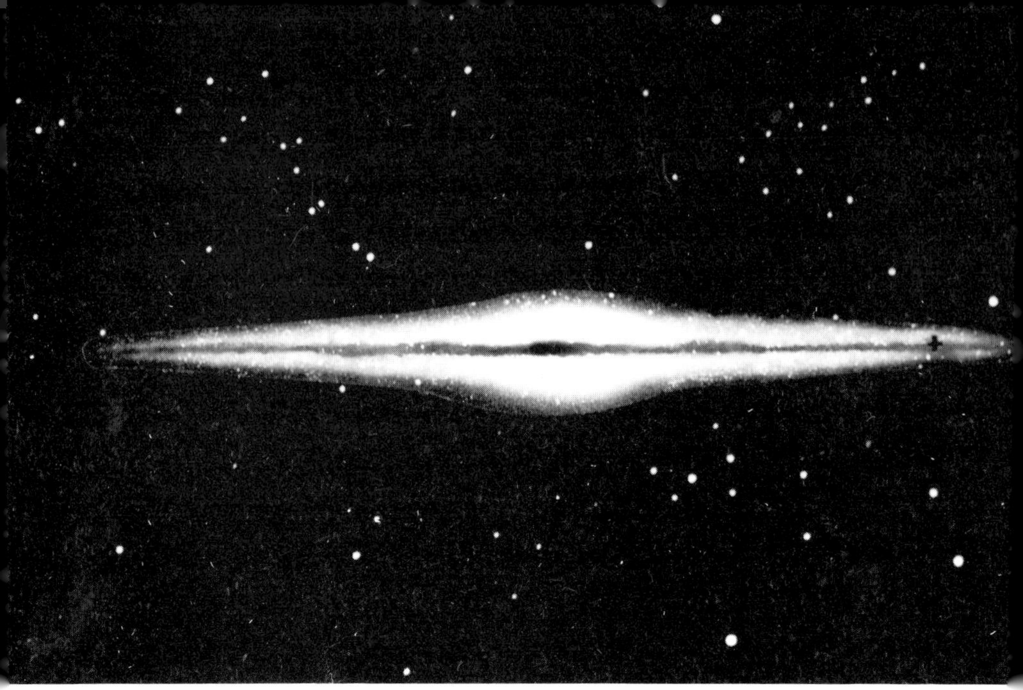

Abbildung 44
Unsere Milchstraße von der Seite gesehen.
Ziemlich am äußersten Rand des riesigen »Sternenkarussells«, dessen Durchmesser 100.000 Lichtjahre beträgt, ist unser Planetensystem beheimatet.

10000 mal kleiner ist als das ganze Atom. Ein Stück Stahl enthält beispielsweise an wirklich Widerstehendem, an stabiler Materie oder materieller Masse, nur ein Billionstel des Raumes, den es ganz zu erfüllen scheint. So ist auch der weitaus größte Teil des Atomvolumens »Leere«. Könnte man die Bausteine der Atome dazu bewegen, sich friedlich auf engstem Raum zu versammeln, würde unsere Sonne mit ihren 1,4 Millionen Kilometern Durchmesser, auf eine Kugel von sechs Kilometern zusammenrutschen und die Erde hätte die Größe eines Stecknadelkopfes.
Dieser Zustand der Materie ist für moderne Wissenschaftler durchaus keine Utopie, sondern sie sind davon überzeugt, daß

die Natur dies in sogenannten Neutronen-Sternen und Schwarzen Löchern realisiert hat. Auch die Urmaterie der beim Urknall geplatzten Urzelle soll aus solchem kompakten Material bestanden haben. Man nimmt an, daß diese Urzelle, in der die gesamte Materie des Universums konzentriert war, nur den Umfang der Erdumlaufbahn hatte. Wenn man bedenkt, daß es Sterne gibt, wie zum Beispiel den roten Überriesen »Mira« im Sternbild des Walfisch, dessen Durchmesser die Dimensionen von Planetenbahnen erreicht, eine recht bescheidene Größe. Wäre der Stern »Mira« ausgehöhlt, so könnten in seinem Inneren die Planeten Merkur, Venus, Erde und Mars bequem in ihren jetzigen Bahnen um ihre Sonne kreisen.
Nach diesem ersten Größenvergleich, der uns die dominierende Stellung des »Raumes« gezeigt hat, wollen wir unser utopisches Raumschiff erneut beschleunigen und weiter in die Tiefen des »Raum-Ozeans« vorstoßen, der nach wissenschaftlicher Auffassung durch den »Big Bang« einer materiellen Urzelle erzeugt wurde. Unser Ziel ist »Alpha Centauri«, ein Stern, der unserer Sonne am nächsten steht und in rund vierzig Billionen Kilometer Entfernung sein Licht auf die lange Reise schickt. Eine räumliche Distanz, die sich unserem Vorstellungsvermögen völlig entzieht, weil sich in unserer Alltagserfahrung nichts Vergleichbares findet. Das ist einer der Gründe dafür, daß die Astronomen die kosmischen Abstände zwischen den Sternen und Galaxien in Lichtjahren angeben.
Sie gehen davon aus, daß die Lichtgeschwindigkeit, wie von Michelson seinerzeit gemessen, gleichbleibend 300000 Kilometer pro Sekunde beträgt und von nichts, auch nicht vom Licht selbst, überboten werden kann. Da also Licht niemals Licht überholt, alle Sterne und Galaxien aber Licht ausstrahlen, kann man von diesem Gesichtspunkt aus die Abstände der Sterne recht praktisch durch die Zeit messen.
Ein beliebiger Lichtimpuls, ob er nun von einem Autoscheinwerfer oder von einem Stern ausgesandt wird, durcheilt in einer milliardstel Sekunde, einer »Nanosekunde«, eine Strecke von rund dreißig Zentimetern. Weil das Licht so ungeheuer schnell

»zu Fuß« ist und Entfernungen früher in »Fuß« angegeben wurden – ein Hauptlängenmaß, daß in den verschiedenen Ländern im Mittel etwa dreißig Zentimeter betrug –, nennt man die Strecke, die das Licht in der zwerghaft kleinen Zeiteinheit eincr »Licht-Nano-Sekunde« überbrückt, etwas ironisch auch den Lichtfuß. Nun haben wir zwar eine recht gute Vorstellung von dreißig Zentimetern, nicht aber von einer milliardstel Sekunde. Daher gibt man die Lichtgeschwindigkeit pro Sekunde an, der Zeit, in der das Licht 300000 Kilometer zurücklegt. Kennt man die Laufzeit eines beliebigen Lichtstrahls, kann man die von ihm durchlaufene Wegstrecke leicht berechnen.
Darum geben die Astronomen die kosmischen Entfernungen in der Regel in Sekunden, Minuten, oder Jahren an. Mit seiner mittleren Erdentfernung von 384400 Kilometern, ist unser Mond etwa 1,3 »Lichtsekunden« von der Erde entfernt, die Sonne 8 »Lichtminuten« und 18 »Lichtsekunden« und unser Ziel »Alpha Centauri« 4,2 »Lichtjahre«. Ein »Lichtjahr« entspricht einer Entfernung von 9,461 Billionen Kilometern. Wer gern in Kilometern rechnet, kann auch die Faustformel – 1 Lichtjahr gleich 10 Billionen Kilometer – benutzen. Für einen Autofahrer ist die Entfernung zum Mond noch leidlich vorstellbar. Schon so mancher fahrbare Untersatz ist mehr als 384400 Kilometer über die Straßen gerollt, bevor ihn der Rost zur Strecke brachte. Aber vierzig Billionen Kilometer sind nicht mehr anschaulich. In unserer Phantasie überbrückt unser Raumschiff auch diese gigantische Distanz und wir halten Ausschau nach unserer Sonne. Von hier aus müssen wir schon angestrengt nach ihr suchen, um sie unter den unzähligen anderen Lichtpunkten zu finden, die in den unendlichen Weiten des Raumes ihr kaltes Licht verstrahlen. Einen unserer neun Planeten zu entdecken, ist schon so gut wie aussichtslos.
Betrachten wir nun diese Raumkugel, deren Halbmesser die Entfernung Sonne – Alpha Centauri darstellt und stellen ihr die Masse gegenüber, die sich in ihrem Inneren befindet, so nimmt das Münchener Olympiastadion, in dem wir seinerzeit vergleichsweise einen Fingerhut Sand in die Luft warfen, die

Dimensionen des Erdballs an und der Fingerhut vielleicht die Größe eines bayerischen Bierkrugs, um die entsprechenden Größenverhältnisse wiederzugeben. Dabei ist bereits berücksichtigt, daß der Raum zwischen den Sternen nicht völlig materiefrei ist.
Ein interstellares Raumvolumen von der Größe der Erdkugel soll etwa ein Kilogramm Materie enthalten, die zu 99 Prozent aus Gasen und 1 Prozent aus Staub besteht. Angesichts des ungeheuren Raumvolumens, das unsere Milchstraße ausmacht, addiert sich diese dünn verteilte Materiemenge allerdings zu Milliarden Sonnenmassen. Wie wir sehen, hat sich das Verhältnis zwischen Raum und Materie noch mehr zu Gunsten des Raumes verändert und die Behauptung »Materie ist die Hauptsache«, geht uns schon nicht mehr so leicht über die Lippen. Mehr und mehr geht uns auf, wer hier der Herr in seinem Hause ist. Dabei haben wir die wirklich großen Entfernungen noch vor uns. Um den zweitnächsten Nachbarn unserer Sonne zu besuchen, müssen wir sechzig Billionen Kilometer reisen. Das lohnt sich vielleicht, weil »Barnards-Stern«, so heißt diese Sonne, zumindest einen Planeten besitzt. Dies wurde erst 1963 von dem holländisch-amerikanischen Astronomen Peter van de Kamp aufgrund langjähriger Beobachtungen festgestellt.
Es könnte sein, daß wir in diesem Sonnensystem einen Leben tragenden Planeten vorfinden. Vielleicht werden wir dort sogar von intelligenten Lebewesen begrüßt, vielleicht aber auch abgeschossen, wenn sie gar zu menschlich sein sollten. So dicht vor unserer Haustür auf Lebewesen zu treffen, ist auch für materialistisch orientierte Wissenschaftler nicht unwahrscheinlich. Grobe Schätzungen gehen davon aus, daß etwa sechs Prozent aller Sterne unserer Milchstraße, einen lebensfreundlichen Planeten besitzen. Das sind rund zehn Milliarden Planeten, auf denen sich intelligentes Leben in irgendeiner Form entwickelt haben könnte. Aber wir sind ja nicht aufgebrochen, um im All nach Leben zu suchen, sondern um uns die Allgegenwart des unermeßlichen »Raumozeans« bewußt zu machen. Setzen wir daher unser utopisches Raumschiff erneut in Marsch und bre-

chen zur nächsten Etappe auf. Weitere Nachbarn unserer Sonne zu besuchen, würde für unser Vorhaben keine neuen Perspektiven erbringen. Legt man kosmische Maßstäbe an, so befinden sie sich alle in verhältnismäßig geringer Entfernung. So ist zum Beispiel »Altair« im Sternbild des Adlers, sechzehn Lichtjahre von der Sonne entfernt, »Wega«, der hellste Stern in der Leier, sechsundzwanzig Lichtjahre und »Beteigeuze«, der schöne rote Riese im winterlichen Sternbild »Orion«, beachtliche dreihundert Lichtjahre.
Das Licht dieser Riesensonne, das zur Zeit von unseren Astronomen beobachtet werden kann, ist bereits im siebzehnten Jahrhundert zur Erde aufgebrochen. Auch all die anderen bekannten Sterne, die deutlich am nächtlichen Himmel erstrahlen, sind unsere Milchstraßennachbarn. Sie alle gehören zu den gut einhundert Milliarden Sternen unserer Sternspirale, die wie ein dickes Windrad im Weltall hängt und einen diskusförmigen Kern mit tintenfischartigen Armen hat. In einem der Arme ziemlich am äußersten Rand des riesigen Sternenkarussells, dessen Durchmesser 100 000 Lichtjahre beträgt, ist unser Planetensystem beheimatet. Von Pol zu Pol mißt dieses linsenförmige Karussell etwa 20 000 Lichtjahre (Abb. 44, S. 168). Um den nächsten ergiebigen Größenvergleich zwischen Raum und der in ihm enthaltenen Materie anstellen zu können, müssen wir schon den »Andromedanebel« aufsuchen. Dieser Spiralnebel gleicht unserer Milchstraße wie eine Zwillingsschwester und ist zwei Millionen Lichtjahre von uns entfernt.
Denken wir uns auch hier wieder eine Raumkugel, die den ungeheuren Radius von zwei Millionen Lichtjahren hat und stellen diesem gigantischen Raumvolumen die einhundert Milliarden Sterne gegenüber, die sich in ihrem Zentrum befinden, so muß eigentlich auch einem eingefleischten Materialisten aufgehen, wer hier der »allmächtig Vorherrschende« ist. Ich versuche erst gar nicht, einen Vergleich anzuführen. Die entsprechenden Vergleichsobjekte müßten Dimensionen aufweisen, die sich ebenfalls einer anschaulichen Vorstellung entziehen.

Wenn wir uns mit unserem Raumschiff am Äquator dieser gedachten Raumkugel befänden, bräuchten wir schon ein gutes Teleskop, um den schwachen Lichtfleck im Zentrum soweit zu vergrößern, daß er als Sternenansammlung unserer Milchstraße erkennbar würde. Aber auch diese Perspektiven sind noch nicht die Krönung, denn unsere Milchstraße und der Andromeda-Nebel sind nicht die einzigen Galaxien in unserem Universum. Je weiter man das Gesichtsfeld mit immer besseren optischen Instrumenten vergrößert, je mehr entdeckt man von ihnen. Sie lassen sich schon nicht mehr zählen und man schätzt, daß über eine Billion davon existieren. Viele von ihnen verfügen sogar über Satellitengalaxien. Dem Andromedanebel werden vier bis sechs solcher Satellitensysteme zugeschrieben. Sie alle sind Millionen von Lichtjahren voneinander entfernt und diese Abstände vergrößern sich ständig.
Niemand vermag zu sagen, wie weit draußen die letzten Galaxien im Raum stehen. Die moderne Astrophysik kann zwar etwa einhundert Trillionen Kilometer weit in den Raum hinaussehen, aber es besteht kein Grund zu der Annahme, daß sich noch weiter draußen keine weiteren befinden. Kein Forscher kann mit Sicherheit auch nur annähernd den Durchmesser der Raumblase angeben, die sich durch den Pulsschlag der Weltentstehung wie eine Lunge aufbläht. Nicht einmal in Gedanken sind wir in der Lage, den äußersten Rand dieser expandierenden Weltraumlunge auszuloten, in der sich die Gravitationsfelder wie Lungenbläschen verhalten. Ganz zu schweigen von den Schwierigkeiten, die sich ergeben, wenn die unserige nur eine von unzähligen anderen ist.
Dies alles war den Überlieferern bekannt, von denen ja das Gleichnis mit der atmenden Lunge stammt. Selbstverständlich hat das Atmen dieser lokalen »Weltraumlunge« nichts mit der Explosion einer kompakten Urzelle, dem »Big Bang« der Wissenschaft zu tun. Nach der Lehre der Überlieferer entstehen die kleinsten Atomarteilchen ja erst durch Prozesse, die das Ausatmen auslöst. Das Produkt dieser physikalischen Abläufe in den »Wassern des Raumes«, sind in verschiedenen Größenord-

nungen die vier Grundschwingungsarten, die sich nach dem Prinzip des geringsten Widerstands im Rahmen der bekannten Schwingungsgesetze mischen und entmischen. Schwingen die Wasser des Raumes in winzigen lokalen Regionen auf der Stelle, verhalten sie sich im Mikrobereich wie Teilchen. Rotieren oder pulsieren sie im Makrobereich um ein Zentrum, entstehen die Gravitationsfelder der Himmelskörper. Auch wenn wir sprechen, was ja nur möglich ist wenn wir ausatmen, erzeugen wir in entsprechenden Dimensionen alle vier Grundschwingungsarten in der uns umgebenden Luft. Zum Beispiel bilden sich in ihr Luftwirbel aus, weil die durch Mund und Nase ausströmende »Luftsäule« an ihrer Oberfläche nicht nur von den Mund-, Nasen- und Lippenwänden behindert wird, sondern auch von der mehr oder weniger ruhenden Außenluft. Dadurch fließen die äußeren Luftteilchen der ausströmenden Atemluft langsamer als die inneren und es bilden sich Wirbel und Querwellen. Wie das vor sich geht, kann man in jeder Kaffeetasse beobachten, wenn man den Kaffeelöffel durch den Kaffee zieht oder einen Schuß Milch hineingießt. Dann bilden sich nach dem gleichen Prinzip im Kaffee Flüssigkeitswirbel und Querwellen. Die beim Sprechen oder Singen hochfrequent schwingenden Stimmbänder erzeugen die anderen beiden Grundschwingungsarten, nämlich das Standbein und den Flügel der pulsierenden Schwingungen.
Die alten Weisen sagen, wenn wir sprechen oder singen, entstehen nur Luftschwingungen, wenn »Gott« spricht, entsteht die Welt. Man kann die Symbolik der Überlieferungen nur bewundern, die auch einfachen Menschen ihre Fragen beantwortet und doch letzte Zusammenhänge beinhaltet. Um den Menschen, die seinerzeit nichts von Lichtgeschwindigkeit und Lichtjahren wußten, die unermeßliche Größe unseres endlichen Weltalls vor Augen zu führen, existierte z. B. in Indien schon vor 2500 Jahren folgende Geschichte:
„Einst weilte Buddha, der Erhabene, im Jetahaine bei Savatthi, im Kloster des Anathapindo. Und Rohitasso, ein himmlischer »Lichtgeist«, von Schönheit strahlend, erleuchtete bei herein-

brechender Nachtzeit den ganzen Jetahain und begab sich darauf zum Erhabenen. Dort angelangt, begrüßte er den Erhabenen ehrerbietig und stellte sich zur Seite hin. Zur Seite stehend sprach Rohitasso, der himmlische Lichtgeist, zum Erhabenen also: Ist man wohl imstande, o Herr, durch Gehen das Ende der Welt zu kennen, zu sehen oder zu erreichen, da wo es weder Geburt gibt, noch Altern und Sterben, weder Entstehen noch Vergehen? Nicht imstande, o Bruder, – das sage ich – ist man, durch Gehen das Ende der Welt zu kennen, zu sehen oder zu erreichen, da wo es weder Geburt gibt, noch Altern und Sterben, weder Entstehen noch Vergehen. Wunderbar ist es, o Herr, erstaunlich ist es, o Herr, wie da der Erhabene so richtig sagt, nicht ist man imstande, o Bruder, – das sage ich – durch Gehen das Ende der Welt zu kennen, zu sehen oder zu erreichen, da wo es weder Geburt gibt, noch Altern und Sterben, weder Entstehen noch Vergehen. Einst in einer früheren Geburt, o Herr, da war ich ein Einsiedler, Rohitasso geheißen, der Sohn des Bhojo, und magiegewaltig konnte ich durch die Lüfte schreiten. Derart, o Herr, war meine Geschwindigkeit, daß ich etwa in der Zeit, die ein kräftiger, geübter, gewandter und erprobter Bogenschütze braucht, um mühelos mit leichtem Pfeile über den Schatten einer Palme hinwegzuschießen, einen Schritt zurücklegte, der so groß war, wie das östliche Meer von dem westlichen Meere entfernt liegt. Solche Geschwindigkeit, solchen Schritt besitzend, o Herr, kam mir der Wunsch, durch Gehen das Ende der Welt zu erreichen. Und ohne Speise und Trank, o Herr, ohne Kauen, ohne Schmecken, ohne Kot und Urin zu entleeren, ungehindert durch Schlaf und Müdigkeit, verbrachte und lebte ich volle hundert Jahre; und nachdem ich volle hundert Jahre hindurch gegangen war, da starb ich auf dem Wege, ohne jedoch das Ende der Welt erreicht zu haben. Wunderbar ist es, o Herr, erstaunlich ist es, o Herr, wie da der Erhabene so richtig sagt: Nicht ist man imstande, o Bruder – das sage ich – durch Gehen das Ende der Welt zu kennen, zu sehen oder zu erreichen, da wo es weder Geburt gibt, noch Altern und Sterben, weder Entstehen noch Vergehen!“

Dem kann man sicher nur beipflichten. Wenn es schon unmöglich ist, die Grenzen unseres endlichen Weltalls zu sehen oder zu kennen, wo und wie wollen wir da die Unermeßlichkeit des Raumes begrenzen? Geht man davon aus, daß er durch die Explosion einer winzigen Materiekugel entstanden ist, dann muß er notwendig endlich sein, damit er später wieder, wie der Geist aus der Flasche im gleichnamigen Märchen, darin verschwinden kann. Völlig offen bleibt dann allerdings, wie das Außerhalb des so entstandenen Raumes beschaffen ist. Worin entsteht er? Worin breitet er sich aus? Worin existiert die kompakte Materiekugel, bevor der Raum durch ihre Explosion ins Dasein trat? Fragen, die die Verfechter der »Urknalltheorie« nicht beantworten können. Antworten wie: Die Fragen nach dem Vorher haben keinen Sinn, weil auch die Zeit erst mit dem »Big Bang« abzulaufen begann, sind leider nur Ausflüchte.

Was ist das – Zeit?

Wenn wir in einem pulsierenden Universum leben, wie es einige honorige Wissenschaftler vermuten; mit Ausdehnung durch Urknall – Stillstand – Rückfall zum Ursprungsort – erneuter Urknall, vermag ich nicht einzusehen, wieso der Zeitablauf erst mit der Weltentstehung beginnt. Während und zwischen den einzelnen Pulsschlägen hat er doch ununterbrochen existiert. Auch wenn man nicht davon ausgeht, daß die Materie sich wieder im Uratom sammelt, so muß man doch zugestehen, daß in der kompakten, aus Elementarteilchen bestehenden »Urzelle« zumindest die Prozesse abgelaufen sind, die zur Explosion geführt haben. Wenn Pulsieren, oder das Ablaufen von Prozessen, keine Kennzeichen für »Zeitablauf« sind, welche Kriterien dann?

Was ist das überhaupt – Zeit? Ist sie tatsächlich etwas Reales, das man vor- oder nachweisen kann? Ein räumliches Etwas, das imstande ist zu schrumpfen, oder sich zu dehnen, wie es Prof. Einsteins Zeitdilatation lehrt? Ist es nicht eigenartig, daß wir

alle täglich mit einer Selbstverständlichkeit über die Zeit reden, als wenn wir vom Wetter sprechen, aber über ihr eigentliches Wesen doch so wenig wissen? Was ist das für ein Ding, das wir da haben, wenn wir sagen, wir haben Zeit? Dieses Kuriosum, das man gewinnen oder verlieren kann und das so über Sieg und Niederlage, über Leben und Tod entscheidet?
So mancher Sportler hat die ersehnte Siegestrophäe doch nur deshalb nicht erhalten, weil er zuviel Zeit verlor und viele Autofahrer verdanken ihr Leben allein der Tatsache, daß sie in einer kritischen Situation keine Zeit verschenkten. Sicher, die meisten Menschen haben ohnehin wenig oder nie Zeit, weil sie ständig damit beschäftigt sind, ihr nachzujagen, ohne über den Charakter der erstrebten Jagdbeute tiefgründig nachzusinnen. Aber auch jene, die vorgeben viel Zeit zu besitzen, sind eigenartiger Weise nicht in der Lage, ihren Reichtum auf Verlangen vorzuzeigen, so, wie es bei allen anderen räumlichen Dingen selbstverständlich ist. Was wird über die Zeit nicht alles unbekümmert dahergeredet. Nimmt man die bildlichen Redensarten wörtlich, so ist die Zeit eine ganz alltägliche, jedermann geläufige Sache, die man sehen, fühlen und anfassen kann. Da ist von zumeist vergangenen, guten, schönen und von noch kommenden, harten, schlechten Zeiten die Rede. Sie können wie eine Straße lang oder kurz sein. Daß es auch leichte und schwere Zeiten gibt, weist darauf hin, daß sie wie Menschen Gewicht besitzen. Scheinbar haben Zeiten mit Lebewesen noch mehr gemeinsam. Die leichten werden zum Beispiel als lebendig, rosig, bunt, turbulent und lustig dargestellt. Sie laufen ach so schnell dahin! Die schlechten sind in der Regel schwarz, langweilig und tot und schleppen sich nur mühsam vorwärts.
Andererseits scheint die Zeit eher dem Gelde verwandt. Man kann sie nehmen und verschenken, gewinnen und verlieren, nutzen oder vergeuden. Wie Geld zerrinnt sie uns unter den Händen, was wohl die unheimlichste und schmerzlichste Gemeinsamkeit ist. Dabei ist es wenig tröstlich, daß sich Arbeitszeit in Geld und Geld in Freizeit umwandeln läßt. Das war offenbar schon immer möglich, denn »Zeit ist Geld« weiß

schon der Volksmund seit langer Zeit. Manche Zeitgenossen scheinen die edle Kunst, die Zeit in Geld zu verwandeln, nicht zu beherrschen. Vielleicht ist ihnen auch nur der Umwandlungsprozeß, der Zeit zu Geld werden läßt, zu mühselig. So haben sie zwar Zeit, die sie dem lieben Herrgott stehlen, aber leider kein Geld. Sie sind daher gezwungen, dies kostbare Gut mit Müßiggang hinzubringen, mit allerlei Lasterhaftem auszufüllen, oder, o Graus, gar totzuschlagen.
Einige Menschen sind ihrer Zeit immer eine Nasenlänge voraus, andere hinken ihr hinterher, weil sie ständig den richtigen Zeitpunkt verpassen. Ältere Menschen besitzen offenbar eine Eigenschaft, die mir völlig abgeht. Sie können die Zeit sehen! Oft schon hörte ich sie sagen, sie hätten schon bessere Zeiten gesehen. Maler besonderer Art zeichnen sogar Zeitbilder des entsprechenden Zeitgeschehens, die entweder als Zeitlupe oder als Zeitraffer vorgezeigt werden können. Sie sollen den jeweiligen Zeitgeist widerspiegeln, was hinreichend beweist, daß, wie bei uns Menschen, geistreiche und geistarme Zeiten durchaus keine Einbildung sind. Das waren nur einige der Redewendungen, die uns leicht über die Lippen kommen, ohne daß wir uns der Zeitproblematik bewußt werden.
Wenn wir aber vom wahren Wesen der Zeit so wenig wissen, wie wollen wir festlegen, ob und wann sie ins Dasein trat und wann sie nicht mehr sein wird? Die Wissenschaft, die so sicher ist, daß sie erst mit dem »Big Bang« begann, hat als Fundament für diese Aussage wenig Konkretes anzubieten. In seinem Buch »Der offene Himmel« hat der bekannte Fernsehprofessor Heinz Haber das Wenige so formuliert:
„Wenn schon die Erstreckung des uns heute bekannten Weltraums unvorstellbar ist, so sind die Dimensionen der Zeit geradezu erschreckend. Das universale Schauspiel findet bereits seit vielen Milliarden Jahren statt und wird wohl noch lange anhalten. Auch bei der Betrachtung der Zeitläufe haben wir es also im wahrsten Sinne des Wortes mit astronomischen Dimensionen zu tun. Während unvorstellbare Räume uns nur erstaunen, so werden wir von unvorstellbaren Zeiten beunruhigt. Das liegt

wohl daran, daß uns das Wesen der Zeit und ihr unerbittlicher Ablauf weit mehr unter die Haut gehen als die Erstreckung des Raumes.
Die Zeit ist eine sehr geheimnisvolle Angelegenheit, und das Beste, was die Physiker bisher über sie sagen konnten, war etwa dies:
Zeit ist jene Wesenheit, in deren Verlauf wir die Folge von Ereignissen anordnen und mit einer Uhr abmessen können. Jeder Mensch ist sich des Wesens der Zeit bewußt — ja, Bewußtsein und Zeit hängen untrennbar miteinander zusammen. Wenn wir uns mit geschlossenen Augen konzentrieren, können wir vielleicht den Raum oder gar die Erstreckung unseres eigenen Körpers im Raum vergessen und darüber hinwegsehen, der Ablauf der Zeit jedoch ist immer in uns.
Daß Zeit und Ablauf untrennbar miteinander verbunden sind, wußte schon der geniale Maler und Dichter »Wilhelm Busch«. Sehr treffend reimte er bereits zu seiner Zeit: *„Eins, zwei, drei! Im Sauseschritt, läuft die Zeit, wir laufen mit!“* Leider ließ auch er uns darüber im Unklaren, welche physikalische Realität sich hinter dem Zeitbegriff verbirgt und daher müssen wir das geheimnisvolle Ding mit dem Sauseschritt wohl selbst untersuchen, um sein wahres Wesen freizulegen.
Wie Prof. Haber sehr richtig aufgezeigt hat, haben wir es beim Ablauf der Zeit mit zwei verschiedenen Phänomenen zu tun. Einmal ist sie eine Erscheinung aus der uns umgebenden Natur, die auch existiert, wenn es niemanden gibt, der ihr Wirken beobachten oder wahrnehmen könnte und zum anderen ein Etwas, das unser Bewußtsein als Zeitempfinden oder Zeitbewußtsein erlebt. Weil das die ganze Angelegenheit noch komplizierter macht, wollen wir bei unseren Recherchen systematisch vorgehen. Mit Sicherheit wissen wir, daß »Zeit« ein Begriff ist, mit dem eine ganz bestimmte Bedeutung verbunden ist. Hinter einem solch bedeutungsträchtigen Begriff verbirgt sich in der Regel die Vorstellung von einem Gegenstand, die nur das Allgemeine beinhaltet und individuelle Merkmale völlig außer acht läßt.

Diesen allgemeingültigen Inhalt einer beliebigen Vorstellung erhält man dadurch, daß man die bezeichnenden Merkmale des vorgestellten Gegenstandes, die allen gleichartigen ebenfalls eigen sind, von den individuellen abgrenzt und festlegt. Betrachten wir nun den uns hier interessierenden Gegenstand, der unserer »Zeitvorstellung« zugrundeliegt, so stellen wir folgende Tatsache fest:

Immer wenn wir von »Zeit« sprechen, ob bei den Sekunden, Minuten und Stunden, die wir von einer herkömmlichen Uhr ablesen, oder bei den Tagen, Wochen, Monaten und Jahren, die uns die Bewegungen von Erde und Mond bescheren, beobachten wir als hervorstechendstes Merkmal, daß etwas abläuft. Wir können also mit Recht davon ausgehen, daß Zeit etwas mit Ablauf zu tun hat, denn ohne Ablauf gibt es weder Zeit, noch eine Vorstellung davon. Weil es eine Fülle von unterschiedlichen Abläufen gibt, kann man sie miteinander vergleichen, in Beziehung setzen. Das heißt, man kann das Verhältnis der Abläufe zueinander mit Hilfe eines genormten, geeichten, allgemeingültigen und anerkannten Bezugsablaufs bestimmen.

Die Hauptuhr in astronomischen Sternwarten oder die Mutteruhr bei elektrischen Uhrenanlagen, die sogenannte »Normaluhr«, repräsentiert in unserer alltäglichen Erfahrungswelt einen solchen für uns alle verbindlichen Bezugsablauf. Dieser als Bezugssystem dienende Ablauf, wird so zum Maß für alle anderen Abläufe. Das dominierende Merkmal aller Abläufe ist, wie uns Wilhelm Busch bestätigt, sausen, laufen, — also Bewegung — denn ohne Bewegung läuft nichts ab. Der entsprechende Sekunden-, Minuten- und Stundenzeiger einer Uhr läuft unermüdlich über das Zifferblatt und die Erde rotiert unaufhörlich um die eigene Achse, während sie Runde für Runde um die Sonne saust. Auch der Mond in seiner rechtschaffenen Art umrundet in gleichbleibendem Rhythmus die Erde, um uns Beginn und Ende eines siderischen Monats anzuzeigen. Sogar die modernen Quarzuhren und Atomuhren können uns keine Zeit anzeigen, der kein Bewegungsvorgang zugrundeliegt. Bei einer Quarzuhr werden z. B. Quarzkristalle durch eine

elektrische Wechselspannung in Schwingungen versetzt, die einen Zeitgeber beeinflussen, was bei den Atomuhren von den natürlichen Schwingungen der Stickstoffatome des Amoniaks besorgt wird. Daß Schwingungen ihre Existenz ebenfalls einem Bewegungszustand verdanken, kann uns jedes beliebige Pendel vorführen. Nur wenn es sich hin und her bewegt, können wir behaupten, daß es schwingt. So ist es auch bei allen anderen Schwingungen, die uns täglich in unserer Umwelt begegnen. Ganz allgemein gesehen, unterscheiden sich die einzelnen Schwingungsarten, wie zum Beispiel Wasser-, Schall- oder Erdbebenwellen nur durch das Material, das da hin und her pendelt. Dabei ist es nicht erforderlich, daß wie beim Pendel, der Stoff als Ganzes hin und her schwingen muß, damit man von Schwingungen reden kann.
Wie jedermann weiß, schaukelt bei den Erdbebenwellen nur die Erdkruste auf und nieder und nicht der ganze Erdball. Alle inneren oder äußeren Bewegungszustände eines elastischen Mediums, dessen Teile oder Teilchen rhythmische Hin- und Herbewegungen ausführen, sind Schwingungen. Beginnen benachbarte Teile oder Teilchen dieses Mediums ebenfalls in regelmäßigen Abständen hin und her zu schwingen, entsteht eine fortschreitende Welle. Bewegen sich die entsprechenden Teile oder Teilchen senkrecht zur Fortpflanzungsrichtung hin und her, so nennt man die derart fortschreitende Erscheinung »Querwelle«. Solche Querwellen können wir auf jeder Wasseroberfläche beobachten, wenn wir einen Stein ins Wasser werfen.
Durch den Stein aus ihrer Ruhelage gedrängt, führen die schwingenden Wasserteilchen nun senkrecht zur Wellenausbreitung eine mehr oder weniger große Kreisbewegung aus und erzeugen auf der Wasseroberfläche die bekannten Wellenberge und Wellentäler, die sich ringförmig über die ganze Wasseroberfläche ausbreiten. Schwingen die entsprechenden Teilchen dagegen in Fortpflanzungsrichtung hin und her, wie beispielsweise bei den Schallwellen der Luft, bilden sich im schwingenden Medium Verdichtungen und Verdünnungen aus, was soge-

nannte »Längswellen« erzeugt. In den lokalen Verdichtungen entsteht in bezug auf das ruhende Medium ein Überdruck, ein »Expansionsdrang«, in den Verdünnungen ein Unterdruck, ein »Sog«. Das dabei auftretende meßbare Gefälle ist identisch mit »Energie«. Diese »Schwingungsernergie«, wie wir sie in diesem Falle nennen, sorgt solange für das periodische Wechseln der Vorzeichen, bis der Ausgleichs- oder Gleichgewichtszustand wieder hergestellt ist. Besteht zwischen den entsprechenden Kräften von Über- und Unterdruck ein Ungleichgewicht, breitet sich dieser Zustand in eine Richtung aus.
Die Überlieferer sagen also zu Recht, diese Schwingung geht wie eine Schlange, die sich durch Strecken und Zusammenziehen fortbewegt, oder wie ein hinkender, lahmender Mensch, der das gesunde Bein rasch nach vorn schnellen läßt, das kranke aber langsam nachzieht. Alle Schallwellen, die unser Ohr erreichen, sind solche »Längswellen«. Dabei spielt es keine Rolle, ob sie von lebendigen oder mechanischen Schallquellen ausgesandt wurden.
Aufgrund unserer bisherigen Überlegungen in bezug auf die Zeitproblematik, kommen wir also zu folgendem Schluß: „Zeit ist Ablauf und Ablauf ist Bewegung, denn ohne Bewegung gibt es keinen Ablauf und ohne Ablauf keine Zeit!“ Das bezeichnende Merkmal von Bewegung, ist die durch einen Bewirker oder »Beweger« bedingte Ortsänderung eines »räumlichen Gebildes« in einem »Medium«, in dem diese Ortsänderung möglich ist. Hinter dem Begriff »Bewegung« verbirgt sich daher als Gegenstand der Vorstellung, das Zusammenwirken von drei konkreten Dingen:

1. »Das Bewegte«, das sich bewegende räumliche Gebilde,
2. »der Beweger«, das die Bewegung Bewirkende und
3. »das Medium«, in dem die Ortsänderung möglich ist.

Erst die konzertierte Aktion der »Drei« verhilft der Bewegung zur Existenz. Fehlt eine der drei Komponenten, gibt es keine Bewegung und folglich auch keine Zeit. Das gilt auch für den Zeitablauf, der immer in uns ist, selbst wenn wir uns mit

geschlossenen Augen konzentrieren, denn ohne einen entsprechenden Bewegungsvorgang in unserem seelischen Getriebe kann in uns weder Bewußtsein noch Zeitbewußtsein aufkommen. Erst die Aufeinanderfolge der verschiedenen Bewegungs- oder Bewußtseinszustände erzeugt in uns ein »Zeitgefühl«, das aber nie konstant bleibt. Ändert sich die Geschwindigkeit, mit der die Bewußtseinszustände wechseln, ändert sich automatisch auch unser Zeitempfinden. Zum Beispiel scheint die Zeit mit zunehmendem Alter für den Alternden immer schneller zu vergehen, weil sich die Bewegungen seiner seelischen Welt kontinuierlich verlangsamen. Bei einem jungen Menschen ist es bis zu einem gewissen Alter gerade umgekehrt, denn seine Gehirnreaktionen laufen noch verhältnismäßig schnell ab. Jede Mutter kann ein Liedchen davon singen, wie lang ein Tag für ihren kleinen Sprößling manchmal sein kann.
Bei einer Eintagsfliege mit ihren hochfrequenten Bewußtseinsschwingungen ist es noch extremer. Für sie ist ein Tag ein ganzes Leben und alle Umweltprozesse vollziehen sich für sie in einem unerhört verlangsamten Zeitlupentempo. Ob für das Empfinden eines Lebewesens etwas schnell oder langsam ist, hängt also davon ab, wie schnell oder langsam seine eigenen Bewußtseinsprozesse ablaufen. Die Tatsache, daß die eigene Geschwindigkeit das natürliche Bezugssystem ist, auf das wir automatisch alle anderen Bewegungen beziehen, erleben wir hautnah, wenn wir mit wechselnden Geschwindigkeiten auf der Autobahn fahren. Sind wir sehr viel schneller als alle anderen Verkehrsteilnehmer, dann kommt es uns so vor, als würden die anderen Fahrzeuge nur müde dahinkriechen. Das entspricht in etwa der Situation, in der sich ein junger Mensch befindet. Seine geistige Spannkraft ist verhältnismäßig hoch, seine geistigen und körperlichen Reaktionen sind schnell und die Veränderungen in seiner Umwelt vollziehen sich für ihn langsam. Darum kann jungen Menschen alles nicht schnell genug gehen. Verlangsamen wir unser Auto dagegen mehr und mehr, werden die anderen Fahrzeuge scheinbar immer schneller und schneller und bewegen wir uns nur noch im Schrittempo vorwärts, haben wir

Abbildung 45

Das Rosenkreuz und die Rosenkreuzer (Bienen).

Der individualisierte »Schwingungsträger« wurde von den Wissenden gern mit einer Rose oder einem Lotus verglichen, weil er sich, von Wiedergeburt zu Wiedergeburt eilend, wie diese Blumen ein- und entfaltet.

den Eindruck, daß alle anderen Autobahnbenutzer wie die Irren rasen.
So ähnlich empfindet ein alter Mensch die Veränderungen in seiner Umwelt, denn seine Spannkraft hat im Laufe der Jahre erheblich nachgelassen und seine geistigen und körperlichen Reaktionen sind träger geworden. Aus diesem Grunde hat sich auch sein Zeitbewußtsein gewandelt. Ihm geht alles viel zu schnell. Wenn er bei Tisch gerade richtig zulangen will, sind die jüngeren Tischgäste längst aufgestanden, wird er von jungen Leuten im Wagen mitgenommen, nörgelt er ständig: „Fahrt doch nicht so schnell!"
Die Unterschiede in der Zeitempfindung kommen unter anderem deshalb zustande, weil der Elastizitätsmodul im Schwingungsträger — dem Menschen an sich — in den einzelnen Lebensformen und Lebensabschnitten verschieden ist. Er bleibt auch niemals konstant, weil sich der individualisierte »Schwingungsträger« von Wiederverkörperung zu Wiederverkörperung eilend, wie eine Rose aus- und einfaltet (Abb. 45, S. 184, Abb. 46, S. 186). Entfaltet er sich und schwingt — ähnlich wie der Pulsar der Weltschöpfung — von innen nach außen, nimmt sein Elastizitätsmodul zu und alle in ihm stattfindenden Bewegungsabläufe werden zunehmend schneller. Faltet er sich langsam wieder ein, läuft also von außen nach innen, nimmt seine Elastizität ständig ab und die Geschwindigkeit der in ihm ablaufenden Prozesse verringert sich. Mit anderen Worten, ändert sich die »Spannkraft« des Bewußtseinsträgers, ändert sich nicht nur die Geschwindigkeit mit der die Bewußtseinszustände wechseln, sondern auch das Zeitempfinden. Dabei spielt es keine Rolle, ob die Art der Bewußtseinszustände durch die Tätigkeit der fünf äußeren Sinne hervorgerufen wird, oder von den kreisenden, sich in einem Brennpunkt konzentrierenden Gedankenbildern des Denkorgans. Wie jeder zugeben wird, sind denken und sich konzentrieren anstrengende Tätigkeiten, die starke Willenskraft erfordern. Tätigkeiten aber, denen keine Bewegungszustände zugrundeliegen, gibt es nicht. Leider sind wir uns dieser Tatsache in bezug auf unsere persön-

Tom. I. Pag. 292.
la Rose Ressuscitée.
Harrewijn fecit.

lichen Gemütstätigkeiten, -regungen, -erregungen, -stimmungen und -schwingungen nicht immer bewußt, obwohl wir doch zumindest wissen, daß alle Funktionen unseres Organismus von Schwingungen gesteuert werden und zum Beispiel das Messen und Aufzeichnen von Gehirnstromkurven in der Medizin längst zur Routine geworden ist.

Wir sehen also, daß unser Zeiterlebnis ebenfalls untrennbar an Bewegung gebunden ist. Damit haben wir den geheimnisvollen Schleier gelüftet, der die Erscheinungsform »Zeit« bisher umgab, denn zusammenfassend können wir mit Recht behaupten: „Zeit ist Ablauf, Ablauf ist Bewegung und Bewegung ist das Zusammenspiel von drei realen Dingen, nämlich dem »Bewegten« mit dem »Beweger« in einem entsprechenden Medium!“ Betrachten wir beispielsweise die Bewegungen unserer Erde, die ja die Ursache für Tages- und Jahreszeiten sind, unter diesem Gesichtspunkt, so ist der Erdkörper das räumliche Gebilde, das ständig seinen Ort wechselt, der ihr verliehene Bewegungsdrang der Beweger und der Weltraum das Medium, das den Ortswechsel gestattet.

Bei allen Schwingungen sind die hin und her pendelnden Teile oder Teilchen das Bewegte, die Schwingungsenergie der Beweger und der elastische Stoff, der die Schwingungen zuläßt, das erforderliche Medium. Im Gegensatz zur Auffassung der modernen Wissenschaft, gilt dies nach der Lehre der Überlieferer auch für das breite Spektrum der elektromagnetischen Wellen und damit auch für das Licht. Sie gehen sogar noch weiter und lehren, daß der aus den »Urwassern« bestehende unend-

Abbildung 46

Die Rose im Kolben der Alchimisten.

„Der alchimistische Kolben der echten Hermeten ist der menschliche Körper, weil er nicht nur einem chemischen Schmelztiegel gleicht, sondern eine komplexe, chemische Fabrik ist, die dem individualisierten Schwingungsträger — dem Menschen an sich — durch die Stoffwechselprozesse die Energien und Stoffe liefert, die er benötigt, um sich wie eine Rose entfalten zu können.“

liche Raumozean – von ihnen »Okeanos« genannt – die Grundlage aller Bewegungen ist. In diesem Sinne ist er »Beweg-tes«, »Beweger« und elastisches »Medium« in einem. Nach ihrer Lehre sind alle Dinge und Daseinsformen, vom kleinsten Nuklearteilchen bis zur größten Galaxie, von der kleinsten Mikrobe bis zum gewaltigsten Lebewesen, lediglich seine unendlich vielfältigen und vielschichtig differenzierten Bewegungs- oder Schwingungszustände.
So, wie durch die inneren Bewegungen eines gewöhnlichen Ozeans die unterschiedlichsten Wasserwellen entstehen, sich wandeln und vergehen, so erzeugen die inneren Bewegungen des »Okeanos« die unzähligen Mikro- und Makrowelten, um sie wieder hinwegzuraffen. Daß diese Welten nicht aus festem, unveränderlichem Material bestehen, wie es uns unsere Wahrnehmungsorgane suggerieren und nicht aus unzerstörbaren, unteilbaren, in sich bewegungslosen, unverformbaren Teilchen, wie es die Materialisten gern gesehen hätten, ist durch die Forschungsergebnisse der modernen Wissenschaft längst bewiesen.

Ein Punkt aus Druckerschwärze ist ein Mikrokosmos

In seinem Buch: »Darstellung und Dokumentation der Nuklearphysik«, hat der Autor und Sachkenner Gustav Schenk, die wirkliche Beschaffenheit der Materie wunderschön aufgezeigt. So schreibt er beispielsweise in bezug auf den Mikrokosmos:
„Jeder Satzpunkt in diesem Buch ist ein Universum! Er soll nicht etwa ein Symbol sein für ein erdachtes Weltall – ein Punkt aus Druckerschwärze ist wirklich ein unübersehbarer Kosmos. Für unsere begrenzten Sinne bleibt er ein Punkt aus Ruß, auch wenn wir ihn mit dem Lichtmikroskop auf das Dreitausendfache vergrößern. Dehnt man ihn mit dem Elektronen-

mikroskop auf das Hunderttausendfache aus, dann löst er sich nur in mehrere kleinere Punkte auf: die substanzlose Leere zwischen einer Punktvielzahl wird sichtbar, und jeder Einzelpunkt unterscheidet sich in nichts von dem Punkt in einem Buchsatz, wie er hier und in allen Büchern vor unseren Augen liegt.
Jenseits der Topographie einer extremen Optik erstreckt sich innerhalb des Punktgefüges ein Weltsystem von ungeheurer Weite und wilder Aktivität. Mit unseren Sinnen können wir den anderen, kleinsten, abgründigsten Teil des gesamten Universums nicht unmittelbar erreichen. Die schwingenden Wirkfelder, Knäuel von Wellen, die Wirbel der unendlich kleinen Partikel, die Knoten aus Energie, winzige Strudel aus Materie und Verdichtungen von Strahlen tauchen auf, verschwinden, erzeugen sich, wandeln sich um, verstärken sich aus sich selbst und sie erscheinen stofflich, um sich wieder zu einem Nichts zu verflüchtigen.
Diese unsichtbare, scheinbar noch nicht ins Dasein getretene Potenz, ein Nichts, das nicht nichts ist und das ungreifbar, unsichtbar lauert, bis die trillionstel Sekunde seines Daseins anbricht, in Licht oder Materie sich konstituiert – mit ihm beginnt ein Universum von einer Größenordnung, die wir die Ordnung der Atome nennen. Ich habe den gedruckten Punkt mit einem stählernen Meßgerät ausgemessen, dabei schon vereinigten sich die wildbewegten Atome der Oberfläche der Druckerschwärze mit den schwingenden atomaren Teilchen an der Grenzfläche des Stahls.
In Wahrheit war der Rußpunkt ebensowenig mit genauen Längeneinheiten vergleichend zu messen, wie eine wildbewegte ozeanische Woge mit Brandungsschaum als Maßstab vermessen werden kann. Die glatte, stahlharte Außenfläche der Metallskala ist nämlich uneben, voller Krater, Hügel, Falten, Blasen, Risse und Schluchten. Diese chaotische Relieflandschaft der stählernen Oberfläche verändert sich dauernd. Die Kuppen, Vertiefungen, Löcher und Beulen sind nicht fest, nicht wie in einem Schlackenstück erstarrt – sie bestehen nicht aus dem, was wir Stahl nennen, sondern sie stellen eine brodelnde,

vibrierende, ununterbrochen schwingende Materie dar, die keiner Materie gleicht, die wir kennen oder mit der wir sie vergleichen könnten.
Das All ist Bewegung und sonst nichts! In der Sprache der Nuklearphysik hat sich diese Erkenntnis niedergeschlagen, gestützt durch eine physikalische Realität, die durch zahlreiche Experimente deutlich wurde. Die Wissenschaftler sind durch ihre Experimente gezwungen worden, das Unsagbare auszusprechen, nämlich die Tatsache, das All ist Bewegung und sonst nichts. Und zwar ist das sich Bewegende ein schwingendes Feld, das überall ist und in alle Ewigkeiten sein wird, immateriell, ein Urgrund des Alls. Was wir Materie nennen, ist örtliche Störung des Feldes, zufällige Erregung, Störungsflecken auf einem ungeheuren Medium von sonst schlackenloser Reinheit."
In Platons Theaitetos findet sich eine großartige Stelle, die eindeutig belegt, daß auch für die antiken Denker die Welt nicht nur durch Bewegung entsteht, sondern »Bewegung ist«! Es ist ein Dialog zwischen Sokrates und Theaitetos, in dem Sokrates seinem Gesprächspartner die wahre Ursache und Grundlage der Welt aufzeigen will. Selbstverständlich teilt er ihm das Geheimnis der wahren Philosophen, das als Lehre eines unbekannten Sophisten allgemein bekannt geworden ist, nur unter dem Siegel strengster Verschwiegenheit mit. Um die Geheimhaltung sicherzustellen, sagt Sokrates daher als Erstes: „*Sieh dich aber wohl um und habe acht, daß uns nicht einer von den Uneingeweihten zuhöre. Dies sind aber die, welche von nichts anderem glauben, daß es sei, als von dem, was sie recht herzhaft mit beiden Händen greifen können, das Handeln und Werden aber und alles Unsichtbare gar nicht mit unter dem, was ist, wollen gelten lassen.*"
Darauf erwidert Theaitetos: „*Das sind ja verstockte und widerspenstige Menschen, Sokrates, von denen du redest.*"
Sokrates antwortet: „*Jene freilich, Kind, sind sehr roh. Viel preiswürdiger aber sind diese, deren Geheimnisse ich dir jetzt mitteilen will. Der Anfang aber, an welchem auch, was wir vorhin sagten, alles hängt, ist bei ihnen der, daß alles Bewegung ist*

und anderes außerdem nichts. Von der Bewegung aber zwei Arten, beide der Menge nach unendlich, deren eine ihr Wesen hat im Wirken, die andere im Leiden."
Auf diese beiden entgegengesetzten Bewegungen oder Schwingungen mit ihren ungleichen Grundeigenschaften kommen wir noch zu sprechen. Sokrates war nicht der einzige Philosoph der Vergangenheit, der wußte, daß der Raum als »Bewegtes, Beweger und Medium in einem« die Grundlage und Ursache von Weltsein und Leben ist. In fast allen Kosmogonien der Überlieferungen wird dieser Sachverhalt mehr oder weniger verschlüsselt mitgeteilt. Weil Bewegung Zeit und Zeit Bewegung ist, werden darin die beiden Begriffe oft ausgetauscht. Auch wechselt die Bezeichnung dieser göttlichen Urmacht sehr häufig zwischen Personenhaftem und nicht Personenhaftem. Daher wird der Weltkreis oder Zeitlauf in manchen Überlieferungen als persönliche, sich bewegende Gottwirklichkeit dargestellt, denn nur wenn der Raum sich in sich bewegt, sich wellt, gibt es Welten. Verharrt er in Ruhe, existieren sie nicht und es ist »Weltennacht«. Erst wenn die Bewegungen zu neuem Leben erwachen, beginnt ein neuer »Weltentag«.
So heißt es denn auch in altindischen Texten folgerichtig: *„Dieser Gott steht auf"* — beendet also seinen Zustand der Ruhe — *„und tritt seinen Gang an, der schöpferische Bewegung ist! Wandernd war dieser Urgott fürwahr. So schuf er einst die Welt und alle Mächte — wandernd!"*
Aus dem gleichen Grund steht in unserer Bibel: *„Und sie höreten die Stimme Gottes des Herrn, der im Garten ging, da der Tag kühl worden war."* In seiner Eigenschaft als Schwingungserzeuger, bewegt er sich also ebenfalls. Weil die altindischen Weisen dem »Beweger« — der Ursache aktiver Veränderung — bei der Namengebung einen höheren Stellenwert eingeräumt haben, nannten sie ihn zum Beispiel als Gott personifiziert »Savitar«. Das bedeutet in unserer Sprache: „Der die Regel des Werkes kennende Beweger oder Antreiber." Mit der Wahl des Wortes »Savitar« haben die vorzeitlichen Namengeber die Tatsache berücksichtigt, daß die kosmischen Bewegungen, die nach ihrer

Meinung die Welt ausmachen, in ihren Abläufen einer Regel oder Gesetzmäßigkeit unterliegen, die alles Zufällige von vornherein ausschließt. Eine sehr schöne Allegorie verdeutlicht dies besonders anschaulich. Darin heißt die als Gott personifizierte Bewegung »Kala«, zu deutsch »der Treiber«. In diesem Gleichnis symbolisiert ein Pferdewagen das »Bewegte«, galoppierende Pferde, die den Wagen ziehen, den »Beweger« und die holprigen, kurvenreichen Straßen des alten Indien, über die das Gefährt dahinrollt, das »Medium«, das die Bewegungen des Fahrzeugs in »vorgegebenen« Bahnen zuläßt.

„Wie ein mit feurigen Rossen bespannter Wagen rast »Kala« dahin. Ihm gehören alle Wesen, die, von ihm getrieben, das Geschehen vorwärts bringen. Er jagt dahin als erster und als höchster der Götter. Vielfach gießt Kala seine Fülle in das Weltall aus. Er ist alle Wesen, ihr Schicksal, ihr Erzeuger, Erhalter und Vernichter. Er ist des Weltalls Herrscher! Wenn »Kala«, der als Schlange symbolisiert wird, sich zusammenringelt, welken alle Welten, wenn er sich wieder aufringelt, erstehen sie erneut!“

Mit anderen Worten, wenn die Schwingungen zur Ruhe kommen, gibt es keine Welten, sondern nur den unermeßlichen, die Keime der neu erstehenden Welt in sich tragenden »Okeanos«, den ewig »Seienden«.

Der »Raum-Ozean« ist Ursache, Grundlage und Behälter allen weltlichen Seins

Ihm, dem »Ungeborenen«, »Unvergänglichen«, wie der Raum in anderen Überlieferungen genannt wird, sind alle Welten eingewoben. Der jenseits von weltlichem Sein oder Nichtsein west, sich aber dennoch in allen Welterscheinungen kundtut, weil alle Dinge und Daseinsformen räumlich sind. Dem Werden und Vergehen einer Großweltepoche nur ein Augenzwinkern ist und Welt und Weltenschicksal ein gewaltiges Spiel. Er, der unermeßliche Raumozean ist der gemeinsame Nenner aller Dinge und Daseinsformen, künden alle Weisen.

Nur auf ihn läßt sich alles zurückführen, ob es sich nun um das kleinste Teilchen der Nuklearphysik, oder die größte Sonne der Astronomie handelt. Er ist das Bleibende in diesem Strom von Werden und Vergehen, — das »Ewige«! Immer war er, immer ist er, immer wird er sein! Er, der „Elternlose", wie ihn andere Weise benannten, wurde weder jemals hervorgebracht, noch kann er jemals vergehen. Dagegen sind alle seine Bewegungszustände, wir und die für uns erfahr- und erfaßbare Welt, ausnahmslos endlich und vergänglich.
Nach den Überlieferungen ist daher der »Raum«, der oder das ewig »EINE«, das »Wirkmächtige«, das in sich alle Welten erzeugt und wieder hinwegrafft nach seinen eigenen ehernen Gesetzen, ohne sich als Ganzes zu wandeln. Er ist das »Wesentliche«, der oder das in allem totlos »Wesende«, das »Wesen aller Welten«, die alle nur seine inneren Bewegungsformen sind. So heißt es zu Recht in der Bibel: *„Denn durch ihn ist alles geschaffen, das im Himmel und auf Erden ist, das Sichtbare und das Unsichtbare. Es ist alles durch ihn und zu ihm hin- und zurückführend geschaffen. Er ist vor allen, und es bestehet alles in ihm!"* (Kol. 1/Ep. 1/V 15—17).
Außer dem Raum in seinen vielschichtigen Zustandsformen gibt es nichts. Er ist ohne Anfang, ohne Ende und läßt sich auf nichts mehr zurückführen. Wegen seiner Unendlichkeit ist er als Ganzes formlos, kann nicht zu- oder abnehmen und teilt sich niemals in »Zwei«! Deshalb war er für die Wissenden früherer Epochen der »Zweitlose«, der »EINE«, dem nichts gleicht, weil zu einem Vergleich eben zwei nötig sind. Dieser »EINE«, als Ursache, Grundlage und Behälter weltlichen Seins, ist kein leerer Raum, sondern so, wie die gewaltigen Salzwasseransammlungen auf unserer Erde die Weltmeere ausmachen, so bedingen die Wasser des Raumes den »Okeanos«. Daß auch für einige Bibeltextverfasser die Welt ihre Existenz den schwingenden Wassern des Raumes verdankt, geht zum Beispiel aus der 2. Ep. S. Petri, Kap. 3 Vers 5 und 6 hervor. Darin heißt es in bezug auf die Spötter: *„Aber Mutwillens wollen sie nicht wissen, daß der Himmel vor Zeiten auch war, dazu eine Erde, »aus*

Wasser« und »im Wasser« bestanden, durch Gottes Wort. Dennoch ward zu der Zeit die Welt durch dieselbigen Wasser mit der »Sintflut« verderbet!"

Es liegt auf der Hand, daß hier nicht vom Wasser unserer Alltagserfahrung die Rede sein kann, denn Himmel und Erde bestehen nicht aus dem uns bekannten kostbaren Naß. Das weiß auch der Dümmste und wir können getrost davon ausgehen, daß das den Textverfassern ebenfalls bekannt war. Selbst wenn Himmel und Erde früherer Weltzeitalter aus und in gewöhnlichem Wasser bestanden hätten, so wären sie schwerlich durch das Ansteigen einer großen Wasserflut in demselbigen verdorben. Wir haben es hier mit absichtlich eingebauten Widersprüchen zu tun, die uns warnen sollen, die Aussagen wörtlich zu nehmen. Solche Prüf- und Stolpersteine sind untrügliche Zeichen für eine verschlüsselte Aussage. Hat aber der Hauptbegriff nur symbolischen Wert, gilt das auch für alle anderen. So steht in diesem Falle das Wort »Himmel« für die unsichtbare feinstoffliche Welt, die sich unserem sinnlichen Erfahrungsbereich völlig entzieht und »Erde« für die grobstofflich-materielle Welt, die Gegenstand unserer Wahrnehmungen ist. Mit der großen Flut, der »Sintflut«, ist der schwingungslose Zustand des »Raumozeans« gemeint, wo die ruhenden, unterschiedslosen »Wasser des Raumes« vorherrschen, in denen die Welt versunken ist und aus deren Fluten sie immer aufs Neue emporsteigt. Es ist die »Weltennacht« der indischen Weisen, der »Arche Noah« – zu deutsch: Mann der Urruhe, der Bibel oder das »kosmische Ei« der Philosophen. Der Zustand des Raumes, in dem weder eine mit Schaukraft begabte, erkennende Welle, noch eine erkennbare materielle Welt existiert, der aber die Keime oder Ursachen für das erneute Erscheinen der Welt dennoch in sich trägt.

In stockfinsterer Nacht ist die Welt ja nicht verschwunden, sie ist nur unsichtbar und in einem Ei, einem »Keimträger«, ist zum Beispiel das Huhn längst enthalten, auch wenn man es bei intensivster Suche nicht entdecken kann. Symbolisch ist das kosmische Ei der Philosophen ein »Schlangenei«, weil es die zur Ruhe gekommenen Schwingungen – im Sinnbild die Schlangenkeime – in einer Phase latenter Ruhe immer noch enthält. Sie sind ja nicht für immer erstorben, sondern schlafen nur, wenn der Pulsar der Weltschöpfung an seinem inneren Umkehrpunkt gegen Null gelaufen ist und die ruhenden, unterschiedslosen Wasser des Raumes als »große Flut« vorherrschen, in denen die Welt untergegangen ist. Schwingt der Pulsar wieder von innen nach außen, führt er den schlummernden »Weltenkeimen« erneut »Schwingungsenergie« zu, wie die Frühlingssonne den Samen der Blumenbeete und erweckt sie damit zu neuem Leben.

Die entschlüsselte Geheimlehre der H. P. Blavatsky – kosmische Evolutionslehre aus den Strophen des »Dzyan«

In einer sehr alten, aber arg verschlüsselten kosmischen Evolutionslehre Indiens, den sogenannten »Strophen des Dzyan«, wird die Weltennacht in etwa so beschrieben:

Strophe 1

1. *Der pulsierende Raum, die an- und abschwellende »ewige Mutter«, gehüllt in ihre immer unsichtbaren Gewande, hatte wieder einmal während sieben Perioden geschlummert.*

2. *Es gab keine Bewegung und daher keine Zeit, denn sie lag schlafend im Schoße des »Unendlichen«, – der ewigen Dauer.*

3. *Das Universalgemüt war nicht vorhanden, denn es gab keine erkennende, feinstoffliche Himmelswelt, es zu enthalten.*

4. *Die sieben Wege innerhalb der sieben Bewußtseinsebenen, die zur Seligkeit der Wonne »Nirwanas« führen, existierten nicht. Die großen Ursachen des Leidens waren nicht vorhanden, denn es war niemand da, sie hervorzubringen oder in sie verstrickt zu werden.*

5. *Dunkelheit, das Nichterkennen allein erfüllte das unend-*

liche All, denn Vater, Mutter und Sohn waren wieder einmal »Eins« und der Sohn war noch nicht erwacht für das neue Weltenrad und seine Wanderung auf demselben, — dem Kreislauf seiner Wiedergeburten.

6. Nicht nur die sieben Wahrnehmungsorgane als die jeweiligen Beherrscher der sieben erfaßbaren Wirklichkeiten auf den sieben Bewußtseinsebenen des Fühlens, Hörens, Riechens, Schmeckens, Sehens, Denkens und geistig Schauens hatten aufgehört zu sein, sondern auch die Bewußtseinsebenen selbst; denn das Weltall, der Sohn der Notwendigkeit, war in den ruhenden Wassern des Raumes untergetaucht, um wieder ausgeatmet zu werden von dem, das ist und dennoch nicht ist. Nichts war!

7. Die Ursachen des Daseins waren beseitigt; die alte Welt — das Sichtbare, welches war — und die Wasser des Raumes, — das Unsichtbare, welches ist — ruhten im ewigen Nichtsein — dem »Einen Sein«.

8. Allein erstreckte sich die eine Form des Seins, unbegrenzt, unendlich, unverursacht, in traumlosem Schlafe; und das Leben pulsierte unbewußt im Weltenraume durch jene »Allgegenwart«, welche nur dem geöffneten Auge des »Sehers«, der erwachten Schaukraft wahrnehmbar ist.

9. Aber wo war die Schaukraft, als die Grundlage des Weltalls »über allem Erfassen« und das große Weltenrad das »Elternlose« war?

Strophe 2

1. Wo waren die Bauleute, die Wirkkräfte, welche die Welt erbauen, wo die erkennenden Schaukraftträger, die leuchtenden Söhne des aufdämmernden Weltentages in dem unbekannten »Dunkel« ihres feinstofflichen »Absolutseins«? Wo waren die Hervorbringer der Form aus der Nichtform, — der Wurzel der Welt? Wo waren sie, die Schaukraft und Trägheit bedingenden Bewegungen des aktiven Raumes? Sie ruhten in der Wonne des »Nichtseins«!

2. Wo war die Stille? Wo waren die Ohren, sie wahrzunehmen? Nein, da war weder Stille noch Laut: nichts als ununterbrochener ewiger Atem, der sich selbst kennt!

3. Die Stunde hatte noch nicht geschlagen; der Strahl der »Urschwingung« war noch nicht in den »Keim« geblitzt. Der lokale Raum als Gebärmutter — der »Mutter Lotus« — war noch nicht geschwollen, denn seine Expansion hatte noch nicht begonnen.

4. Sein pulsierendes Herz war durch den Pulsar der Weltschöpfung noch nicht geöffnet worden. Der »eine Strahl« als Dreiheit Beweger, Bewegtes und Medium in einem, war noch nicht in die »Vierheit« der vier Grundschwingungsarten aufgeteilt. Der »Vierheit«, die den Nährboden der großen Illusion bildet, wenn sie sich im »Schoße der Maya« bewegt.

5. Die sieben Bewußtseinszustände waren noch nicht von den miteinander verknüpften, schaukrafterzeugenden Schwingungen, — dem »Lichtgewebe« — geboren. Das »Dunkel allein«, das Nichterkennen war »Vater-Mutter«, nämlich das Erkennende, Zeugende und das Empfangende, Erkennbare der plastischen Essenz, die als Wasser des Raumes das Weltall erfüllt.

6. Diese zwei, der erkennende und der erkennbare »Schwingungszustand« in latenter Ruhe, sind der Keim und der Keim ist »Einer«, — das kosmische Ei. Das Weltall war noch im »Gottesgedanken«, und daher, als Vorstadium des Werdens, im Nährboden des göttlichen »Busens« verborgen.

Strophe 3

1. Die letzte Schwingung der siebenten Periode duchdringt die »Unendlichkeit«. Der lokale Raum, die »Mutter«, schwillt und breitet sich expandierend aus von innen nach außen, wie die Knospe des Lotus.

2. Die Pulsschwingung der Weltschöpfung breitet sich aus, sie berührt mit ihrem schnellen Flügel das ganze Weltall und den Keim, der in der Dunkelheit, dem »Unerkennbaren« wohnt, dem »Unerkennbaren«, der über den schlummernden »Wassern des Lebens« atmet.

Abbildung 47
Der hermetische Androgyne.
Er allegorisiert die Dualität von »Seher« (weiß) und Körper (schwarz).

3. Die Dunkelheit, das »Unerkennbare« strahlt das »Erkennende« aus und das Erkennende sendet einen einzelnen Strahl, den »Seher« als individualisierten Schaukraftträger, in die Wasser des Raumes der »mütterlichen Tiefe«, zu den empfangenden Schwingungen der materiellen Welt, — dem »Mare Maria«.

4. Der Strahl durchdringt das »jungfräuliche, geschlechtslos empfangende Ei«. Er macht das »ewige Ei« erzittern. Er versetzt es in Schwingungen und bringt damit den nichtewigen Keim hervor, der sich zum »Weltenei« verdichtet, — der Kausalität von Ursache und Wirkung.“

Ich hoffe, daß dieser kleine Auszug aus den geheimnisvollen »Strophen des Dzyan« gezeigt hat, daß die Welt für die Überlieferer sinnbildlich tatsächlich durch »Wässern« der Weltenkeime entstanden ist, die sich, dadurch aufquellend, zur neuen Welt entfalten. Nach der »Lehre vom Wassermann« verhalten sich Weltenkeime und Welt zueinander, wie Schlangenei und Schlange, weil in beiden Fällen das eine das andere bedingt. Auch für das Werden und Vergehen der Welten gilt: „Ohne Weltenkeim keine Welt und ohne Welt kein Weltenkeim!“

Wenn Gott spricht, entsteht die Welt?

Der von innen nach außen schwingende, auf Weltwerden programmierte Pulsar der Weltschöpfung, der das »ewige Ei« zum Schwingen und damit zur Entfaltung bringt, ist symbolisch »Gottes Wort«. So gesehen, hebt erst das »Sprechen des Schöpfers« die Welt ins Dasein.
Weil das die Materialisten offenbar zu allen Zeiten nicht wahrhaben wollten und für die schwingenden Wasser des Raumes bestenfalls ein müdes Lächeln übrig hatten, steht in der Bibel: *„Aber Mutwillens wollen sie nicht wissen, daß der Himmel vor Zeiten auch war, dazu eine Erde, »aus Wasser und im Wasser bestanden«, durch »Gottes Wort«.“*

Ein gesprochenes Wort ist eine sinnenthaltende, zweckgerichtete Luftschwingung, wie wir sie in bezug auf ihren physikalischen Sachverhalt bereits kennengelernt haben. Ersetzen wir den Begriff »Gott« durch »Raum« und »Wort« durch »Schwingung«, symbolisiert »Gottes Wort« in diesem Falle die sinnenthaltende, zweckgerichtete »Raum — Schwingung«, die Weltsein und Leben ausmacht. Die Welt entsteht nicht nur durch »Gottes Wort«, sie ist Gottes Wort — »Raum — Schwingung«! Mit diesem Schlüssel löst sich nun auch das paradoxe Rätsel im Johannes Evangelium Kap. 1, Vers 1-5 und 9-10 in Wohlgefallen auf. Dort steht nicht etwa »am Anfang war der Wasserstoff«, sondern:
„*Am Anfang war das Wort, und das Wort war bei Gott, und Gott war das Wort. Dasselbige war im Anfang bei Gott. Alle Dinge sind durch dasselbige gemacht, und ohne dasselbige ist nichts gemacht, was gemacht ist. In dem Wort war das Leben, und das Leben war das Licht der Menschen. Und das Licht scheinet in der Finsternis, und die Finsternis hat's nicht begriffen. Das war das wahrhaftige Licht, welches alle Menschen erleuchtet, die in diese Welt kommen. Das Wort war in der Welt, und die Welt ist durch dasselbige gemacht, und die Welt kannte es nicht!*“
Obwohl wir die in diesem »Geheimtext« enthaltenen Symbole bereits an anderer Stelle besprochen haben, wollen wir sie doch kurz durchgehen. Mit »Anfang« ist in allen vorzeitlichen Kosmogonien der Beginn aller Dinge gemeint, weil nur die »Welle« — die Welt — kommt und geht, der Raum aber ewig ist. Den Begriff »Das Wort« können wir der Einfachheit halber mit »Bewegung« übersetzen und dabei im Auge behalten, daß sich dahinter das Dreigespann »Bewegtes — Beweger — und Medium — in Einem« verbirgt. Für »Gott«, der ja in seinem aktiven merkmalbehafteten Zustand alle drei ist, setzen wir »Raum« ein.

Abbildung 48
Der Hermaphrodit als Allegorie des »Steins der Weisen«.
Nürnberger Bilderhandschrift im Berliner Kupferstichkabinett, um 1530 (Ausschnitt)

Finsternis symbolisiert in der Regel die Unwissenheit der Unwissenden, denn sie tappen ja bekanntlich im Dunkeln. »Licht« steht hier für die »Schaukraft«. Sie ist eine von den drei fundamentalen Grund-Eigenschaften des schwingenden Raumes. Sie ist nach Meinung der Überlieferer in den feinstofflichen »Himmels-Welten« vorherrschend, während ihre Zwillingsschwester, die »Trägheit«, das dominierende Merkmal der grobstofflichen, materiellen Welten ist. Beide verdanken ihr Dasein der dritten, der »Aktivität«, der dynamischen »Bewegung« als Dreigespann Beweger, Bewegtes und Medium. Beseelt und belebt die »Schaukraft« – als »Individualität« die Krone der Schöpfung, weil sie das »lebendig Herrschende« in allen Wesen ist – einen materiellen Organismus, heißt sie in den Überlieferungen »Der Seher« oder »Der Mensch« (Abb.47 S. 198; Abb. 48, S. 200). Das Wort »Mensch« ist wahrscheinlich vom lateinischen »mens« abgeleitet, das soviel wie »erkennender Geist« bedeutet.

Setzen wir nun alle Begriffe an die richtige Stelle, lesen wir im Johannes-Evangelium folgendes:

„Am Anfang aller Dinge war die Bewegung und diese Bewegung war im Raum, denn der Raum war die Bewegung. Diese Bewegung war am Anfang aller Dinge mit dem Raum identisch. Alle Dinge sind durch diese Bewegung gemacht und ohne diese Bewegung ist nichts gemacht, was hervorgebracht ist. In dieser Bewegung war auch die Lebensschwingung enthalten und diese Lebensschwingung war die »Schaukraft«, der »Seher«. Und diese Schaukraft verhält sich erkennend in den Unwissenden und die Unwissenden haben es nicht begriffen. Das war die wahrhaftige »Schaukraft«, welche alle »Seher« erkennen läßt, die in diese Welt kommen. Diese Bewegung war in der Welt und die Welt ist durch diese Bewegung gemacht und die Welt kannte sie nicht.“

Das Lustprinzip

Von dieser Bewegung, der »Aktivität«, wie sie die Weisen Altindiens nannten, gibt es, wie wir schon von Sokrates wissen, zwei Arten. Genaugenommen handelt es sich dabei um zwei einander entgegengesetzte »Schwingungs-Zustände«, die unterschiedliche Eigenschaften besitzen. Diese beiden Schwingungszustände werden in der Regel durch zwei Schlangen symbolisiert, die sich um eine Ruhelage winden. Der »Aesculap-Stab« der Ärzteschaft ist wohl das bekannteste Symbol dieser Art. In seiner abstraktesten Form wird dieses Sinnbild zum Omega-Zeichen, dem Symbol für den inaktiven »Okeanos«. Zeichnerisch erhält man es, wenn man dem großen Buchstaben »S« sein Spiegelbild anfügt (SƧ). Das eine »S« steht dann für die Schwingung, die ihr Wesen hat im Wirken, wie es Sokrates formulierte, und das spiegelbildliche »S« für die andere, die für das Empfinden des Leidens verantwortlich ist.

Die erste, die ihr Wesen im Wirken hat, ist in der grobstofflichen Materie beheimatet und läßt unter anderem durch zunehmende Aktivität, die Temperatur vom absoluten Nullpunkt an nach oben klettern. Das Produkt ihrer Aktivitäten ist also mehr oder weniger Wärme. Physikalische »Kälte« als Gegensatz zur physikalischen »Wärme« gibt es nicht. Es hängt allein von den Eigenschwingungen des Empfindenden ab, welche Temperatur ihm Kälte und welche Wärme bedeutet. Ein Eskimo in Grönland wird da ganz andere Ansichten vertreten als ein Äquatorbewohner, und ein überhitzter Eiskunstläufer wird nur sehr schwer verstehen, warum seine zu dünn bekleidete Freundin auf der Freilichttribüne so furchtbar friert. Damit ist die im Grobstofflichen wirkende Schwingung unter anderem für die druck- und temperaturabhängigen Aggregatzustände fest, flüssig, gasförmig und plasmisch verantwortlich.

Durch die im Feinstofflichen wirkende zweite Bewegungsart bekommen die vier Aggregatzustände des Materiellen in den

vier »Bewußtseins-Zuständen« des Lebendigen ihre Entsprechung. Pflanzliches, tierisches, menschliches und himmlisches Bewußtsein – wenn ich das Letztere einmal so nennen darf –, sind also ebenfalls bewegungsabhängige Zustände, deren Empfindungsskala vom absoluten Nullpunkt der Leidlosigkeit an nach oben klettert. Das von der zweiten Schwingungsart hervorgebrachte Phänomen ist also Leiden zu empfinden. Darum die einhellige Meinung der großen Weisen, »Das Leben ist Leiden«, denn analog zur Wärme der Physik gibt es, den Aktivitäten dieser Schwingungsart gemäß, nur spannungsbedingt mehr oder weniger leidvolle Empfindungen, aber keine physikalische Lust als Gegensatz. Auch hier hängt es von den Eigenschwingungen des empfindenden Bewußtseins ab, welche Schwingungsänderung ihm lustvoll und welche ihm leidvoll erscheint. Der Mozartverehrer wird da anderer Meinung sein als der jugendliche Beatnik und die Vorstellungen eines Masochisten unterscheiden sich beträchtlich von denen seiner Mitmenschen. Nur eines ist allen gemeinsam: Nimmt der Spannungszustand ihres Bewußtseins zu, erfahren sie zunehmend leidvolle Empfindungen, nimmt er ab, empfinden sie weniger leidvoll, und diese mehr oder weniger kurze Zustandsänderung erscheint in ihrem Bewußtsein als Lust.
Die Suche vieler Menschen nach dauerhafter oder gar ewiger Lust ist also zum Scheitern verurteilt. Vielleicht sieht man deshalb mehr betrübte als fröhliche Menschen. Das einzige, was unter großen Opfern durch Yoga erreichbar ist, ist ewige Leidlosigkeit durch »Einswerdung« mit dem »ewig Unveränderlichen«, dem merkmallosen Raum als unerkennbarem »Gott«. Ein völlig spannungsloser, weil bewegungsloser Zustand, über den in Ermangelung von Unterschieden keine Aussagen gemacht werden können. Nach meinem Verständnis kann es darin weder uns geläufiges Erkennen noch für uns erfaßbare Individualität geben, weil diese von uns so geschätzten »Kains-Male« ihre Existenz der Bewegung verdanken.
Genaugenommen eben zwei Bewegungsarten, wie allerorten betont wurde. Diese beiden einander entgegengesetzten

Schwingungszustände bedingen nach der »Lehre vom Wassermann« zwei total verschiedene Welten mit unterschiedlichen Eigenschaften. Feinstofflich, erkennend, lebendig, durch ungeschlechtliches Einbringen der Lebenskeime organisches Leben erzeugend die »Vater-Welt«, und grobstofflich, träge, nichtlebendig, die Lebenskeime empfangend und austragend, die »Mutter-Welt«, die Materie.

Der Sinn des Lebens

Durch das »Individuations-Prinzip«, wahrscheinlich ein bestimmten Gesetzen folgender »Verwirbelungs-Mechanismus«, entsteht erkennende »Individualität«, ein »Sohn der Vater-Welt«, den altindische Weise den »Seher« nannten. Verläßt dieser »Sohn« den Vater und zieht wie Odysseus oder Sindbad der Seefahrer in 1001 Nacht hinaus in die materielle Welt, dem »Mare-Maria«, um das Abenteuer »Welt« im Kreislauf seiner Wiedergeburten zu erleben, verbindet er sich zwangsläufig mit den Komponenten des Grobstofflichen und erzeugt darin das Kind der beiden Welten, die Fülle und Vielfalt des organischen Lebens.

Nunmehr, der materiellen Welt verfallen, von ihren Gesetzen gefangen, gefesselt und an den Felsen des Materiellen geschmiedet, ans »Kreuz des Leidens« geschlagen, Qualen und Tod schmeckend, weiß er weder wie noch warum er in diese Welt kam und fragt sich im menschlichen Bewußtseinszustand nach dem Sinn des Lebens. Er, ein Abenteurer, der dem mit großem Wagnis verbundenen Drang ins Unbekannte nicht widerstehen konnte, weil er die besondere Fülle und Intensität des »Welterlebens« bewußt suchte, hat nun vergessen, daß es sein Wille war, das »Abenteuer Welt« zu erleben und kann nicht begreifen, warum ihm soviel Leid geschieht. Oder ist das Leben im Kreislauf der Wiedergeburten durch die unzähligen Welten und Bewußtseinsebenen, von der kleinsten Mikrobe bis hin zum größten Riesensaurier, etwa kein Abenteuer?

Die wechselnden Masken der physischen Körper, lateinisch »Personas«, mit den Elementen der Trägheit, die dem Wollen Widerstand entgegensetzen und durch die Wahrnehmungsorgane bedingt, nicht nur im menschlichen Körper »Weltliches-Erkennen« ermöglichen? Die Geburt als lebendiges Wesen, der Lernprozeß, der Teile des materiellen Körpers, diesem Wunderwerk an Präzision und Funktionstüchtigkeit, dem Willen unterordnet? Das »Ich-Erleben«, mit all seinen Färbungen und Varianten? Ist das nicht auch im menschlichen Erdendasein ein einziges Abenteuer? Die Kindheit mit der Erforschung der unmittelbaren Umwelt? Der erste Roller, das Dreirad, das Rad? Der Kindergarten, die Schule? Die ersten Freunde und Feinde? Die Auseinandersetzung mit der tückischen und heimtückischen Umwelt? Die erste mehr oder weniger zarte Beziehung zum anderen Geschlecht mit der großen Liebe und Enttäuschung? Ist das nicht alles ein einziges großes Abenteuer? Der Beruf mit all seinen Problemen und Vorteilen? Die Ehe und der unter Umständen damit verbundene »dreißigjährige Krieg«? Die eigene Wohnung, das erste Haus mit Grasgarten und Swimming-Pool? Die eigenen Kinder mit den damit verbundenen Freuden, Sorgen und Ängsten? Das Hobby, der Urlaub? Die Reisen in fremde exotische Länder? Das Streben nach Besitz, Herrschaft, Macht und der damit unausweichlich verbundene Konflikt mit der Umwelt, der allzuoft Tod und Verderben für viele Mitlebewesen zur Folge hat? Die Krankheit, das Altern mit Siechtum, Tod und Wiedergeburt? Auch das sind ja leider Elemente, die dem »Abenteuer Leben« Farbe geben, das der Seher, der »Sohn Gottes«, erleben und erleiden muß, weil er es einst so wollte.

Es ist nicht leicht, die Beziehungen der individualisierten Schaukraft zu den Elementen des Grobstofflichen in einem Vergleich darzustellen. Man könnte den »Seher« mit einem Windwirbel vergleichen, der über eine trockene Sandwüste wandert und dabei den aufgewirbelten feinen Sand zwingt, sich seinen Strukturen anzupassen. Nach der Lehre vom Wassermann gestaltet der »Seher« den materiellen Körper – das Haus,

in dem er wohnt, – mit. Er ist daher symbolisch Zimmermann wie sein Vater, der ja die Welt erbaut hat. Leider ist der von mir angeführte Vergleich »Seher = Windwirbel« und »Wüstensand = Materie« nicht optimal. Zum Beispiel, weil der »Seher« als lebendiger Wirbel des Feinstofflichen die für seine Entfaltung erforderliche Bewegungsenergie von den Stoffwechselprozessen des materiellen Körpers bezieht, während der Windwirbel vom aufgewirbelten Wüstensand nur gebremst wird. Ein zweiter schwerwiegender Grund ist die Tatsache, daß der »Seher« in der Hauptsache ein Pulsar ist, der bei seiner Entfaltung den physischen Körper in sich auf- und einbaut wie ein Schwamm Wasser, um ihn später bei seiner Einfaltung wieder auszustoßen. Ich habe diesen Vergleich nur angeführt, um wenigstens in etwa aufzuzeigen, in welchem Maße meiner Meinung nach »Seher« und Körper verschieden sind. Daß sie verschieden sein müssen, ergibt sich aus einem anderen Sachverhalt.
Dieses Buch ist zum Beispiel nur deshalb mit Druckerschwärze gedruckt, damit zwischen der schwarzen Schrift und dem weißen Papier ein Unterschied besteht. Hätten die Drucker Farbe verwendet, die haargenau dem Buchpapier gleicht, könnte man die damit gedruckte Schrift in Ermangelung von Unterschieden nicht lesen. Erst der Unterschied zwischen der schwarzen Schrift und dem weißen Papier macht das möglich. Das Gleiche gilt selbstverständlich auch für die Beziehung zwischen dem »Seher« und dem bedruckten Papier, denn wäre der »Seher« davon nicht ebenfalls verschieden, könnte er es nicht erkennend auffassen. Die Schwingungen des »Feinstofflichen«, die sich erkennend verhalten, müssen von denen, die für sie erkennbar sind, verschieden sein, sonst kann es weder Erkennen noch Bewußtsein geben. Daraus folgt, daß alles, was der »Seher« erkennend auffassen kann, nicht mit ihm identisch ist. Mit Sicherheit ist er daher weder mit Licht-, Schall-, Druck- und Wärmewellen identisch, noch mit den von ihm riechend oder schmeckend unterscheidbaren individuellen Eigenschwingungen chemischer Stoffe. Da er auch seinen Körper mit all seinen

materiellen Elementen unter entsprechenden Voraussetzungen wahrnehmen kann, ist er nicht im Körperlichen bestanden. Daraus ergibt sich aber auch, daß er sich selbst und alles, was ihm gleich ist, nicht direkt wahrnehmen kann. Auf die Bedingungen, die das indirekt ermöglichen, kann hier leider nicht näher eingegangen werden. Nur soviel sei angemerkt: Auch das ist ohne einen Unterschied zwischen Erkennendem und Erkennbarem nicht realisierbar. Die Welt als erkennender und erkennbarer Schwingungszustand existiert nur durch die und in den bewegungsbedingten Unterschieden. Wäre der »Raum« beispielsweise überall durch und durch gleichartig – homogen, wie das die Wissenschaft nennt –, gäbe es keine Welt, weder »Erkennendes« noch »Erkennbares«.

Durch »Gravieren« entsteht Gravierendes und Gravitation

Nach der Lehre vom Wassermann ist der »Raum« nicht homogen, wie wir gesehen haben. Seine schwingenden, rotierenden, pulsierenden, fließenden Wasser schaffen in seinem Inneren Raumstrukturen, denen die Materie folgen, oder besser, denen sie sich anpassen muß.
Daher befinden sich in ihm, ähnlich wie in einem Schweizer Käse, lauter gesetzmäßig angeordnete Löcher, die alles für sie Erreichbare in sich hineinsaugen, wie die Tentakeln eines Riesenkraken. Die Sogkräfte aber, die in den »Raumlöchern« wirksam sind, nannten die Überlieferer »Gravitation«. Sie hatten gute Gründe dafür. Diese Löcher, Gruben und Gräben im »Raum« werden nämlich durch einen Verwirbelungsmechanismus in den Raum gegraben. Die Überlieferer waren daher zu Recht der Ansicht, daß dieses Graben, oder besser, »Gravieren« die Ursache von Weltsein und Leben ist. Denn so wie eine Gravierung eine in Stein, Metall oder Glas geritzte vertiefte Zeichnung ist, so ist die Welt eine in den Raum gegrabene, gravierte Ziselierung. Erst durch das Gravieren des Raumes

entsteht Gravierendes, Schwerwiegendes, Schwere, schwere Masse, Materie, Schwerkraft oder Gravitation, wird die »Gravüre« hervorgebracht, die wir Welt nennen.
Dabei spielen die Gesetze der Verwirbelung eine entscheidende Rolle. Darum kann man zum Beispiel im »Buch über die Ursprünge des Lebens«, im »Sepher Jetzirah« lesen: „*Gott gravierte in die heiligen Vier den Thron seiner Herrlichkeit, die Räder oder Weltsphären und Himmelskugeln!*"
Was es mit den »Heiligen Vier« auf sich hat, erfahren wir aus einigen historischen Texten der alten Ägypter, die man bei der Stadt Aschmunen, früher Schmun — die Acht — gefunden hat. Die Texte nennen sie »Hehu« und schreiben ihnen die Rolle von »Himmelsstützen« zu. Sie weisen unmißverständlich darauf hin, daß es sich bei den vier Hehus um Vorfahren aus Urzeiten handelt. Diese vier Wesenheiten, die sich schließlich, den beiden einander entgegengesetzten Welten entsprechend, in vier Paare, ein weibliches auf ein männliches, aufteilen, waren:

1.	*Das Urwasser,*	*auf ägyptisch Nun und Naunet,*
2.	*die räumliche Unendlichkeit,*	*ägyptisch Heh und Hehet,*
3.	*das Leere,*	*ägyptisch Keh und Keket, und*
4.	*das Unbekannte, das was verborgen ist,*	*ägyptisch Amun und Amaunet.*

Diese »Achtheit«, wie die vier Paare von den Ägyptern seinerzeit genannt wurden, waren ihrer Meinung nach in einem unauflöslichen Körper vereint und bildeten eine einzige Gottheit. Mit dieser Gottheit identifizierten die Thebaner seinerzeit gern ihren großen Gott »Amun-Re« mit seiner Gefährtin. Amun heißt übersetzt »der Verborgene«. Es ist der Raum als »Absolutes«. Das »merkmallose Sein«, wie es die Inder nannten, über das in Ermangelung von Merkmalen keine Aussagen möglich sind. Das »Nichtbenennbare — Namenlose«, dem die Weisen früherer Epochen nur die vier Mitlaute »JHWH« zuordneten, um zu symbolisieren, daß sie damit den »Unaussprechlichen« meinten.

Auch die Hebräer schrieben ursprünglich nur »JHWH«, setzten aber später die Vokalzeichen »eoa« von »adonaj« hinzu, was hebräisch »mein Herr« bedeutet. Seither hat man in alten und neuen Bibelübersetzungen für »JHWH« Herr eingesetzt. So wurde aus JHWH »JAHWE«, jener Name Gottes, den die Israeliten, angeblich wegen seiner Heiligkeit, nicht aussprachen. Durch Unkenntnis entstand daraus im dreizehnten Jahrhundert die Mißbildung »Jehowa« von »JeHoWaH«. »Re« ist ein altägyptischer Name für die Sonne. In ihrer Eigenschaft als Licht und Wärmespender steht sie hier symbolisch für die Schaukraft. So wie die Sonne in unserer Erfahrungswelt die Voraussetzung für Erkennen und Leben ist, so ist es die Schaukraft für die Welt als Ganzes. Diese Sonne hinter der Sonne, wie sie häufig in den alten Schriften genannt wird, und die durch ihr »Stillstehen« die Einung mit dem merkmallosen Gott herbeiführt, ermöglicht ja erst beides. Ohne sie kann es weder das eine noch das andere geben. So gesehen, ist »Amun-Re« der große Gott der alten Ägypter, der »Verborgene Schaukraftträger«. Daß die aufgezählten vier Attribute, das Urwasser, die räumliche Unendlichkeit, die finstere Leere und das verborgene Unbekannte, auf den »Raum« als zweitloser Realität zutreffen, kann wohl nicht bezweifelt werden. Hinter den »Heiligen Vier« verbirgt sich also die aus den Urwassern bestehende finstere, leere, räumliche Unendlichkeit, deren gewellte »Seinsweise« — die Wellen der Urwasser — die Welt ausmacht.
Die Welt ist Welle und sonst nichts, lehren uns ja auch die Forschungsergebnisse der modernen Physik. Leider leugnen unsere Gelehrten bis heute, daß es im Raum ein schwingendes »Träger-Medium« gibt. In unserer Alltagswelt ist zum Beispiel eine in Schwingungen versetzte Glasplatte ein gut überschaubares Trägermedium, an dem wir sehr schön beobachten können, daß Schwingungen wie eine Backform »Formungs-Kräfte« besitzen. Schwingungen haben nämlich die Eigenschaft, wie eine Prägepresse erhabene oder vertiefte Gravuren zu prägen. Bestreut man die schwingende Glasplatte mit feinem Sand, veranschaulicht sie uns in etwa zweidimensional, wie die

Raum-Schwingungen die dreidimensionale »Gravüre-Welt« hervorbringen.
Die schwingende Glasplatte steht in diesem Falle für die schwingenden Wasser des Raumes, der feine Sand für die materiellen Teilchen im Weltraum und die sich auf der Glasplatte bildende »Klangfigur«, für die sich teilweise unseren Sinnen darbietende Welt. Wer einmal eine Klangfigur betrachtet hat, wird zugeben müssen, daß sie trotz ihrer symmetrischen Formschönheit, doch eher einer Gebirgslandschaft gleicht, als einem homogenen Gebilde. Weil der feine Sand aber nur die Struktur der Schwingungen sichtbar werden läßt, ist es die Schwingung selbst, die hier einer Kraterlandschaft gleicht. Das trifft in noch viel größerem Maße für die schwingende Seinsweise des Raum-Ozeans zu. Würde jemand mit einem superschnellen Raumschiff durch die Relieflandschaft des Raum-Ozeans reisen, hätte er alle Hände voll zu tun, um seinen Raumkreuzer auf Kurs zu halten. Wegen der tückischen, quirlenden Gruben und Gräben im Raum-Ozean gliche seine Weltraumfahrt einem Querfeldein-Rennen.
Er käme sich vor wie ein Achterbahnfahrer, oder ein Flößer auf einem gewaltigen, reißenden, talwärts stürzenden Gebirgsstrom mit gefährlichen Stromschnellen und tötlichen Riffen. Sein Raumschiff würde ständig in eine der mehr oder weniger großen zylindrischen, schlauch-, kugel- oder eiförmigen »Wasserhosen« des Raumes geraten und hineinfallen, wie der Tiger in die Fallgrube, nur um an einem anderen Ende wieder hinauskatapultiert zu werden. Diese titanische Sog- und Fliehkräfte erzeugenden »Strudel-Giganten« des Raum-Ozeans spielten mit seinem Raumkreuzer, wie die haushohen Wellen einer sturmgepeitschten See mit einem Pingpongball. Wenn man aufmerksam in ein fließendes Wasser schaut, kann man beobachten, wie durch Verwirbelung solche Sogkräfte erzeugenden Löcher, Gräben und Gruben im Wasser entstehen und Blätter oder kleine Holzstücke in sich hineinreißen. Auf ähnliche Weise werden auch die Gravitationsfelder in den Wassern des Raum-Ozeans hervorgebracht, die dann die aus Mikrowirbeln

bestehenden Materie-Teilchen und -Teile im Zentrum ansammeln, bis zu Größenordnungen, die wir Monde, Planeten, Sonnen und Milchstraßen nennen.

Der altägyptische Töpfer-Schöpfergott »Chnum-Re«

Wer gern sehen möchte, nach welchem Prinzip die rotierenden, wirbelnden Wasser des Raumes Monde, Planeten, Sonnen und Milchstraßen töpfern, kann das sehr schön beobachten, wenn er glasklares Wasser in einem sauberen Einweckglas rotieren läßt und ein wenig Vogelsand hineinstreut. Dann demonstriert ihm unser gewöhnliches Leitungswasser anschaulich, wie die Wasser des Raumes die Himmelskugeln drehen oder eliptische Galaxien, Spiralnebel und Balkenspiralen formen. Es ist sicher kein Zufall, daß die alten Ägypter den »Widder« mit seinen wuchtig gedrehten spiraligen Hörnern als »Töpfer« darstellten und symbolisch als Schöpfergott »Chnum-Re« verehrten.
Als Schöpfer der Welt und Urheber des Lebens brachte man ihm am Jahresfest der Geburt aller Wesen die Töpferscheibe dar, auf der er sie alle gebildet hatte. Daß die Wissenden hinter diesen Symbolen den »Verwirbelungs-Mechanismus« verehrten, dem alle Formen dieser Welt ihr Dasein verdanken, kann man vielen alten ägyptischen Inschriften entnehmen. So befinden sich zum Beispiel in den Säulen des Tempels von Esne in Oberägypten einige religiöse Texte, die Serge Sauneron kopierte und die sich auf diesen Widder-, Töpfer- und Schöpfergott beziehen. Damit sich jedermann ein eigenes Urteil bilden kann, mag eine kurze Auswahl von Paragraphen hier seinen Platz finden, die sich in der Hauptsache auf uns bekannte Dinge beziehen. In den entsprechenden Texten heißt es unter anderem:
„Gruß dir, »Chnum-Re«, Herr von Esne, der du die Urgötter zur Welt brachtest, großer Gott, der du ganz am Anfang entstandest, herrlicher Widder vom ersten Mal. Bildner der Bildner, Vater der Väter, Mutter der Mütter, der die Wesen von oben machte und

die Wesen von unten erschuf, der heilige Widder, der die Widder machte, Chnum, der die Chnum-Götter machte, mit kraftvoller Hand, unermüdlich, so daß es keine Arbeit gibt, die ohne ihn vollbracht wird. Er schuf die beiden Länder — die zwei einander entgegengesetzten Welten —, *trennte die Landschaften, befestigte die Berge und machte die Städte. Er hat die Menschen auf der Töpferscheibe gebildet, er hat die Götter* — die Seher — *gezeugt, die Erde zu bevölkern und den Kreis des Weltozeans* — als Land- und Wassertiere —. *Er kommt zur rechten Zeit, um allen Leben zu spenden, die auf seiner Scheibe entstanden, er machte das Kraut, um alle Tiere zu erhalten und den Lebensbaum für den Lebendigen* — den Seher.
Er hat den Himmel gemacht bis zum heutigen Tage, der vollkommene Gott aus unvordenklichen Zeiten, der von der Frühe an am Himmel einherfährt und das Land mit seinen Wohltaten anfüllt. Schicksal und Unterhalt der Kinder stehen ihm zu Diensten, Wasser und Wind stehen ihm zu Diensten und was aus seinem Munde hervorgeht, leidet keinen Verzug. Er ist der Urheber von Allem, denn es ist kein Werk, bei dem er fehlte. »Chnum-Re«, du bist der Meister der Töpferscheibe, dem es gefällt, auf der Töpferscheibe zu bilden, der wohltätige Gott, der das Land belebt, der die Keime der Erde miteinander in Berührung bringt. Du bist der »All-Mächtige« und hast die Menschen auf der Scheibe gebildet! Du bist der Herr von Esne, der Gott der Töpferscheibe, der die Götter formte, der die Menschen bildete und auch die Tiere. Der vielgeliebte Widder, der schuf, was ist und noch nicht ist, der die Götter zur Welt brachte und die Göttinnen zeugte.
Du bist der ehrwürdige Gott, der im Anfang entstand. Der geheimnisvolle Gott, dessen Gestalt man nicht kennt, du kamst aus dem »Nun« und erschienst mit der »Schau-Kraft«. Du bist Tenen, erhabener als die Götter, seine Tat hat das Land belebt, die Scheibe ist vor ihm, seine beiden Arme sind gerade beim Gestalten, seine Finger lösen die Glieder von der Masse des Stoffs.“
Dem aufmerksamen Leser ist sicher nicht entgangen, daß es

sich auch hier um verschlüsselte Aussagen handelt, denn die geistigen Urheber der Texte haben ja — nach rechtem Brauch der Philosophen — einige Stolpersteine eingebaut. Vielleicht macht es einigen Lesern Freude, das Rätsel selbst zu knacken. Darum will ich hier nur soviel verraten, daß sich die »Scheibe«, das »sich Bewegende«, auf die Wasser des Raumes bezieht, die ja vor dem »Verwirbelungsmechanismus« existieren. Seine beiden Arme symbolisieren auch zwei Drehrichtungen. Der rechte steht für alle »Raumwirbel«, die im Uhrzeigersinn rotieren und der linke für jene, die sich entgegengesetzt drehen.
Die unterschiedlichen Gravitationsfelder, wie wir die rotierenden, pulsierenden, Sogkräfte erzeugenden großen »Raum-Wirbel« nennen, existieren aber nicht nur nebeneinander, sondern die kleinen werden in der Regel immer in den größeren gefangen gehalten. So ist zum Beispiel das Gravitationsfeld, das den Mondkörper eingekerkert hat, in dem rotierenden »Raum-Loch« angesiedelt, in dessen Zentrum die Erdkugel festgehalten wird. Beide sind mit den übrigen Kraftzentren unseres Planetensystems in den riesigen Raumwirbel eingebettet, in dessen Mitte sich kosmischer Staub zum Glutball der Sonne angehäuft hat. Nach der Lehre vom Wassermann entstehen die Himmelskörper nämlich nicht wie die Wissenschaft lehrt vor den Gravitationsfeldern, in die sie eingebettet sind, sondern die Sogkräfte der Raumwirbel sammeln solange kosmische Gas-, Staub- und Materieteile in ihrem Inneren an, bis daraus Monde, Planeten und Sonnen geworden sind.

Ein Planet wird geboren

Nehmen wir einmal an, in einer lokalen Region des Weltraums, in der sich hauptsächlich kosmischer Staub befindet, entsteht durch den Verwirbelungsmechanismus ein großer »Raumwirbel«. Sofort sorgen die in seinem Inneren wirksam werdenden »Sogkräfte« dafür, daß sich alle für sie erreichbaren Materie-Teile oder -Teilchen in Richtung Zentrum in Marsch setzen.

Dort angekommen, gruppieren sie sich um den Mittelpunkt und üben auf alles unter ihnen liegende einen mehr oder weniger starken Druck aus. Anfangs ist das Ganze eine lose, umeinandergehäufte Masse, aber mit ihrem Anwachsen wird der Druck, der auf die einzelnen Schichten wirkt, immer größer. Davon sind die untersten, im Mittelpunkt befindlichen Teile selbstverständlich am meisten betroffen und beginnen als erste einen mehr oder weniger festen Charakter anzunehmen. Da nun das Zusammenfinden der Materieteilchen innerhalb des Materieklumpens vom Zufall abhängig ist, liegen alle Elemente ohne eine erkennbare Gesetzmäßigkeit durcheinander und werden unter dem Einfluß des immer stärker werdenden Drukkes zusammengepreßt. Diesen Druck wandeln die Elementarteilchen früher oder später, je nach Struktur, in Wärme um, die umsomehr ansteigt, je größer der Druck wird, der auf sie einwirkt. Die Folge davon ist, daß Materieteilchen mit einem niedrigen Schmelzpunkt ihren vorher festen Zustand in ihren flüssigen überführen und eine breiige Masse im Inneren des so entstandenen Materieklumpens bilden.

In diesem Brei beginnt nun ein lebhaftes Umgruppieren der einzelnen flüssigen Teilchen. Die spezifisch schwereren sinken nach innen und die leichteren nach außen, wobei mit zunehmender Erwärmung immer mehr Teilchen von diesem Prozeß erfaßt werden. Durch die so in Fluß geratene Materie finden unzählige chemische Reaktionen und Verbindungen statt, die die Wärme schnell vergrößern und nur noch mehr Teile von der festen äußeren Schicht abschmelzen und in den Prozeß mit einbeziehen. Dadurch steigt die Temperatur im Inneren des Materieklumpens, den man nun schon als kleinen Planeten bezeichnen kann, lawinenartig an und wandelt früher oder später immer größere Mengen flüssige Materie in ihren gasförmigen Zustand um, die dann in Form von Gasblasen unter entsprechend hohem Druck an die festen oberen Schichten steigt und darin mehr oder weniger starke Spannungen verursacht. Solange diese oberen Schichten noch verhältnismäßig dick sind, bleibt das ohne größere Auswirkungen auf die Außenflä-

Abbildung 49

Das Chaos der Elemente. (Kupferstich um 1617.)

Bei einem werdenden Planeten schmelzen heiße Gase auf ihrem Wege nach außen feste Materie ein und transportieren sie an die Oberfläche.

che des Planeten. Aber durch das Abschmelzen von innen heraus wird die obere Schicht immer dünner, und die nun von innen aufsteigenden Gasblasen sind immer häufiger in der Lage, sie zu durchbrechen und durch vorhandene Spalten und Risse nach außen zu entweichen. Heiße Gase in großen Mengen schmelzen auf ihrem Wege nach außen überall feste Materie ein und transportieren sie an die Oberfläche (Abb. 49, S. 216). Dort kühlt sie ab und bildet feste, aufgeworfene Krusten, die je nach Ausmaß des Vorganges, gewaltige Formen annehmen können. Ganze Gebirge werden auf diese Art und Weise von den Gasblasen nach oben herausgedrückt und durch das Zusammenfallen der Hohlräume, die durch die Einschmelzungsprozesse entstanden sind, bilden sich im Laufe der Zeit ausgedehnte Gräben und Senken, in denen sich später der Urregen sammelt und Weltmeere bildet. Auch der ganze Umschichtungsprozeß läuft nach den Gesetzen der Schwerkraft ab. Materieteilchen, die das größte spezifische Gewicht besitzen und deren flüssige Form die meiste Hitze vertragen kann ohne sich in Gasform umzuwandeln, sinken ganz in den Mittelpunkt ab und andere, bei denen es umgekehrt ist, steigen nach außen an die Oberfläche. Dieser Umschichtungsprozeß findet über lange Zeiträume statt und ist das Stadium, in dem alle Planeten ihre Atmosphäre und Weltmeere bilden, der Voraussetzung dafür, daß sich dort unter bestimmten Umständen Leben ansiedeln kann. Leider fängt der »Raum-Wirbel« im Laufe der Zeit immer mehr Materie ein, die die Masse des Planeten ständig vergrößert.
Auch unsere Erde hat die gleichen Probleme, wie viele der auf ihr lebenden Menschen, sie nimmt ständig zu. Grobe Schätzungen gehen davon aus, daß sie allein durch herabstürzende Meteoriten täglich 12 Tonnen schwerer wird. Damit nimmt aber nicht nur das Gewicht eines Planeten kontinuierlich zu, sondern auch die Temperatur in seinem Inneren steigt stetig an. Kann die überschüssige Wärme nicht in genügender Menge in den Weltraum abgestrahlt werden, beschleunigt sie den Umschichtungsprozeß, der nach einer Phase höchster Aktivität

allerdings mehr und mehr zur Ruhe kommt. Er hört aber niemals vollkommen auf, weil immer wieder Materie von der Innenseite der Außenschicht abgeschmolzen wird und nach innen sinkt, wo die ansteigenden Temperaturen der tieferen Schichten sie schließlich ebenfalls vom flüssigen in den gasförmigen Zustand umwandelt. Dann steigt sie ebenfalls als Gasblase mit mehr oder weniger starkem Expansionsdrang nach oben und überträgt auf die festen, undurchlässigen oberen Schichten entsprechende Auftriebskräfte, wenn sie sich dort aufstaut.

Geburt und Tod einer Sonne

Weil sich eine tägliche Gewichtszunahme von 12 Tonnen im Laufe langer Zeiträume ganz schön summiert, nimmt die Temperatur im Inneren eines Planeten wahrscheinlich auch deshalb stetig zu. Daher sind bald alle festen Stoffe flüssig, und die Weltmeere hängen als heiße Gase in der von giftigen Chemikalien durchsetzten Atmosphäre. Alles Leben ist ausgelöscht, und die flüssigen Teile der Planetenmaterie glühen immer intensiver. Immer gewaltiger wird die Hitze im Inneren des Planeten, und bald setzen in immer stärkerem Maße atomare Reaktionen ein, die die Temperaturen sprunghaft ansteigen lassen. Alle vorher flüssigen Teile sind nunmehr feurige Gase, die immer mehr Licht in den Weltraum entsenden.
Dann ist unser Planet zu einer kleinen Sonne herangewachsen und zieht in seiner Bahn als neuer Stern durch das Weltall. Wie schnell aus einem kleinen Materieklumpen eine stattliche Sonne wird, hängt natürlich davon ab, ob die »Schlange« genügend Beute machen kann. Ist der »Raum-Wirbel« in der Lage, verhältnismäßig schnell große Mengen kosmische Gas- und Staubteilchen einzufangen, kann man das Werden einer Sonne im Verlauf eines Menschenlebens sicherlich miterleben. So haben erst kürzlich kalifornische Wissenschaftler berichet, daß sie die Geburt eines Sterns beobachten konnten. Sie konnten an

ihren Teleskopen verfolgen, wie in einer Staub- und Gaswolke eine Kugel entsteht, die mehr und mehr Gestalt annimmt. Im Augenblick hat sie noch einen Durchmesser von rund 10 Milliarden Kilometern. Sie strahlt 30.000 mal mehr Energie ab, als unsere Sonne, obwohl auf dem neugeborenen Stern nur 170 Grad Wärme herrschen. Die Forscher können sehen, wie »IRS-5«, so haben sie den neuen Stern getauft, schnell kleiner wird, während seine Temperatur immer mehr zunimmt.
Staub und Gas verdichten sich zu einer glühenden Masse. Sobald der Druck innerhalb dieser Masse groß genug ist, sagen die Wissenschaftler, kommt es auf »IRS-5« zu Atomexplosionen, die den Stern zu einer Sonne machen. Aber das ist nicht sein Ende. Irgendwann, wenn bestimmte Faktoren zusammentreffen, wird er mit unvorstellbarer Gewalt explodieren. Die Wissenschaftler sprechen dann von einer »Atombombe des Weltalls«.
So meldeten Astronomen vom Institut für Astrophysik in Cambridge vor kurzem, daß im Sternbild »Schwan« ein neuer Stern mit bloßem Auge erkennbar geworden sei. Ihrer Meinung nach handelt es sich dabei um eine »Supernova« – um einen sehr lichtschwachen Fixstern, der durch eine Explosion um das millionenfache heller wurde. Eine Supernova strahlt an einem Tag so viel Energie aus, wie unsere Sonne in 40.000 Jahren. Bisher wurde schon dreimal eine Supernova beobachtet: 1054, 1572 und zuletzt 1604.
Auch wenn der Planet in unserem Gedankenexperiment zu einer Sonne herangewachsen ist, ist das nicht sein Ende. Vielmehr fällt nach wie vor Materie auf ihn herab und vergrößert seine Masse immer mehr. Außerdem besteht wahrscheinlich zwischen der Wärmeschwingung der heißen Sternen-Materie und dem Raum-Wirbel eine Wechselbeziehung, so daß seine Rotationsgeschwindigkeit kontinuierlich zunimmt, wenn ihm dadurch – vielleicht nach dem Resonanzprinzip – »Schwingungs-Energie« zugeführt wird. Er wächst dann wie eine gefräßige Schlange, weil er seine Beute in seinem Inneren verdaut und für sein Wachstum nutzt. Wenn das so ist, oder wenn er von

anderen Energiequellen gespeist wird, dann nehmen die Sogkräfte innerhalb eines Raum-Wirbels ebenfalls ständig zu und pressen die Materie in seinem Inneren zusammen, wie die »Python« ihre Beute. Das würde zum Beispiel erklären, warum »IRS-5« schnell kleiner wird und seine Temperatur rasch zunimmt.

Nach meiner Meinung geht das solange gut, bis ein bestimmter Grenzwert überschritten wird und der Sternenkörper durch eine gewaltige Explosion auseinanderbirst. Dann werden seine kleinen und kleinsten Teile in alle Himmelsrichtungen verstreut, nur um den ganzen Prozeß von neuem zu beginnen, weil sie nunmehr das Nahrungspotential vergrößern, das anderen Himmelskörpern ihr Wachstum ermöglicht. Solche »Stern-Explosionen« sind von unseren Astronomen ebenfalls schon beobachtet worden. Erst kürzlich las ich folgende Notiz in einer renommierten Tageszeitung: *„Ein Feuerwerk von unvorstellbarer Gewalt haben Astronomen in aller Welt beobachtet. Ein Stern explodierte viermal. Er wurde dabei so groß wie ein ganzes Sonnensystem und gleißend hell.*

Nach jeder Explosion erlosch das Feuer. Ob hier ein neuer Stern »Cygnus X-3« geboren wurde, oder ob eine Sonne im letzten Aufbäumen endgültig erloschen ist, wissen die Astronomen nicht zu sagen. Kanadische Wissenschaftler nennen das Geschehen das gewaltigste Schauspiel, das Menschen jemals beobachtet haben.“

In der kosmischen Evolutionslehre aus dem »Buche des Dzyan« wird das Werden eines Sterns ebenfalls beschrieben. In den entsprechenden »Strophen des Dzyan« wird die Raumschwingung mit ihrem Verwirbelungsmechanismus »Fohat« genannt. In bezug auf die Gravitation erzeugenden »Raum-Wirbel« heißt es darin von ihm:

Strophe 6

1. Die Schwingung des Raumes, die Trägheit und Schaukraft bedingende »göttliche Stimme«, die Dreiheit Beweger, Bewegtes und Medium in einem, welche in dem »melodischen

Himmel« wohnt, ist »Fohat«, der Atem, die Ursache der Ursachen, welche aus dem unteren Abgrund die illusive Form der materiellen Welt mit den sieben erkennbaren Bewußtseinsebenen hervorgebracht hat.

2. Dieser schnelle und strahlende, Trägheit und Schaukraft hervor-rufende »Fohat« bringt sieben Arten von Kraftzentren unterschiedlicher Größenordnung hervor und stellt das Universum auf diese ewigen Grundsteine.

3. Sie kommen nacheinander hervor und schließlich drehen sich sieben »Räder-Arten«, wovon das eine das andere gebiert.

4. Er erbaut sie als Abbilder älterer Räder und befestigt sie auf unvergänglichen Mittelpunkten. Wie werden sie von »Fohat« erbaut? Er sammelt den kosmischen Staub. Er macht Kugeln von Feuer, läuft durch und um dieselben herum, versieht sie mit Leben ermöglichender Strahlung und setzt sie in Bewegung, diese in diese, jene in jene Richtung. Sie sind kalt, er macht sie heiß. Sie sind trocken, er macht sie feucht. Sie leuchten, er fächelt und kühlt sie ab — entzieht ihnen Wärme-Schwingung.
So arbeitet »Fohat« von einer Dämmerung zur anderen — den ganzen Weltentag lang!“

Die Beine und Fänge des Drachen

Dieser »Riese«, dieser das Himmelsgewölbe stützende »Atlas«, wie ihn andere Überlieferer nannten, hat auch in den eben mitgeteilten Strophen zwei Aspekte. Es ist daher nicht einfach, den ganzen Sinn der »Geheimtexte« zu erfassen, weil wir von der feinstofflichen »Himmelswelt« leider noch nichts wissen. Ich habe daher nur den Sinn der Strophen entschlüsselt, der sich meiner Meinung nach auf die Arbeit des »Herkules« bezieht, dem Aspekt des »Fohat«, der die materielle Welt erbaut hat und aufrecht erhält. Nach der Lehre vom Wassermann ist es die

unermüdliche Arbeit der vielen »Söhne des Herkules«, die die rotierenden, pulsierenden, sogkräfteerzeugenden »Raum-Wirbel« hervorbringen, die als ineinandergeschachtelte Schwerkraftfelder das Räderwerk eines Planetensystems ausmachen. Sie alle – mit ihren Monde, Planeten und Sonnen töpfernden Unter-Wirbeln – werden vom gigantischen »Raum-Wirbel« der Galaxie in Schach gehalten, wie eine Handvoll Seifenschaum im Sogloch abfließenden Badewassers (Abb. 50, S. 222). Aber auch er ist nur einer von unzähligen anderen rotierenden und pulsierenden »Raumblasen«, die in einem »Pulsar« von unvorstellbaren Ausmaßen existieren, und dem alle Bewegungsformen, die unsere Welt ausmachen, ihr Dasein verdanken. Schwingt diese »Superraumblase« von innen nach außen, erzeugt sie ihrer Expansionsgeschwindigkeit gemäß, alle Arten und Größenordnungen der »Längs- und Quer-Wellen« mit den dazugehörigen Standbeinen, den Puls- und Rotationsschwingungen.
Verhalten sich diese »Beine des Drachen«, wie sie die Überlieferer gelegentlich nannten, aufgrund ihrer hohen Puls- oder Rotationsgeschwindigkeit im Mikrobereich besonders träge, setzen also jeder Orts- und Bewegungsänderung wie ein schnell rotierender Kreisel Widerstand entgegen, spricht unsere Wissenschaft von »Masse«. Weil sich in Puls- und Rotationsschwingungen jeder Größenordnung mehr oder weniger starke Sogkräfte aufbauen, können sie sich unter bestimmten Voraussetzungen gegenseitig beeinflussen. Sie gehen miteinander Wechselwirkungen ein, sagt unsere Wissenschaft und nannte die vier von ihr entdeckten Arten folgerichtig »die vier Wechselwirkungen«. Diese vier »Greif-Kräfte« waren auch den Über-

Abbildung 50
Eine Galaxie von oben gesehen.
Sie alle, die Monde, Planeten, Sonnen und Sonnensysteme töpfernden »Unter-Wirbel«, werden vom gigantischen »Raum-Wirbel« der Galaxie in Schach gehalten, wie eine Handvoll Seifenschaum im Sogloch abfließenden Badewassers.

lieferern bekannt, und darum ist der »Greif als Fabeltier« in der Symbolik aller Überlieferungen anzutreffen, denn so wie die Greife, die »Tagraubvögel« ihre Beute mit den Fängen ergreifen und wegtragen, so ergreifen auch die Sogkräfte der Puls- und Rotationsschwingungen alles was in ihre Reichweite gerät und schleppen es mit sich fort.
Zum Beispiel befinden wir uns gerade in den Fängen der Erdgravitation, die uns mit sich um die Sonne trägt. Aber alles, vom winzigsten Atomarteilchen bis zur größten Satelliten-Galaxie, befindet sich in den Fängen des »Superpulsars der Weltschöpfung«, der mit ungeheurer Wucht von innen nach außen schwingt und so die Welt ins Dasein hob und aufrecht erhält. Gleichzeitig entstand in seinem Inneren eine ständig zunehmende Sog-Spannung, die die »Wasser des Raumes« expandiert wie ein gestrecktes Gummiband oder eine stark gespannte Violinsaite. Damit nimmt ihr Elastizitätsmodul ebenfalls stetig zu, so daß die Ausbreitungsgeschwindigkeit der elektromagnetischen Wellen heute bei rund 300.000 Kilometern pro Sekunde liegt.
Nach der »Lehre vom Wassermann« ist die Lichtgeschwindigkeit also keineswegs konstant, wie uns unsere modernen Forscher immer wieder glauben machen wollen, sondern von der Sogspannung im Inneren des »Superpulsars der Weltschöpfung« abhängig. In der Vergangenheit war sie sicher sehr viel geringer, und wenn wir nur lange genug lebten, könnten wir feststellen, wie sie langsam zunimmt, bis der »Superpulsar« von seinen selbsterzeugten Sogkräften zur Umkehr gezwungen wird und beginnt, nach innen zu schwingen. Dann löst sich die Sogspannung in seinem Inneren kontinuierlich, der Elastizitätsmodul der »elastischen Wasser des Raumes« nimmt ab und die Ausbreitungsgeschwindigkeit der elektromagnetischen Wellen verringert sich wieder.
Diese Aussagen stehen natürlich in krassem Widerspruch zum Weltbild der modernen Relativisten. Prof. Einsteins Relativitätstheorie baut ja gerade darauf auf, daß die Lichtgeschwindigkeit sich niemals ändert, sondern »zu allen Zeiten und an allen

Orten« für jeden Beobachter gleichbleibend 300.000 Kilometer pro Sekunde beträgt. Für unsere modernen Forscher ist die Lichtgeschwindigkeit daher viel fundamentaler als Raum und Zeit. Nach ihrem Verständnis existiert der Raum nur da, wo sich Licht bewegt. Sie sind sicher, daß er nicht »absolut« gesehen werden kann, denn aus ihrer Sicht entsteht er ja erst durch die Explosion einer materiellen »Urzelle«, dem sogenannten »Big Bang«, und seine Eigenschaften werden ausschließlich von der in ihm enthaltenen Materie bestimmt. Im Gegensatz zur Raumauffassung der Überlieferer ist für unsere Wissenschaftler der Raum Werden und Vergehen unterworfen und die Materie — wenn auch in verschiedenen Zustandsformen — das ewig Bleibende.

Die Raumvorstellung der Wissenschaft

Um dem Leser die Unterschiede in der Raumauffassung deutlich zu machen, habe ich die in Nigel Calders Buch »Einsteins Universum« verstreut aufgeführten Eigenschaften herausgesucht, die dem Raum von unseren modernen, professionell »Wissen Schaffenden« zugebilligt werden und nach meinem Ordnungssinn aneinandergereiht. Weil der »Raum«, das Medium, in dem die Welt existiert und worin sich die Abläufe von Weltsein und Leben vollziehen, für unsere Relativisten nur ein Nebenprodukt ist, gibt es offenbar keine widerspruchsfreie, zusammenhängende Raumvorstellung.
Aus diesem Grunde mußten die entsprechenden Zitate leider teilweise aus ihren ursprünglichen Zusammenhängen herausgenommen werden, wo sie den Darstellungen anderer Sachverhalte als Begründung dienten. Das erklärt vielleicht, warum das Folgende nicht flüssig, schlüssig und widerspruchsfrei ist.

Zitate über …

… 1. *Anfang und Ursache des Raumes:*

„Danach begann die Existenz des Raumes mit dem Urknall, dem »Big Bang«.“
„Geschaffen wurde er durch seinen Inhalt, die Materie, und nur dadurch ist er definiert.“
„Es ist nur die Existenz von langsam bewegter Materie — eingefrorener Energie —, die meßbare Räume erzeugt und die uns »Raum« gibt in unserer kosmischen Heimat.“
„Ein leerer »Raum« hat keinerlei praktische Bedeutung. Ein »Raum« kann nicht losgelöst von etwas existieren, was den »Raum« füllt und die Geometrie des »Raumes« ist determiniert durch die Materie in ihm.“
„Der »Raum« kann nicht absolut gesehen werden. Seine Eigenschaften werden bestimmt durch die in ihm enthaltene Materie.“
„Die Lichtgeschwindigkeit ist weit fundamentaler als Raum und Zeit!“
„Raum ist nur da, wo sich Licht bewegt!“ „Er ist zwar endlich, aber unbegrenzt.“
„Es gibt wahrscheinlich nichts Vergleichbares, denn Raum ist Raum.“
„Er ist nicht wie andere materielle Objekte, nimmt aber »aktiv am Wirken des Universums teil«.“

… 2. *Raumexpansion und -kontraktion*

„Durch den Big Bang bedingt, bläht sich das Universum und damit auch der »Raum« auf, wie eine Lunge, um später wieder zusammenzufallen, wenn die Expansion aufhört und sich in eine Zusammenziehung umkehrt.“
„Die Räume zwischen den Galaxien wachsen an.“ „Unsere Position gleicht einer Made in der Rosine in einem Kuchen, der sich im Ofen ausdehnt. Die Rosinen, die unsere Galaxien dar-

stellen, bewegen sich nach allen Seiten von uns weg. Wir und einige andere Maden haben die Illusion, daß wir der ruhende Pol in der universalen Expansion sind. Nachdem die Expansion aufgehört hat und sich in eine Zusammenziehung umkehrt, was ist dann? Grob gesprochen ist das wie ein zurücklaufender Film — der Film des Big Bang und der Expansionsphase. Die Galaxien rücken zusammen, ihr Licht wird blau — statt rotverschoben erscheinen. Die 3-K-Radioenergie, die den Raum durchsetzt, wird sich wieder »aufheizen«. Irgendwann werden sich die Galaxien zu einer großen Sternversammlung zusammenschließen. Wegen der riesigen Entfernungen zwischen den Sternen ist es sehr unwahrscheinlich, daß sie auch unter diesen Bedingungen zusammenstoßen. Statt dessen werden sie in der gewaltigen Hitze des Kollaps verdampfen. Schließlich wird das Universum zu einem »schrumpfenden Volumen entarten«, gefüllt mit Strahlung und durchsetzt mit »Schwarzen Löchern«, die, nach der einfachsten Theorie, zu einem gemeinsamen Punkt der »Singularität« zusammenschmelzen."

„Außerhalb dieses expandierenden und schrumpfenden Universums gibt es keinen »Raum«, außer, wenn er zu vollständig abgetrennten Universen gehört."

«Skeptische Astronomen mögen hin und wieder behaupten, daß wir nicht beobachten können, wie das Universum expandiert. Wir können nur sehen, wie sich alle Galaxien und Quasare entfernen. Aus diesem skeptischen Gesichtspunkt heraus, müßte wohl ein leerer »Raum« dort draußen existieren, worin sich die Galaxien bewegen!"

… 3. Füllung und Inhalt des Raumes

„Nach der Quantentheorie ist der »Raum« niemals leer." „Der Raum ist mit Materie gefüllt."

„Er ist mit »Gravitonen« gefüllt." „Nach der Speziellen Relativitätstheorie gibt es da noch geisterhafte Teilchen von Licht und Materie, die auch im leersten Vakuum noch kochen."

„Wenn man sich überlegt, was in einem hochgradig »leeren

Raum« weit weg von jeder Galaxie anwesend ist, und entfernt dann aus ihm alle noch vermuteten Dinge, zum Beispiel einige restliche Atome und sehr viele Lichtteilchen, die in allen Richtungen durch dieses Vakuum hindurchfliegen, dann bleibt immer noch etwas übrig. Man kann es nicht mit den üblichen Mitteln entdecken, aber eine der gesichertsten Theorien der modernen Physik besteht darauf, daß da noch etwas ist — eine unscheinbare Andeutung von etwas, was Energie zu schaffen fähig ist."

„Die Existenz der Geisterteilchen, vorausgesagt durch die Quantentheorie, wurde durch die kleinen Effekte der singenden Atome entdeckt."

„Stephen Hawkins entdeckte, daß die starke »Raumkrümmung« nahe am Rande eines Schwarzen Loches, einige dieser Geisterteilchen in stabile Lichtteilchen und Materieteilchen verwandeln konnte."

„Der »Raum« ist glücklicherweise nicht breiig, sonst würden Objekte in ihm nicht ständig in Bewegung bleiben, sondern im Brei des Raumes zum Stillstand kommen. Wir wissen, daß die Erde seit Milliarden von Jahren ungehindert den »Raum« durcheilt."

... 4. Die Raum-Krümmung

„Die Deformation des »Raumes« wird normalerweise dadurch beschrieben, daß man sagt, der »Raum« ist verformt oder gekrümmt."

„Ein Schwarzes Loch zum Beispiel krümmt den »Raum«."

„Materie krümmt den Raum."

„Ein massiver Körper quetscht und verformt den »Raum« in seiner Nachbarschaft."

„Die Krümmung der Lichtstrahlen bedeutet, daß Gravitation den »Raum« krümmt."

„Auch ein leerer »Raum« ist vorstellbar, aber der wäre wegen des Fehlens von Materie nicht gekrümmt, sagt Prof. Einstein."

„Es gibt da draußen keinen »Raum« außerhalb des Universums,

außer wenn er zu vollständig abgetrennten anderen Universen gehört."
„Wenn man sich in einem bestimmten Bereich einen nichtverformten »Raum« in Ruhe vorstellt, muß ein massiver Körper unaufhörlich gegen die Zeit ankämpfen (?), um die Krümmung des »Raumes« aufrechtzuerhalten. Dann sickert Energie aus einem stark gekrümmten »Raum«, wie Wasser aus einem Schwamm, den man ausdrückt. Stephen Hawkins aus Cambridge entdeckte diesen Prozeß als eine bemerkenswerte Ausweitung der Einsteinschen Theorie."

... 5. Raum und Licht

„Wir können uns den »Raum« als besondere Glassorte vorstellen, die für feste Objekte ebenso wie für Licht durchlässig ist. Glas verlangsamt das Licht. Je dichter das Glas, umso langsamer das Licht. Die Deformation des »Raumes«, deren Konsequenz eine Verlängerung des Weges ist, den das Licht bei Annäherung und Entfernung von der Sonne durchläuft, läßt den »Raum« wie eine Lupe wirken. Das Licht wird etwas nach innen gebeugt, wenn es an einem schweren Körper vorbeiläuft. Die Deformation macht den »Raum« um die Sonne herum zu einer Linse, die die Lichtstrahlen bündelt. Der »Raum« ist hier dichter und so scheint das Licht hier langsamer zu laufen. Das ist gleichbedeutend damit, daß man die Linse dicker und stärker macht."
„Der gläserne »Raum« wirkt auch wie ein Ventil. Das Licht verläuft direkter und schneller zum Gravitationszentrum hin, als von ihm weg."

... 6. Die Bewegung des Raumes in sich selbst

„Was ist der »Raum«, daß ihn ein massiver Körper verunstalten kann, als wäre er ein Stück Fensterkitt, oder daß er unaufhörlich um ein Schwarzes Loch rotieren kann, ohne zerrissen zu werden? Ein rotierendes Schwarzes Loch zwingt den »Raum«

und alle Dinge in ihm zu einer Hochgeschwindigkeitsdrehung um sich selbst.“ (!)

„Nahe einem Schwarzen Loch ist der »Raum« heiß und die Konsequenzen sind dramatisch, der »Raum« kocht!“

„Heiße Schwarze Löcher sind energiegeladen und können explodieren.“ „Seltene, aber heftige »Raum-Beben«, hervorgerufen durch Kollisionen von Schwarzen Löchern, sollen bis in Entfernungen von Milliarden Lichtjahren zu sehen sein.“

„Auch auf der Erdoberfläche mit einem gedachten Schwarzen Loch im Erdzentrum, das einmal pro Tag in Ostrichtung rotiert, würde »Das Wirbeln des Raumes« zu beobachten sein.“

„Das rotierende Schwarze Loch zwingt auch den »Raum« (in der Umgebung der Erde) zu einer Drehung um sich selbst!“

„Ein rotierendes massives Objekt schleppt den Raum mit sich herum!“

„»Die Erde« schleppt den Raum, der sie umgibt, so schnell mit sich herum, wie sie rotiert. Wenn die Erde in diesem Sinne den sie umgebenden »Raum« so schnell mit sich herumschleppt, wie sie rotiert, müßte man den Effekt mit einem hochwertigen Kreisel, der in einem Raumschiff die Erde umkreist, entdecken können.“

„1979 wurde ein Kreiselexperiment von einer Gruppe von Forschern der Stanford Universität in Kalifornien vorbereitet, um in den achtziger Jahren mit dem Space Shuttle in eine Umlaufbahn geschickt zu werden.“

„Man könnte sich darüber wundern, warum ein einziges Experiment so große Anstrengungen wert ist, nur um »die Mitführung des Raumes« zu messen — ein Effekt, der viel zu klein ist, um irgend einen praktischen Nutzen zu haben. Die allgemeine Antwort ist, daß solche Anstrengungen symptomatisch für die Bedeutung sind, die heutige Physiker der Einsteinschen Interpretation über die Gestalt des Universums beimessen.“

„Die Mitführung des »Raumes« durch die Rotation der Erde und die daraus resultierende Neigung einer Kreiselachse ist keine Modifikation Newtonscher Ideen, sondern ein brandneuer Effekt in Einsteins Gravitation!“

„Professor Einsteins Gravitation ist gekrümmter Raum!"
„Man kann die Krümmung des »Raumes« mit einer Gummihaut darstellen. Diese Haut wird wie ein Trampolin strammgezogen und aufgelegte Metallkugeln repräsentieren Planeten oder Sterne. Durch das Gewicht der Metallkugeln wird die Gummihaut in unmittelbarer Umgebung der Kugeln nach unten gedrückt. Dadurch entstehen mehr oder weniger große Ausbuchtungen und man hat so eine zweidimensionale Darstellung des dreidimensionalen »Raumes«. Die einzelnen Ausbuchtungen symbolisieren die Raumkrümmung. Legt man nun kleine Kugeln auf die Gummihaut, dann rollen sie auf gekrümmten Bahnen, die jeweils zu den ruhenden großen Kugeln hin gebogen sind. So bewegen sich auch die Objekte im Weltraum unter dem Einfluß der Gravitation."

Der Autor Nigel Calder schreibt zu der letzten Aussage:

„Es ist unmöglich, den gedanklichen Übergang von der flachen Gummihaut zur Wirklichkeit zu vollziehen, zum dreidimensionalen »Raum«, der in gleicher Weise gekrümmt ist. Versuchen Sie es erst gar nicht, auch Mathematiker haben Schwierigkeiten, sich den gekrümmten »Raum« vorzustellen. Dagegen ist es für die Relativisten relativ einfach, die Deformation zu berechnen und sie zu messen, ohne zu versuchen, sich davon eine Vorstellung zu machen."

Gravitation und Materie sind keine »siamesischen Zwillinge«

Soweit die Raumvorstellung der modernen Wissenschaft, wie sie sich aus Nigel Calders Buch »Einsteins Universum« ergibt. Das Letztere habe ich angeführt, weil wir gesehen haben, daß es doch möglich ist, sich die lokale Raumkrümmung vorzustellen, die ein Gravitationsfeld ausmacht. Folgt man den Lehren der Überlieferungen, so ergibt sich ja für die Raumkrümmung eine ganz andere Ursache. Aus dieser Sicht krümmt nicht die Masse den »Raum«, wie uns Professor Einstein lehrt, sondern der »Raumkrümmungs-Mechanismus«, der »Verwirbelungs-Mechanismus« erzeugt erst die Masse. In einer der beiden Lehren sind ganz offensichtlich Ursache und Wirkung vertauscht. Nach Ansicht der Wissenschaft gibt es keine Raumkrümmung ohne Materie und nach der Lehre vom Wassermann keine Materie ohne Raumkrümmung.

Wer hat nun recht? Die Relativisten, die nicht nur in der Nuklearphysik seit Jahren auf Bergen von ungelösten Problemen sitzen, oder die Überlieferer, die auf alle grundlegenden Fragen einleuchtende Antworten geben? Während sich zum Beispiel vom wissenschaftlichen Weltbild das Wesen von Gravitation und Materie nicht ableiten läßt, wird beides durch die Lehre der Überlieferer verständlich. Für sie ist Materie »gekrümmter Raum« im Mikrobereich und Gravitationsfelder sind nach ihren Aussagen »Raum-Gruben« im Makrokosmos. Die Ursache, die beides durch Verwirbeln oder Pulsieren »hervor-*ruft*«, ist in unserem Sinne »Schwingungsenergie«, die in den »Raum« die entsprechenden Strukturen eingraviert. Sie gräbt nach den bekannten »Schwingungs-Gesetzen« in den vorher »homogenen Raum« zuerst kleine, später immer größere Gräben und Gruben, in die das, was wir Materieteilchen oder Materie nennen, hineingezogen wird und deren »Greif-Kräfte« alles im Griff haben.

Nicht die Masse schleppt den »Raum« mit sich herum, wie die Relativisten meinen, sondern so, wie ein »Wasser — Strudel« durch seine »Sogwirkung« ein Stück Holz in sich hineinzieht und mitsichreißt, bewegen die »Wasser des Raumes« die Masse. Wie wir gesehen haben, unterstellen auch die Überlieferer — genau wie die Relativisten — dem »Raum« die Eigenschaft, lokal zu rotieren — zu wirbeln«. Sie vergaßen aber nicht, zu berücksichtigen, daß innerhalb dieser »Raum-Wirbel«, genau wie bei gewöhnlichen »Wasser-Wirbeln«, notwendig eine Sogwirkung entsteht. Dieses »Schwere und Schwerkraft« erzeugende Phänomen nannten sie Gravitation. Weil diese Sog-

wirkung der mehr oder weniger kugelförmigen »Raum-Wirbel« alle für sie erreichbaren Materieteilchen und -teile in sich hineinzieht und in ihren Zentren ansammelt, entstehen die Massenansammlungen, die wir Monde, Planeten und Sonnen nennen. Die »Korioliskraft«, die alle einfallenden Teile und Teilchen in eine spiralförmige Fallbahn zwingt, sorgt mit dafür, daß diese Massenansammlungen von Anfang an in Analogie zur Kreiselrichtung der Raumwirbel rotieren. Wird die Rotationsbewegung der Materie durch keine Reibungskräfte oder die Umkehrung der Einfallrichtung der Teile und Teilchen gebremst, bleibt sie aufgrund der »Trägheits-Gesetze« erhalten. Aus diesem Grunde dreht sich unsere Erde auch heute noch um ihre Achse. Bilden sich nun in den rotierenden »Raumblasen« durch Verwirbelung »Satelliten-Wirbel«, entstehen je nach Größenordnung Sonnensysteme, Galaxien oder Satelliten-Galaxien. Die Energieform, die diesen strudelerzeugenden Fluß in Gang gesetzt hat und aufrecht erhält, hat in den alten Schriften viele Namen. In jedem Kulturkreis wurde sie anders genannt. Damit das den aufrecht nach Wahrheit suchenden Adepten nicht irritieren sollte, gaben sie ihm mit auf den Weg: *„Der Mond zwar viel der Namen hat, jedoch nur eine Natur und Art!“*
So heißt es zum Beispiel im okkulten Katechismus von dieser Energieform: *„Der große »Atem« gräbt den »Raum« entlang sieben Gruben, sieben nach innen und sieben nach außen, um sie während eines Weltzeitalters »kreisen« zu lassen!“*
Daß sich diese »sieben nach innen und sieben nach außen«, auf die vorher schon ausführlich behandelten sieben Größenordnungen beziehen, wird dem aufmerksamen Leser sicher nicht entgangen sein.
Es liegt auf der Hand, daß die einzelnen »Gruben«, oder besser »Raum-Wirbel«, mit unterschiedlichen Geschwindigkeiten kreisen. Aus diesem Grunde sind Stärke und Reichweite ihrer Sogwirkungen ebenfalls verschieden. Aber auch diese Werte bleiben nicht immer konstant. Wird diesen rotierenden »Raum-Blasen« Bewegungsenergie zugeführt oder entzogen, ändern sich automatisch auch Sogwirkung und Reichweite.

Kreisen zum Beispiel kleine »Gruben«, kleinste »Raum-Wirbel« im Mikrokosmos sehr schnell um ihre Rotationsachse, entstehen in ihrem Inneren große Sogkräfte mit geringer Reichweite. Rotieren dagegen große »Gruben oder Raumwirbel«, die beispielsweise das Gravitationsfeld eines Planeten oder einer Sonne ausmachen, verhältnismäßig langsam um ihre Achse, so ist die Sogwirkung entsprechend gering, aber von sehr großer Reichweite. Dieser Sachverhalt erklärt nun ein anderes Paradoxon, das die modernen Physiker mit ihren Forschungen zutage gefördert haben und ebenfalls nicht erklären können. Man sollte doch meinen, daß die stärkste Kraft auch die größte Reichweite besitzt. Zum Beispiel zieht ja ein starker Magnet ein Stück Eisen über eine größere Entfernung zu sich herüber als ein schwacher.
Bei den von der Wissenschaft entdeckten vier Grundkräften, den sogenannten »vier Wechselwirkungen«, ist es aber gerade umgekehrt. Die stärkste Wechselwirkung, die ja bekanntlich die Kernbausteine des Atoms zusammenbindet, wirkt nur auf allerkleinstem Raum, und ihre Sogwirkung geht kaum über die Dimension des Atomkerns hinaus. Die schwächste aber, die Gravitation, wirkt über Entfernungen, die beispielsweise bei Galaxien Hunderte von Lichtjahren betragen können.

»Schwarze Löcher« aus neuer Sicht

Aber nicht immer müssen große Raumwirbel langsam rotieren. Wird ihnen sehr schnell sehr viel Bewegungs-Energie zugeführt, so daß die auftretenden Sogkräfte in ihrem Inneren die Fliehkräfte der »wirbelnden Wasser des Raumes« übersteigen, werden sie von ihren eigenen Sogkräften auf immer engerem Raum zusammengezogen.
Genau wie bei einer Eiskunstläuferin, die ihre vorher gestreckten Arme während einer Pirouette zum Körper zieht, nimmt die Rotationsgeschwindigkeit der entsprechenden Raumwirbel

sehr schnell zu. Damit aber wächst die Sogkraft in ihrem immer enger werdenden Inneren — wie bei einem sich ausbildenden Wirbelsturm — so schnell an, daß nicht einmal Licht entweichen kann. Ein »Schwarzes Loch« ist geboren. Eine dunkle Fallgrube im All, aus der so leicht nichts entkommen kann. Daß es solche Todesfallen tatsächlich gibt, haben Astronomen längst bewiesen.

Als Australische Forscher mit ihrem Teleskop in den Weltraum blickten, entdeckten sie ein riesiges »Schwarzes Loch«, das wie ein gigantischer Staubsauger einen Stern nach dem anderen verschluckt. Auch Nigel Calder schreibt: *„Es gibt im Herzen der Galaxie einen riesigen Sternenschlucker. Wenn Sterne oder Gase in seine Nähe kommen, wirbeln sie, immer schneller werdend, ins Zentrum hinein — wie Wasser, wenn es sich einem Abfluß nähert! Die fallende Materie strahlt dabei immer mehr Energie ab, bis zu dem Moment, wo sie verschwindet.“*

Nach der Lehre vom Wassermann wird diese eingefangene Materie durch die ungeheuren Gravitationskräfte innerhalb des »Schwarzen Loches« wie die Beute der Python zusammengequetscht und in »Schwingungs-Energie« umgewandelt. Der größte Teil der freiwerdenden Schwingungsenergie wird wahrscheinlich der Rotations-Schwingung des schnell rotierenden »Raumwirbels« zugeführt, der dadurch immer eiliger um seine Rotationsachse rast und noch stärkere Sogkräfte in seinem Inneren aufbaut. Die lokale Rotationsschwingung des Raumes erdrückt und verschlingt das Erbeutete nicht nur wie eine Riesenschlange, sondern verdaut es auch regelrecht, um das für ihr Wachstum Brauchbare in sich einzubauen.

Aus diesem Grunde ist es unwahrscheinlich, das im Zentrum eines »Schwarzen Loches« die Materieansammlung existiert, die von unserer modernen Wissenschaft dort hineingedacht wird. Nun vermutet sie in den »Schwarzen Löchern« nicht etwa Materie, weil es dafür stichhaltige Beweise gibt, sondern aus einem ganz anderen Grund. Nach wissenschaftlicher Auffassung wohnt die Gravitation grundsätzlich der Materie inne und daher kann es nach ihrer Meinung auch keine Gravitation ohne

die sie beinhaltende Masse geben. Man spricht daher folgerichtig von der sogenannten «Gravitations-Ladung». Weil man also davon ausgeht, daß eine bestimmte Menge Materie in jedem Falle eine gleichbleibende Gravitationskraft enthält, oder seit Prof. Einstein, durch Raumkrümmung verursacht, lehrt man in wissenschaftlichen Kreisen die Proportionalität von Masse und Gravitation.
Mit diesem vermeintlich totsicheren Instrumentarium errechnen die Wissenschaftler Masse und Gewicht aller Himmelskörper, bei denen sie die Intensität des Gravitationsfeldes bestimmen können. Kennt der Wissenschaftler die Stärke eines beliebigen Gravitationsfeldes, kann er mit den entsprechenden Formeln die Masse berechnen, die dieser »Gravitations-Portion« entspricht und umgekehrt. So schreibt Nigel Calder denn auch folgerichtig: *„Kennt man die Geschwindigkeit der inneren Sterne einer Galaxie, dann kann man tatsächlich das Galaxien-Zentrum wiegen!“*
Wer dieses Verfahren bei einem »Schwarzen Loch« anwendet, erhält allerdings ein kurioses Ergebnis. Die Proportionen von errechneter Masse und »Schwarzem Loch« weichen von dem bisher gewohnten Verhältnis beträchtlich ab. Die aufgrund der starken Sogkräfte errechnete Masse muß so gigantische Dimensionen aufweisen, daß sie nicht zu übersehen wäre. Ein Paradebeispiel dafür ist die eliptische Riesengalaxie »Messier — 87«. Diese Ansammlung von einigen hundert Milliarden Sternen fiel auf, weil sie aus ihrem Inneren eine Gasfackel ausspeit, die über fünfzig Billionen Kilometer weit in den Raum hinausreicht. Im Innersten dieser Galaxie, dort, wo die Fackel ihren Ursprung hat, rotieren Sterne mit rasender Geschwindigkeit um ein Zentrum. Sie erreichen dabei vierhundert Kilometer pro Sekunde, also gut tausendfache Schallgeschwindigkeit. Die dabei auftretenden Fliehkräfte in den Sonnenmassen sind so groß, daß nach wissenschaftlicher Meinung nur eine gewaltige Zentralmasse in der Lage ist, sie in ihrer Kreisbahn zu fesseln.
Aber trotz intensiver Suche wurde eine solche Masse nicht gefunden. Nigel Calder schreibt daher: *„Die Masse des Zen-*

trums, die nötig ist, um solche Bewegungen aufrecht zu erhalten, ergab sich als fünf Milliarden mal schwerer als die Sonne. Wenn also dort eine derart enorme Anzahl von Sternen im Zentrum war, dieser riesigen Masse entsprechend, dann würde das Zentrum der Galaxie tatsächlich sehr hell sein. Und wenn vielleicht Staub den Blick dorthin verdeckte, dann sollte man eine starke Rötung des Lichtes erwarten, wie bei einem Sonnenuntergang. Aber im Zentrum von »M — 87« sahen die Astronomen weder eine blendende Sternenmenge, noch ein staubig-rötliches Leuchten. Kurz gesagt: die Erscheinung des Zentrums widersprach allen Berechnungen von der Masse her, außer, wenn es ein »Schwarzes Loch« enthielte.“

In diesem Falle hilft sich die Wissenschaft allerdings mit einem Trick aus der Klemme. Auch wenn die Materie der fünf Milliarden Sonnenmassen nicht nachzuweisen ist, lehrt sie uns, so ist sie dennoch vorhanden. Sie sagt, diese gigantische Materiemenge, die die ungeheuren Sogkräfte eines »Schwarzen Loches« beinhalten, oder, seit Einstein, hervorrufen soll, sei auf ein winziges Raumvolumen zusammengerutscht. Das geschehe immer dann, so argumentiert man, wenn die Gravitationskraft stärker ist, als die den Atomen ihre normale Größe verleihenden elektrischen Kräfte und die Atomkerne aller Atome zusammenquetscht. Die dadurch entstehende Materie sei so kompakt, glaubt man, daß ein Fingerhut voll einhundert Millionen Tonnen und mehr wiegen würde. Wollte man aus unserer Erde mit ihren 12.000 Kilometern Durchmesser ein Schwarzes Loch machen, müßte man sie auf weniger als 2,5 cm zusammendrücken. Es leuchtet ein, daß man diesen Winzling über größere Entfernungen nicht entdecken kann. Dem Vorhaben, aus unserer Erde eine Murmel zu machen, stehen aber nicht nur technische Schwierigkeiten im Wege. Viel gravierender ist die Tatsache, daß die Atombausteine mit gleichen Ladungen nicht friedlich beieinander bleiben, sondern sich gegenseitig von sich stoßen. Nur neutrale Teilchen, wie zum Beispiel die Neutronen, machen diese Schwierigkeiten nicht und könnten sich, zumindest theoretisch, auf engstem Raum versammeln.

Die Wissenschaftler nehmen daher an, daß diese utopische Materieansammlung im Zentrum eines superstarken Gravitationsfeldes, aus Neutronen besteht. Wird nun ein Schwergewichtsmeister unter den Schwerkraftfeldern entdeckt, in dem die errechnete Masse nicht nachweisbar ist, spricht man von einem »Neutronen-Stern«. Ob dieser Name in diesem Zusammenhang seine Berechtigung hat, ist zumindest sehr zweifelhaft. Er bezieht sich ja lediglich auf einen hypothetischen Zustand der Materie, wie er unter solch extrem hohen Drücken theoretisch existieren könnte. Meines Wissens hat man noch in keinem Laboratorium Neutronenansammlungen in Form von kompakter »Neutronen-Materie« nachgewiesen. Man vermutet lediglich, daß sogenannte »Röntgen-Pulsare« Neutronenmaterie enthalten. Nigel Calder schreibt dazu: *„Ein »Röntgen-Pulsar« ist ein kollabierter Neutronenstern, der in einer nahen Bahn einen normalen Stern umkreist. Gas von diesem Stern stürzt hinüber auf den Neutronenstern und erzeugt dabei Röntgenstrahlung. Der Neutronenstern rotiert und als Folge davon blinkt er wie ein Leuchtfeuer. J. Taylor von der University of Massachusetts entdeckte 1974 den »Pulsar 1913 + 16«. Sein umständlicher Name bezieht sich auf seine Position am Himmel. Er wurde zum »Lustobjekt« der Relativisten. Er umkreist in sehr enger Bahn einen anderen kollabierten Stern und bildet mit ihm ein Doppelstern-System. Der Begleiter, bisher unentdeckt, ist vielleicht ein weißer Zwerg, ein Neutronenstern oder ein Schwarzes Loch.“*
Wie wir sehen, kommen in diesem Falle für die Materie des »unentdeckten Begleiters« sogar drei mögliche Zustandsformen in Betracht. Offenbar reichen die vorhandenen Daten noch nicht aus, um sich auf eine von den dreien festzulegen. Das ist auch kein Wunder, denn das zu erforschende Objekt ist 15.000 Lichtjahre von uns entfernt. Es ist erstaunlich und bewundernswert, daß die Astronomen von derart weit entfernten Objekten noch präzise Aussagen machen können. Das ist ohne Zweifel eine großartige Leistung menschlichen Erfindergeistes, die hier in keiner Weise geschmälert werden soll. Ich

will lediglich aufzeigen, daß sich manche Fragen viel einfacher beantworten lassen, wenn man die Vorstellung aufgibt, daß Materie und Gravitation »siamesische Zwillinge« sind.

Die Wahrheit war immer einfach

Immer wieder hat sich doch in der Geschichte menschlichen Forschens gezeigt, daß es nicht der Schwierigkeitsgrad war, der dem Forscher die Wahrheit vorenthielt, sondern seine eigenen Vorurteile.

Die allseits bekannte Tatsache, daß sich die grundlegenden Naturgesetze umso leichter formulieren lassen, je näher man der Wahrheit kommt, wurde und wird leider immer wieder von vielen Forschenden außer acht gelassen. Umso ärgerlicher wird im Nachhinein ihre schlichte Einfachheit empfunden, wenn die eigenen komplizierten Denkmodelle sich als falsch erweisen. Ginge man noch heute davon aus, daß die Erde im Mittelpunkt des Universums ruht, während Sonne und Sterne um sie kreisen, würden wir vermutlich immer noch mit Pferd und Wagen reisen und mit immer komplizierteren »Epizykel-Theorien« über die geheimnisvollen, unfaßlichen Schleifenbewegungen der Planeten rätseln. Wir wissen heute, die Gesetze der Himmelsmechanik liegen nicht jenseits menschlicher Erkenntnisfähigkeit. Dies beweisen unwiderlegbar die großen Erfolge in der Weltraumfahrt. Das erschien den Verfechtern des geozentrischen Weltbildes nur so, weil sie ihre Beobachtungen nicht widerspruchsfrei in das von ihnen benutzte Bezugssystem eingliedern konnten.

Befinden wir uns mit unserem Materialismus, dieser materialistisch orientierten Weltsicht, für die die Materie Grund, Ursache und Mittelpunkt allen Wirkens ist, nicht in einer ähnlichen Lage? Ist der Versuch, das gesamte Weltgeschehen einschließlich des Lebens, der Seele und des Geistes, als Wirkungen des materiellen Stoffs und seiner Bewegungen zu erklären, nicht längst gescheitert? Eines ist doch Tatsache. Seit Jahren sitzt die Wissenschaft nicht nur in der Teilchenphysik auf einem ständig wachsenden Berg ungelöster Probleme. Nach meiner Meinung ließe sich davon ein großer Teil abtragen, wenn man aufhören würde, alle Eigenschaften dieser Welt einer Materie anzulasten, deren Wesen doch letztlich ebenfalls unverstanden ist.

Warum sollen zum Beispiel die vier Wechselwirkungen auf unerklärliche Weise imaginären Teilchen innewohnen? Lassen sich die beobachteten Phänomene nicht viel einfacher durch vier verschiedene, Sogkräfte erzeugende Bewegungs- oder Schwingungszustände des »Raumes« erklären? Ist eine hypothetische Neutronen-Ansammlung, die sich jeder Vorstellung und Nachprüfung entzieht, unbedingt erforderlich, um als Gravitationsursache die beobachteten Verhaltensweisen eines Röntgenpulsars zu rechtfertigen? Welche Rolle spielen bei diesen Überlegungen die mysteriösen Gravitonen, nach denen so emsig vergeblich gesucht wird? Wie lange soll diese wenig aussichtsreiche Suche noch darüber hinwegtäuschen, daß das Ende der Sackgasse längst erreicht ist?

Die Ursache der Gravitation und das erdmagnetische Feld

Nach meiner Meinung kann nur ein radikales Umdenken helfen, wenn es in der Forschung und damit auch in der festgefahrenen Wirtschaft, wieder vorwärts gehen soll. Die Forscher sind gut beraten, wenn sie das materialistische Weltbild aufgeben und den »Raum« mit seinen Eigenschaften zum Mittel- und Ausgangspunkt ihrer Überlegungen machen.

Zum Beispiel bringt ein schnell rotierender »Raumwirbel« mit entsprechenden starken Sogkräften viel glaubwürdiger die Phänomene hervor, die von der Radioastronomie in bezug auf die Röntgen-Pulsare entdeckt wurden. Seine starken Sogkräfte, die auf verhältnismäßig kleinem Raum wirken, sind viel durchschaubarer in der Lage, von einem benachbarten Stern Gas abzusaugen, das dann als Energielieferant die Röntgenstrahlung speist. Selbstverständlich würde auch er aufgrund seiner Rotation in regelmäßigen Abständen entsprechende Röntgen-Signale aussenden und wie ein Leuchtturm blinken. Er leistet sogar noch mehr als die Neutronen-Ansammlung der Wissenschaft, weil er für das starke Magnetfeld, das einen Röntgen-Pulsar kennzeichnet, sogar zwei mögliche Erklärungen bietet. Hier offenbart sich die nächste Schwäche des materialistischen Weltbildes. Über Ursache und Wesen des bei vielen Himmelskörpern nachgewiesenen magnetischen Feldes weiß die Wissenschaft auch nicht sehr viel mehr, als über die Ursache der Schwerkraft. Selbst über den Ursprung des erdmagnetischen Feldes, das ihren Forschungen direkt zugänglich ist, gibt es nur Vermutungen.

Man weiß lediglich, daß es so beschaffen ist, als sei ein mächtiger Stabmagnet in die Erde eingebettet. Selbstverständlich gibt es im Erdinneren keinen Stabmagneten. Das ist schon deshalb nicht möglich, weil jeder Magnet bei ganz bestimmten Temperaturen, dem sogenannten »Curie-Punkt«, seinen Magnetismus verliert. Für Eisen liegt dieser »Curie-Punkt« zum Beispiel bei etwa 800, für Nickel bei ca. 350 Grad Celsius. Wenn also eine gewöhnliche Kerzenflamme schon ausreicht, um einen gewöhnlichen Stahlmagneten zu entmagnetisieren, um wieviel leichter muß das den hohen Temperaturen im Erdinneren gelingen. Der unter hohem Druck stehende Erdkern soll beispielsweise 3000 bis 6000 Grad Celsius heiß sein. Man vermutet, daß er aus Nickeleisen in festem Zustand besteht und von einem zähflüssigen Kern umgeben ist. Langsame Bewegungen des inneren Kerns im kuchenteigartigen äußeren und Bewegungen im äußeren Kern selbst — so vermuten die Wissenschaftler — erzeugen das Magnetfeld der Erde. Aber auch wenn man die entmagnetisierende Wirkung der Erdwärme außer acht läßt, stellen sich sofort neue Ungereimtheiten in den Weg.

Wie jedermann weiß, ist das erdmagnetische Feld sehr schwach, reicht aber trotzdem sehr weit in den Weltraum hinaus. Das letztere weiß die Wissenschaft mit Sicherheit, weil der Erd-

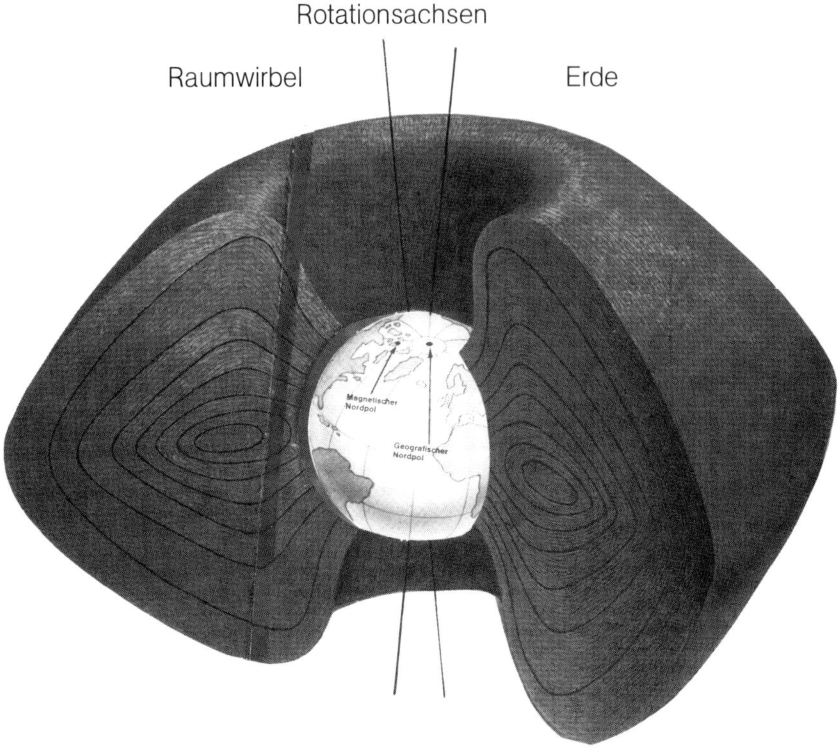

Abbildung 51
Der »Van-Allen-Gürtel« der Erde sieht vielleicht so aus.
Er könnte die »Raumstruktur« des Sogkräfte erzeugenden Raumwirbels abbilden, der den Erdkörper wie eine stählerne Faust umklammert.

magnetismus eine gigantische unsichtbare Hülle aus Atomarteilchen um unseren Planeten webt, die Raumsonden vermessen konnten. Danach beträgt der Radius dieser sogenannten Magnetosphäre mindestens 65.000 bis 80.000 Kilometer. Eine wahrhaft beachtliche Reichweite!
Alle uns bekannten natürlichen und künstlichen Magnete sind dagegen winzige Zwerge. Obwohl das magnetische Feld eines kleinen Stahlmagneten etwa zehnmal, das eines Alnico-Magneten sogar einhundertmal stärker ist als das Magnetfeld im

Erdinneren, betragen die entsprechenden Reichweiten nur einige Zentimeter. Wie die Anhänger des materialistischen Weltbildes diesen offensichtlichen Widerspruch ausräumen wollen, ist mir leider nicht bekannt. Dagegen kann man in einem Sogkräfte erzeugenden »Raumwirbel« beispielsweise ein rotierendes, der Elektrizität verwandtes Feld sehen, auf dem senkrecht ein magnetisches steht, oder davon ausgehen, daß die rotierenden »Wasser des Raumes« eine Raumstruktur schaffen, die alle in ihren Machtbereich gelangten magnetischen Teile oder Teilchen ihrer Wichte und Polung gemäß ansammelt und ausrichtet.
Das würde nicht nur erklären, warum die »Van-Allen-Magnetosphäre« einem riesigen Apfel ähnelt, sondern auch, warum die Magnetfelder vieler Himmelskörper so großen Schwankungen unterworfen sind und die magnetischen Pole wandern. Ändert nämlich der rotierende Raumwirbel Betrag und Richtung seiner Bewegungszustände, hat das zwangsläufig beim magnetischen Feld seine Entsprechung. So verändern zum Beispiel die magnetischen Pole der Erde ständig ihre Lage. Sie bewegen sich nur langsam, aber man kann ihre Bewegungen leicht messen. Aufgrund solcher Messungen haben Wissenschaftler 1955 die Lage des magnetischen Nordpols sehr genau bestimmt. Als sie ihre Messungen fünf Jahre später wiederholten, stellten sie fest, daß er sich 110 Kilometer nach Nordwesten verschoben hatte.
In den vergangenen Jahrmillionen sind die Magnetpole der Erde weit gewandert. Der magnetische Nordpol lag schon in Korea, in der Mitte des Atlantischen Ozeans und wahrscheinlich sogar in Afrika. Umfangreiche physikalische Untersuchungen an Vulkangestein lieferten die Grundlagen für diese Erkenntnisse. Solche spezifischen Aussagen sind möglich, weil erstarrte Lava natürliche »Kompaßnadeln« enthält, die anzeigen, wo sich in der Vergangenheit die magnetischen Pole befanden. Diese Kompaßnadeln sind eisenhaltige Teilchen im Magma, das seinerzeit tätigen Vulkanen entströmte. Weil höhere Temperaturen entmagnetisierend wirken, werden die winzigen

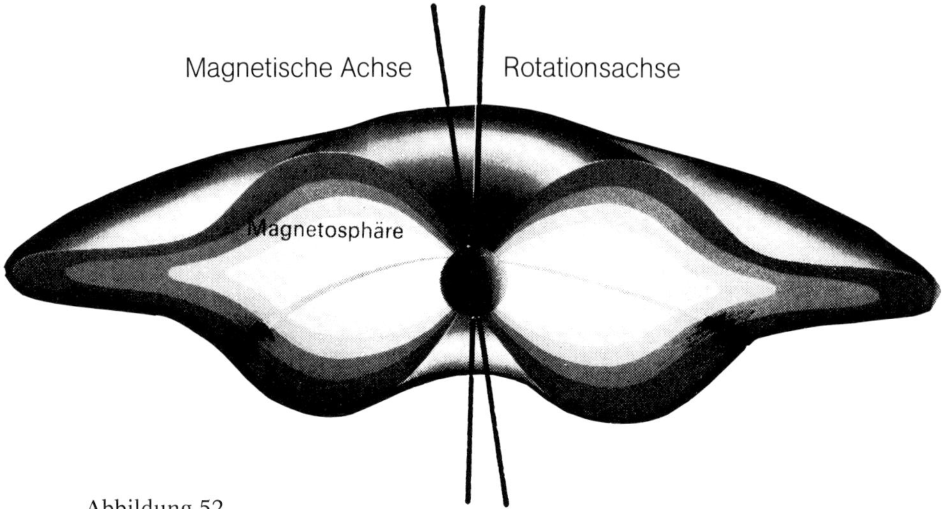

Abbildung 52
Der »Van-Allen-Gürtel« des Jupiter.
Der »Raumwirbel« des Jupiter ist scheinbar nur in den inneren Bereichen dem der Erde ähnlich.
Weiter außen ist er zu einer Scheibe von etwa 40 Millionen km Durchmesser abgeflacht. Diese Form des Van-Allen-Gürtels hat man mit Daten errechnet, die »Pioneer 10« 1973 zur Erde funkte. Außerdem hat er signalisiert, daß eine Kompaßnadel auf Jupiter nach Süden zeigen würde.
Der Raumwirbel des Jupiter rotiert also von West nach Ost.

Eisenteilchen nach wissenschaftlicher Auffassung beim Abkühlen durch das Magnetfeld der Erde magnetisch und entsprechend der herrschenden Polung ausgerichtet.
Bohrt man aus erstarrter Lava nach Zehn- oder Hunderttausenden von Jahren einen Kern heraus und tastet die einzelnen Schichten mit empfindlichen Meßinstrumenten ab, kann man an der eingeprägten Magnetisierung die Polung für das Gebiet der Erde erkennen, aus dem der Bohrkern stammt. Weil erstarrte Lava meistens auch radioaktive Substanzen enthält, kann an deren Zerfall das Alter des Gesteins errechnet werden. Durch solche Untersuchungen in verschiedenen Teilen der Welt wurde festgestellt, daß das Magnetfeld der Erde in der Vergangenheit mehrfach umgepolt war.

Nord- und Südpol hatten sozusagen die Plätze getauscht. Der heute im Norden liegende magnetische Nordpol befand sich vor ca. 800.000 Jahren beispielsweise im Süden. So hat das Magnetfeld der Erde in den letzten 3.600.000 Jahren vermutlich fünf- bis neunmal seine Richtung gewechselt. Warum das geschah, weiß kein Forscher gewiß. Als Ursache vermuten die Wissenschaftler Bewegungen im Erdinneren. Sie gehen davon aus, daß die Erde einer überdimensionalen Zweibel gleicht, deren innere Schalen flüssig bis zähflüssig sind und mit unterschiedlichen Geschwindigkeiten in verschiedene Richtungen fließen. So befindet sich nach ihrer Meinung unter einer verhältnismäßig festen Kruste von 10 bis 80 Kilometer Stärke ein plastisch flüssiger Erdmantel. Wo er mit einer Mächtigkeit von ca. 2.900 Kilometern endet, beginnt der zähflüssige Erdkern.
Die zähflüssigen, glühenden Eisenmassen in 2.900 bis 5.000 Kilometern Tiefe bewegen sich mit einer Geschwindigkeit, die um 0,05 cm/Sek. von der Erdrotation abweichen soll. Weil sich der heiße Eisenbrei im Magnetfeld magnetischer Gesteinsschichten bewegt, sollen nach dem Prinzip, durch das auch ein Generator Strom liefert, elektrische Ströme entstehen, die das Magnetfeld der Erde aufbauen. Da es nach wissenschaftlicher Auffassung verschiedene fließende Eisenmassen im Erdinneren gibt, entstehen auch mehrere sich überlagernde Magnetfelder, die sich unter Umständen weitgehend neutralisieren können.
Welche Polarität sich anschließend einstellt, bleibt aus dieser Sicht weitgehend dem Zufall überlassen, weil die Art der elektrisch, magnetischen Zustände ausschließlich von den weiteren Strömungsrichtungen und -stärken der fließenden Eisenmassen abhängig ist. Wie eine Umpolung des Erdmagnetfeldes vor etwa 14 Millionen Jahren abgelaufen sein könnte, haben amerikanische Geologen erst kürzlich rekonstruiert. Als sie die sehr feinen Kristallschichten in Gesteinsproben untersuchten, die sie Bohrkernen aus dem Erdreich des Mount-Rainier-Nationalparks in Washington entnahmen, erzählten sie ihnen folgende Geschichte: Zuerst schwächte sich die Feldstärke des magnetischen Feldes unseres Planeten allmählich ab. Dann be-

gann der Magnetpol wie wild zu pendeln und wanderte in einem Kreis um die nördlichen Regionen der Erde. Schließlich kippte er mit einem Ruck in die umgekehrte Richtung und das Magnetfeld baute sich anschließend mit umgekehrten Vorzeichen wieder auf.
Soweit sich die einzelnen Feinschichten mit den magnetischen Kristallen datieren ließen, vollzog sich der ganze Umpolungsprozeß in einer Zeitspanne, die weniger als 4.000, aber mehr als 1.000 Jahre betragen haben muß. Aber der eben beschriebene Polsprung, der vor etwa 14 Millionen Jahren stattgefunden haben soll, war nicht der einzige, der die Erde in der Vergangenheit heimgesucht hat. Der letzte nachweisbare Polsprung hat vor etwa 700.000 bis 800.000 Jahren stattgefunden. Viele Wissenschaftler sind daher sicher, daß sich solche Polsprünge auch in Zukunft wiederholen werden, ohne daß für die dann lebenden Menschen eine ernsthafte Gefährdung eintritt. Leider teilen uns die überlieferten Texte in bezug auf die letzte Feststellung das Gegenteil mit. Sie haben gute Gründe dafür.
Das magnetische Feld der Erde ist nicht überall gleich stark. Am Äquator ist es schwächer als an den Polen. Es sorgt dafür, daß die Erde von einem ungeheuren, ungleichmäßig verteilten Schwarm elektrisch geladener Atomteilchen umgeben ist. Woher die unzähligen radioaktiven Teilchen stammen, ist ungewiß. Dieser große Teilchenschwarm ist in seiner größten Erdnähe sehr dicht, verdünnt sich mit zunehmendem Erdabstand immer mehr und endet in etwa 80.000 Kilometern Entfernung im Weltraum. Der »Van-Allen-Gürtel«, wie er nach seinem Entdecker genannt wird, bildet einen mächtigen Ring um die Erde, der seiner Form nach, dem sehr stark aufgeblasenen Gummischlauch eines Ballon-Reifens ähnelt.
Über dem Äquator, wo das magnetische Feld am schwächsten ist, ist er am dichtesten, über den Polen, wo das Magnetfeld der Erde am stärksten ist, dagegen recht dünn. Die eigenartige Form der Magnetosphäre erklären Wissenschaftler so: Alle elektrisch geladenen, radioaktiven Teilchen besitzen ein eigenes magnetisches Feld. Geraten sie in das Magnetfeld der Erde, werden sie

abgelenkt. Wohin sie sich weiterbewegen, hängt davon ab, wie ihre magnetischen Pole zu den Magnet-Polen der Erde gerichtet sind. Weil die meisten Teilchen rotieren, werden sie abwechselnd angezogen und abgestoßen und wirbeln daher entlang den magnetischen Kraftlinien des Erdfeldes hin und her.
Teilchen, die parallel zur magnetischen Erdachse einfallen, haben keine magnetischen Kraftlinien zu kreuzen und werden direkt durch die Anziehung der irdischen Magnetpole in die Atmosphäre gezogen. Aus diesem Grunde ist der »Van-Allen-Gürtel« über den Polen am dünnsten, meinen die Forscher. Mit seiner verhältnismäßig kleinen Nabe an den Polen und dem riesigen Felgen-Wulst am Äquator, könnte der »Van-Allen-Gürtel« aber auch ebensogut die Raumstruktur des Sogkräfte erzeugenden »Raum-Wirbels« abbilden, der den Erdkörper wie eine stählerne Faust umklammert, um ihm seine Form aufzuzwingen. (Abb. 51, S. 242). Daß ihm das nicht hundertprozentig gelingt, liegt an der Festigkeit der Erdmaterie, ihrem Trägheitsverhalten und den Fliehkräften, die im kreiselnden Erdkörper wirksam sind. Nur bei einem flüssigen oder gasförmigen Himmelskörper hätte er mehr Erfolg.
Nach der Lehre vom Wassermann verdankt das gewaltige »Rad«, wie die Überlieferer einen »Raum-Wirbel« sehr treffend nannten, seine Form den wirbelnden Wassern des Raumes. Je nach Rotationsgeschwindigkeit entstehen auch in ihnen mehr oder weniger starke Fliehkräfte, die am Äquator des »Rades« einen entsprechenden Wulst ausbilden und die Pole entsprechend abflachen. Dadurch werden, je nach Rotationsgeschwindigkeit, mehr oder weniger stark abgeflachte »Raum-Kugeln« geformt, die einem »Apfel« oder aber auch einem flachen Diskus ähneln können. So gleicht zum Beispiel der »Van-Allen-Gürtel« der Erde eher einem Apfel, *der des Jupiter einer »Fliegenden Untertasse«* (Abb. 52, S. 244); die Sternenansammlung unserer Milchstraße dagegen einem Diskus, weil sich die entsprechende Materie in allen Fällen der Struktur des Gravitation erzeugenden Raum-Wirbels angepaßt hat (Abb. 53, S. 248). Bei jeder rotierenden »Raum-Kugel« treten am Äquator größe-

Abbildung 53
Die Sternenansammlung einer Milchstraße gleicht manchmal einem Diskus.
Spiralnebel im Sternbild der Jungfrau, von der Seite gesehen mit dem 200zölligen Spiegelteleskop des »Mount Wilson and Palomar Observatories«.

re Fliehkräfte auf, als an den Polen. Dagegen sind an den Polen die Sogkräfte stärker ausgebildet als am Äquator. Dadurch bilden sich an den beiden Enden des »Raum-Wirbels« trichterförmige Ausbuchtungen, die sich zum Mittelpunkt hin verjüngen. Das könnte zur Folge haben, daß die »Wasser des Raumes« nicht nur in Rotationsrichtung fließen, sondern zusätzlich senkrecht dazu, in spiraliger Form durch das Innere der »Raum-Kugel«. Es ist möglich, daß die so entstehende besondere Raumstruktur in den »Trichtern« keine elektrisch geladenen Teilchen zuläßt. Vielleicht werden sie an den Trichterwänden entlang ins Innere gerissen und versetzen beim Aufprall auf die

obersten Luftschichten durch Stoßionisation Gasmoleküle in Schwingungen, die dann weißes, rotes, blaues oder grünes Licht ausstrahlen. Das würde erklären, warum die Erde in großen Höhen zu bestimmten Zeiten an beiden Polen einen kreisrunden, flammenden, in allen Farben des Regenbogens schillernden »Heiligen-Schein« besitzt, der von unseren Astronauten immer wieder beobachtet und bewundert wurde.
Diese in herrlichen Farben wogenden Lichtschleier und Lichtstreifen nennen wir in den nördlichen Breitengraden »Polar- oder Nordlichter« und in den südlichen »Südlichter«. Es liegt auf der Hand, daß die Form eines Sogkräfte erzeugenden »Raum-Wirbels« auch Einfluß auf die Form der in ihm kreisenden Masse hat. Verändert sich zum Beispiel die Form des »Raum-Wirbels« durch Aufnahme oder Abgabe von Bewegungsenergie, ändert sich nicht nur Intensität und Reichweite von Gravitation und Magnetfeld, sondern auch in mehr oder weniger starkem Maße die Form der Zentralmasse. Das kann auf ihre Oberflächenstruktur und die auf ihr lebenden Organismen nicht ohne Auswirkungen bleiben.
Vielleicht ist das plötzliche Aussterben der Saurier und die damit zeitlich einhergehende Verkleinerung der Pflanzen, Tiere und Menschen (?) auf eine Zunahme der Erdgravitation zurückzuführen. Die dafür erforderliche Bewegungsenergie könnte zum Beispiel direkt oder indirekt vom »Raum-Wirbel« des geplatzten Planeten »Phaeton« stammen. Es ist denkbar, daß solche oder ähnlich einschneidende Änderungen des Gleichgewichts im Räderwerk des Sonnensystems, wie sie Explosionen, Kollisionen und Neubildungen von Planeten darstellen, auch die Polsprünge auf der Erde ausgelöst haben. Selbstverständlich können nur gezielte Forschungen darüber Klarheit schaffen, wie und wodurch die Polsprünge in der Vergangenheit tatsächlich ausgelöst wurden und welche Auswirkungen sie auf die Erdoberfläche und ihre Bewohner hatten. Trotzdem möchte ich an einem Gedankenexperiment aufzeigen, warum nach meiner Meinung jeder Polsprung katastrophale Folgen haben muß.

Die Ursache der Polsprünge aus der Sicht der Überlieferungen

Nehmen wir einmal an, der »Raum-Wirbel« der Erde kippt um, wie die laufende Trommel eines Betonmischers, die man entleeren will, weil starke Kräfte aus seinem Umfeld ihn dazu zwingen. Wenn das nur schnell genug geschieht, behielte unsere Erde wie ein rotierender Kreisel ihre mehr oder weniger stabile Achslage bei und würde Betrag und Richtung ihrer Rotation nicht wesentlich ändern. Leider muß bei dieser Prozedur der Äquatorwulst des »Raum-Wirbels«, der ja für einen Teil der äquatorialen Wölbung des Erdkörpers verantwortlich ist, über die abgeflachten geographischen Pole der Erde wandern und wölbt auf seinem Wege alles in die Höhe, was keinen Widerstand entgegensetzen kann. Die abgeflachten Pole des »Raum-Wirbels«, die sich über den Äquatorwulst des Erdkörpers schieben, drücken alles nach unten. Und das alles, während die Erdkugel auf ihrem Weg um die Sonne, sich unbeirrt um ihre Achse dreht.

Man braucht nicht viel Phantasie, um sich auszumalen, welche verheerenden Veränderungen auf der Erdoberfläche eintreten, wenn der Gravitation erzeugende Raumwirbel wie ein unsichtbarer »Super-Riese« mit eisernem Griff die zerbrechliche Erdkruste massiert. Gigantische Springfluten laufen wie Gezeitenwellen um den Erdball, begraben ganze Kontinente unter ihren Salzwassermassen und bringen die Achse des rotierenden Erdkörpers aus dem Gleichgewicht. Während sie immer stärker hin und her taumelt, reißt die Erdkruste an allen möglichen Stellen auf und glutflüssige Lava quillt hervor wie Blut aus einem geschundenen Körper. Weil die Achsenpole der rotierenden Erde und die nunmehr entgegengesetzt drehenden Achspole des »Raum-Wirbels« nicht sofort wieder übereinstimmen, wird sowohl die Erdachse, als auch die Achse des Raumwirbels noch sehr lange beträchtlich hin und her pendeln. Diesen Schwankungen müssen die Gezeitenwülste weiterhin folgen.

Sie transportieren dabei nicht nur ungeheure Wassermengen aus den Erdozeanen hin und her, sondern verändern auch die Bewegungen des glutflüssigen Magmas im Erdinneren.
Das kann nicht ohne Einfluß auf das Driften der mächtigen kontinentalen Erdplatten bleiben, die mit ihren Sockeln im flüssigen Magma des Erdinneren schwimmen. Sie werden schwanken, sich an ihren Berührungspunkten reiben und ineinander verkeilen, wie die Eisschollen auf einem zugefrorenen Strom, der das erste Schmelzwasser führt. Dadurch erheben sich über den Bruch- und Nahtstellen neue Gebirgsketten, während alte für immer darin versinken. Aber das ist noch nicht alles, was die jeweils lebenden Bewohner der Erdoberfläche verkraften müssen.
Weil sich durch das Pendeln der Erdachse der Einfallwinkel der Sonnenstrahlen verändert, ändert sich auch der Rhythmus der Jahreszeiten und die großen Klimazonen der Erde verschieben sich beträchtlich. Blühende tropische Landschaften verwandeln sich in Wüsten aus Schnee und Eis, während die dicken Eispanzer der Gletscherregionen schmelzen und üppiger Vegetation Platz machen. Daß derartig krasse Klimaschwankungen auf unserem Planeten tatsächlich stattgefunden haben, belegen zahlreiche archäologische Funde. So entdeckten Archäologen erst kürzlich in Braunkohlengruben auf Jütland versteinerte Bananenstauden, die wahrscheinlich 20 Millionen Jahre dort gelegen haben.
Der Fund beweist, daß auf der Halbinsel zwischen Kattegat und Nordsee einmal afrikanisches Klima herrschte. Auch Kohlenflözfunde in der Antarktis und fossile Palmen auf Spitzbergen sind eindeutige Belege dafür, daß dort vor vielen Millionen Jahren subtropische Urwälder gestanden haben. Vielleicht stellt man später sogar einmal fest, daß auch die letzten großen Eiszeiten, die auf der nördlichen Erdhalbkugel überall ihre Spuren in Form von Gletschermoränen hinterließen, durch mehr oder weniger große Verschiebungen der Klimazonen ausgelöst wurden. Vielleicht ist in diesem Zusammenhang auch interessant, daß nach jahrelanger Forschungsarbeit bewiesen wurde, daß

der geographische Südpol vor 450 Millionen Jahren im Westen des afrikanischen Kontinents gelegen hat und weite Teile Afrikas von Schnee und Eis bedeckt waren. Das Gebiet, in dem heute die Sahara liegt, soll sich damals über den Südpol geschoben haben.
Gleichzeitig hat man festgestellt, daß am Nordpol vor einigen Millionen Jahren nie Poleis in der heutigen Ausdehnung existierte. Das kann aber nur bedeuten, daß es damals keine Jahreszeiten gab, denn die Pole konnten sich ja nicht periodisch alle halbe Jahre von der Sonne wegwenden, weil die Erdachse fast senkrecht zur Sonnenebene stand. Da die Erdachse heute 23 Grad 27 Minuten zur Ekliptik geneigt ist, muß die Erde in der Zwischenzeit ihre Lage im Raum geändert haben und sollte eigentlich immer noch ein wenig hin und her pendeln. Diese Taumelbewegung konnte tatsächlich nachgewiesen werden, und daher vermuten einige Forscher, daß die Erde in früheren Zeiten mehr als einmal gekippt ist. Weil das Pendeln der Erdachse eine gedämpfte Schwingung darstellt, werden die entsprechenden Schwankungen mit der Zeit immer schwächer und die Klimazonen bleiben über größere Zeiträume relativ stabil.
Das gibt den Lebewesen Gelegenheit, sich den jeweils herrschenden Bedingungen anzupassen. Auch in unserer Zeit ändern also die Erdpole ihre Richtung im Raum und der jetzige Polarstern wird nicht immer Himmels-Nordpol bleiben. In etwa 15.000 Jahren wird zum Beispiel »Wega«, der helle Stern in der Leier, seinen Platz als nördlicher Himmelspol einnehmen. Dieser Standortwechsel geht allerdings so langsam vor sich, daß man es in einem Menschenleben nicht wahrnehmen kann, aber durch sorgfältige Beobachtungen waren Astronomen in der Lage, die Veränderungen zu messen. Sie stellten fest, daß die Erdachse für einen Umlauf ihrer Schlingerbewegung etwa 26.000 Jahre benötigt. Dabei verhalten sich die Erdpole so ähnlich, wie das obere Ende eines rotierenden Spielzeugkreisels, der kurz vor dem Umkippen steht.

Ist die Erde in grauer Vorzeit mehrmals gekippt?

Vielleicht ist die Erde in grauer Vorzeit tatsächlich einmal umgekippt. In manchen Überlieferungen wird berichtet, daß die Erdachse vor langer Zeit stärker zur Erdbahn geneigt war als heute. Weil der geographische Nordpol damals mehr auf die Sonne zeigte, ging sie in den nördlichen Gefilden der Erde niemals unter, und es herrschte tropisches Klima mit ewigem Frühling.

Ideale Bedingungen für die Entstehung von Leben? H. Blavatsky, die Gründerin der Theosophischen Gesellschaft, war offenbar dieser Ansicht, denn in ihrem umfangreichen Werk »Die Geheim-Lehre«, das auf die verschlüsselten »Strophen des Dzyan« aufgebaut ist, schreibt sie zu diesem Themenkomplex sinngemäß etwa folgendes: *„Im ersten Anbeginn des Lebens war das einzig trockene Land am rechten Ende der Sphäre, dem Nordpol, da, wo die Erde bewegungslos ist. Je mehr man sich dem Pol nähert, umso mehr nimmt die Rotationsbewegung ab, und am eigentlichen Pol ist sie völlig neutralisiert. Dort waren die Wasser lauwarm, dort wurde der Mensch geboren.“*

Leider hielten diese paradiesischen Zustände nicht lange an, denn Blavatsky fährt an anderer Stelle fort: *„Im Okkultismus wird ein unerbittliches Gesetz erwähnt, das »Der große Ordner« genannt wird. Dieses Gesetz, das zu einer bestimmten Zeit in Übereinstimmung und Harmonie mit dem karmischen Gesetz von Ursache und Wirkung tätig wird, verursacht eine Änderung in der Neigung der Erdachse, in deren Gefolge ungeheure Klimaschwankungen und Klimaveränderungen auftreten. Den Überlieferungen zufolge sollen seit dem Auftreten der Menschheit bereits vier solcher Achsstörungen stattgefunden haben.*

Die alten Kontinente wurden von den Ozeanen verschlungen, andere Länder tauchten auf und gewaltige Bergketten erhoben sich, wo zuvor keine gewesen waren. Die Oberfläche der Erdkugel wurde jedesmal vollständig verändert.“

Wie diese großen Umwälzungen ausgelöst wurden, erklärt Blavatsky so: „*Als das Klima selbst in den arktischen Gegenden halb tropisch und den ursprünglichen Bedürfnissen des entstehenden körperlichen Lebens vorzüglich angepaßt war, neigte sich die Achse des »Rades«!*" Offenbar geschah das sehr langsam und die Erdachse konnte sich kontinuierlich der Lageänderung des »Raum-Wirbels«, des »Rades« anpassen, so daß beide Achsen während des Vorganges mehr oder weniger parallel liefen, denn es heißt weiter: „*Die Sonne und der Mond schienen nicht mehr über den Häuptern jenes Teils der Schweißgeborenen. Die Menschen lernten Schnee, Eis und Frost kennen und Menschen, Planzen und Tiere wurden in ihrem Wuchs zwergartig. Jene, welche nicht zugrunde gingen, blieben wie halbwüchsige Kinder an Größe und Intellekt. Der ewige Frühling wurde zum beständigen Wechsel und Jahreszeiten folgten. Die Kälte zwang die Menschen, Wohnungen zu bauen und Kleidung zu erfinden.*

Dann wendeten sich die Menschen an die oberen Väter. Göttliche Könige stiegen herab und lehrten die Menschen Wissenschaft und Künste, denn der Mensch konnte nicht mehr in dem ersten Lande leben, welches sich in einen weißen gefrorenen Leichnam verwandelt hatte. Nach der großen Katastrophe nahmen nicht nur Größe und Intellekt der Menschen beträchtlich ab, auch ihre Lebensdauer verringerte sich. Da sie in der Frömmigkeit herabgesunken waren, vermischten sie sich mit tierischen Rassen und vermählten sich mit Riesen und Zwergen. Das Versinken und wieder Auftauchen von ganzen Kontinenten ist nach den Erklärungen in den Kommentaren der alten Schriften einer Abnahme der Rotationsgeschwindigkeit des »Rades« — des Raumwirbels — *zuzuschreiben. In den Kommentaren wird gesagt: Wenn das »Rad« mit seiner üblichen Geschwindigkeit läuft, dann stimmen seine äußersten Punkte* — die Pole des Raumwirbels — *mit den geographischen Polen der Erdkugel und sein mittlerer Kreis mit dem Äquator überein. Wenn das »Rad« langsamer läuft und in jeder Richtung schwankt, so ist eine große Störung auf der Oberfläche der*

Erde. Die Wasser der Erde strömen nach ihren zwei Enden, den Polen, und neue Länder erheben sich in dem mittleren Gürtel der Äquatorländer, während jene an den Polen in den steigenden Fluten versinken.“

Es liegt auf der Hand, daß die Form des »Raum-Wirbels« – des Rades – und damit auch die Form der Erde, in der Hauptsache von seiner Rotationsgeschwindigkeit abhängt. Rotiert er nur langsam um seine Achse, gleicht er mehr einer Kugel. Nimmt seine Rotationsgeschwindigkeit dagegen zu, flachen ihn die auftretenden Fliehkräfte an den Polen ab und er wird immer linsenförmiger. Weil auch die Sog- oder Gravitationskräfte in seinem Inneren kontinuierlich zunehmen, preßt er den Erdkörper mehr und mehr zusammen und gleicht ihn soweit wie möglich seiner sich wandelnden Form an. Außerdem bewirken die stärker werdenden Sogkräfte in seinem Inneren in Verbindung mit seiner Linsenform, daß die Achsen von Erdkörper und Raumwirbel beständiger parallel laufen. Rotiert er also verhältnismäßig schnell, hat auch die Erde die Form einer dicken Linse und die leichter beweglichen Wassermassen der Erdozeane sammeln sich zunehmend am Erd-Äquator, um dort einen riesigen ringförmigen Wulst zu bilden.

Läuft das »Rad« dagegen wieder langsamer, so daß es Kugelform annimmt, wird auch die Erde entsprechend kugelförmig, die Wassermassen der Erdozeane verringern sich am Äquator und strömen nach den Polen. Weil dort nun der Meeresspiegel beträchtlich ansteigt, versinken große Teile des Festlandes in den Fluten, während am Äquator – bedingt durch das sinkende Meeresniveau – neue Länder aus den Fluten emportauchen.

Auch in wissenschaftlichen Kreisen gilt heute als gesichert, daß große Teile der Erdoberfläche früher unter Wasser lagen, während andere Gebiete, die heute unter dem Meeresspiegel liegen, früher Festland waren. Das haben Naturforscher schon in der Vergangenheit festgestellt, als sie an geographischen Örtlichkeiten Fossilien entdeckten, an denen man sie niemals vermutet hätte. So wurden zum Beispiel im Binnenland, in Gebieten wie Minnesota oder im Himalaya Skelette von Walfischen gefunden

und im trockenen heißen Wüstensand versteinerte Meerespflanzen und -tiere ausgegraben. Daher gibt es schon heute genügend Beweise dafür, daß die Sahara einst ein Binnenmeer gewesen ist.
Nur über die Ursachen, die die Aufeinanderfolge von Land und Meer in so großen geographischen Räumen ausgelöst haben könnten, darüber gehen die Meinungen der Fachleute auseinander. In der Regel geht man aber davon aus, daß gefrierende oder abschmelzende Gletscher dafür verantwortlich sind. Leider kann niemand mit Sicherheit sagen, was die erforderlichen Klimaveränderungen ausgelöst hat. Das ist meiner Meinung nach deshalb so schwierig, weil im relativistischen Bezugssystem der modernen Wissenschaft ein Gravitation erzeugender »Raum-Wirbel« — dessen Rotationsgeschwindigkeit und -richtung veränderlich ist — nicht vorkommt.
Warum das »Rad« Rotationsgeschwindigkeit und -richtung ändert, kann sicher viele Ursachen haben, aber der Mond scheint dabei eine ausschlaggebende Rolle zu spielen, denn der entsprechende Text, den Blavatsky zitiert, besagt: *„So ist das »Rad« unterworfen und geregelt von dem Geiste des Mondes, in betreff des »Atems seiner Wasser«“* — den unsichtbar rotierenden, feinstofflichen »Wassern des Raumes«, die nicht nur den Mondkörper in ihren Bann schlugen, sondern auch mit dem Gravitation erzeugenden »Raum-Wirbel der Erde« in wechselseitiger Beziehung stehen. Die Sogkräfte der »Raum-Wirbel« von Sonne und Mond strecken ihn, wie zwei sich zankende Hühner einen erbeuteten Regenwurm, und die Wassermassen der Erdozeane passen sich der Verformung an. Darum laufen bis heute zwei Gezeitenwülste periodisch um den Erdball und erzeugen den rythmischen Wechsel von Ebbe und Flut. *„Gegen den Schluß des Zeitalters einer großen Epoche, beginnen diese »Beherrscher des Mondes« fester zu ziehen und so das »Rad« der Erde an seinem Gürtel abzuplatten, wenn er an einigen Stellen hinuntergeht und an anderen anschwillt und die Anschwellung nach den äußersten Punkten, den Polen hin läuft, werden neue Länder sich erheben und alte verschlungen werden.“*

Die Beherrscher des Mondes – die Sogkräfte seines Raumwirbels – ziehen dann den Teil des irdischen Raumwirbels empor, der dem Mond zugewandt ist und halten ihn hoch, wie der Zirkusclown seine viel zu große Hose, an der ihm die Hosenträger fehlen. Dadurch bildet sich auf der darunter liegenden Erdoberfläche ein gewaltiger Wasserberg, der beträchtliche Teile des Festlandes unter sich begraben kann. Dreht sich die Erde unter diesem Wasserbuckel weiter, werden unter bestimmten Umständen ganze Landstriche periodisch überflutet. Selbstverständlich ist es müßig, anhand der spärlichen Texte darüber zu spekulieren, was zeitlich und räumlich im einzelnen auf der Erdoberfläche passierte. Schon deshalb, weil sich hinter den Aussagen mit Sicherheit ein zweiter physikalischer Sachverhalt verbirgt, der sich auf die ursächlichen Zusammenhänge von Weltwerden und Vergehen bezieht.
Das war auch Blavatsky bekannt, denn sie nannte ja ihren Versuch, bestimmte Geheimtexte der Überlieferungen verständlich zu machen, »Die Geheim-Lehre« und schreibt darin erläuternd: *„Jeder Text bezieht sich auf einen der folgenden Standpunkte und muß von demselben aus wiedergegeben werden: 1. Die realistische, 2. die idealistische und 3. die rein göttliche oder geistliche Ebene. Es gibt kein rein mythisches Element in irgend einem der alten religiösen Texte; aber die Denkart, in der sie ursprünglich geschrieben wurden, muß herausgefunden und während des Vorganges der Auslegung sorgfältig festgehalten werden.“*
Ob das Blavatsky in ihren umfangreichen Schriftwerken gelungen ist und ob sie mit ihrer menschheitsbezogenen Weltsicht als Bezugssystem den wahren Sinn der dunklen Texte immer freigelegt hat, wenn sie beispielsweise die überlieferten Flutkatastrophen in den Sintflutsagen, oder den Legenden über Atlantis und Lemuria, mit den eben geschilderten erdgebundenen Überschwemmungen in Verbindung bringt, will und kann ich nicht beurteilen, gebe aber zu bedenken, daß die wenigen degenerierten Überlebenden gewiß andere Sorgen hatten, als darüber nachzudenken, wie sie ihren Nachkommen die umwäl-

zenden, Tod und Verderben bringenden Ereignisse in Schlüsselwerken hinterlassen könnten.
Außerdem ist es Tatsache, daß die meisten Menschen, bedingt durch den sogenannten »Verdrängungs-Mechanismus« in uns, eher gute Ereignisse und Erlebnisse im Gedächtnis behalten um darüber zu berichten, als schlimme. Es wäre wohl auch schlecht um das Lebensselbstverständnis bestellt, wenn sich der Schleier des Vergessens nicht immer wieder wohltuend über alle furchtbaren Erfahrungen ausbreiten würde. Weil die alten Texte in der Regel so vieldeutig sind, wird wohl auch ausnahmslos jeder nur das finden, was seine eigenen Ansichten und Vorurteile bestätigt. Das gilt auch für jene, die in den Überlieferungen nichts oder nur konfusen Unsinn sehen, denn auch sie stützen mit ihrer Haltung ihr Weltbild.

»Diabolos« — der Teufel

Offenbar war Blavatsky aber mit mir der Meinung, daß sich hinter dem »Schlangen-Symbol« nichtgeradlinige Bewegung verbirgt.
In bezug auf die Schlingerbewegung der Erdachse schreibt sie vom Schlangensymbol folgendes: „*Wenn ein Okkultist im Vendidad von ausgestoßenen Klagen gegen die Schlange liest, deren Bisse den schönen ewigen Frühling verändert und in Winter verwandelt haben, so weiß er, daß die angespielte Schlange der Nordpol und auch der Himmelspol ist.*
Diese zwei Achsen bewirken die Jahreszeiten entsprechend ihrem gegenseitigen Neigungswinkel. Die beiden Achsen waren nicht mehr parallel, daher war der ewige Frühling verschwunden. Die esoterische Lehre stellt fest, daß der Nordpol sich von der Sonne weggewendet hatte und das »Land der Wonne« jetzt die Gegend von Wüste und Weh geworden war. Der Nordpol lag seinerzeit in der Ebene der Ekliptik, begleitet von all den feurigen Folgen, welche aus einer solchen Lage der Himmel entstehen müssen und jedes Tierkreiszeichen vertikal zur Polarregion

gewesen sein muß. In diesem Zeitalter wäre zu Mittag die Ekliptik den Längenkreisen der Erde parallel und ein Teil des Tierkreiszeichens würde vom Nordpol zum nördlichen Horizont hinabsteigen."

Zum besseren Verständnis sei hier angemerkt, daß die »Ekliptik« jene scheinbare Kreisbahn am Fixsternhimmel ist, die die Sonne — von der Erde aus gesehen — vor dem Hintergrund der Sternbilder der Tierkreiszeichen beschreibt. Mit anderen Worten, früher zeigte der geographische Nordpol auf die im Hintergrund der Sonne befindlichen Sternbilder des Tierkreises und heute mehr der Erd-Äquator. Daß die im Vendidad erwähnte »Schlange«, die seinerzeit die Sternbilder der Tierkreiszeichen wie die Engel auf der Jakobsleiter auf- und absteigen ließ und später den ewigen Frühling vom Nordpol vertrieb, mit den Bewegungen des Erd- und Himmelspols identisch ist, „... *ist eine geistreiche Erklärung, selbst wenn sie nicht ganz frei ist von okkulter Ketzerei*", meint Blavatsky und fährt fort: "*doch ist sie der Wahrheit sehr viel näher als viele Aussagen von mehr wissenschaftlichem und insbesondere theologischem Charakter. Aber die Profanen und ganz besonders die christlichen Fanatiker, die immer auf der Suche nach wissenschaftlicher Bestätigung ihrer »Totenbuchstaben-Texte« sind, beharren darin, in dem Himmelspol die wirkliche »Schlange der Genesis« zu sehen; den »Satan«, den Feind der Menschheit, während es tatsächlich — eine kosmische Metapher, ein bildlicher Ausdruck ist.*" Daß gläubige Menschen die Schlange mit dem »Bösen« identifizieren, ist nur zu verständlich, denn aus allen alten Schriften geht hervor, daß die Wissenden ihr welterzeugendes Wirken negativ sahen. Wie soll man als Unwissender auch einsehen, daß die Welt ein »Ort der Qual« ist, an dem der »Seher« nur Leiden erfährt und daher bestrebt sein sollte, ihr schleunigst zu entfliehen? Auch wenn Papst Paul VI. vor versammelten Gläubigen predigte: „*Wir alle stehen unter einer finsteren Herrschaft, der des »Teufels«, des Feindes Nummer Eins. Dieses dunkle und beunruhigende Wesen gibt es wirklich*», war das aus seiner Sicht nur konsequent; er wußte sicherlich mehr vom

Elend dieser Welt als irgendein anderer Mensch. Aber wessen Bewußtseinswelt wird reflektiert, wenn ein Reporter wie Ulrich Schippke im Magazin »Stern« die Schlange mit einem Penis identifiziert und schreibt – ich zitiere wörtlich: „*Natürlich freute sich Adam, als Gott für ihn eines Tages die Eva erfand. Sie war ganz hübsch anzuschauen mit ihrem langen Haar, ihrem üppigen Busen, oben und unten alles ohne. Doch so recht wußte Adam mit ihr nichts anzustellen. Und gewiß hätten die beiden nie etwas miteinander gehabt, wenn nicht der Teufel gewesen wäre. Er machte ihnen vor, was noch heute den Menschen die liebste Beschäftigung ist. Gemeinhin wird die Geschichte fein sittsam erzählt, mit Schlange und Apfel und verbotenem Baum. Doch beim Blättern in den Ursprüngen der Bibel liest es sich anders!* (?) *Da wird die Schlange zu einem Penis, der einem Teufelskerl gehört, dem Satan. Dieser Bursche aus dem Jenseits schleicht sich eines Tages in den Garten Eden ein, macht sich an Eva heran, treibt Sex-Spiele mit ihr und dreht ihr schließlich ein Kind an, das sich -wie jeder weiß - zum schlimmen Wechselbalg entwickelte. Es wurde Kain, der erste Mörder der Welt!*"
Aber war er das wirklich? Zugegeben, wenn es sich so zugetragen hat, spricht alles gegen ihn, aber auch in der Bibelgeschichte von Kains Brudermord gibt es ja den berühmten Stolperstein. Da steht im 1. Buch Moses Kapitel 4: „*Und Adam erkannte sein Weib Eva und sie ward schwanger und gebar den Kain und fuhr fort und gebar Abel, seinen Bruder. Und Abel ward ein Schäfer; Kain aber ward ein Ackermann. Es begab sich aber nach etlicher Zeit, daß Kain dem Herrn Opfer brachte von den Früchten des Feldes, und Abel brachte auch von den Erstlingen seiner Herde und von ihrem Fett. Und der Herr sah gnädiglich an Abel und sein Opfer, aber Kain und sein Opfer sah er nicht gnädiglich an. Da ergrimmte Kain sehr und seine Gebärde verstellte sich. Da sprach der Herr zu Kain: Warum ergrimmest du? Und warum verstellet sich deine Gebärde? Ist's nicht also? Wenn du fromm bist, so bist du angenehm; bist du aber nicht fromm, so ruhet die Sünde vor der Tür und nach dir hat sie Verlangen; „du aber herrsche über sie!" Da redete Kain mit seinem Bruder Abel*

(— setzte sich mit ihm ideologisch auseinander —) *und es begab sich, da sie auf dem Felde waren, erhub sich Kain wider seinen Bruder Abel und schlug ihn tot! Also ging Kain von dem Angesicht des Herrn und wohnte im Lande Nod, jenseits Eden, gegen Morgen. Und Kain erkannte sein Weib, die ward schwanger und gebar den »Henoch«* (— was hebräisch der »Eingeweihte« bedeutet —) *und erbaute eine Stadt, die nannte er nach seines Sohnes Namen Henoch"* — die Stadt der Eingeweihten.
Diese Stadt »der in die Naturgeheimnisse Eingeweihten« steht hier symbolisch für den, den wirtschaftlichen Interessen dienenden, vielgestaltigen sozialen Mittelpunkt, der mit seinen zentralen Aufgaben im Forschungsbereich von einer »geordneten Gemeinschaft aufgeklärter Wissender« und ihren Institutionen repräsentiert wird, — der materialistisch orientierten Wissenschaft. Wenn aber Adam und Eva mit ihren beiden Söhnen die ersten vier Menschen waren, wieso konnte Kain dann in ein anderes Land gehen, um sich eine Frau zu suchen? Wie ist es möglich, daß der gerechte Gott, der gebietet »Du sollst nicht töten!«, ein Opfer vorzieht, das nur durch das Töten seiner von ihm geschaffenen Geschöpfe möglich wird? Es handelt sich also auch bei Kain und Abel um Sinnbilder. Kain bedeutet »der Pflüger«. Er ist symbolisch der Feldbesteller, der Materialist. Das Wort Abel stammt aus dem hebräischen Wortschatz, bedeutet »Hauch, Aufhauch, Nichtigkeit« und steht sinnbildlich für den »Geist-Menschen als Gottsucher«. Er ist in der Parabel »Viehhirte«, weil er seine Triebe und Begierden hütet und zügelt, um sie später abzutöten und als Preis für die Einung mit Gott zu opfern. Es ist das einzige Opfer, das vor Gott bestehen kann, und wird daher von ihm gnädiglich angesehen; denn »nur gleich und gleich gesellt sich gern«!
Eine gierige, schuldbeladene sündige Seele ist mit dem neutralen, merkmallosen Gott nicht zu vereinen. Kain und Abel, die beiden feindlichen Brüder, symbolisieren also die beiden Richtungen, in die man sich auf der Straße des Lebens bewegen kann. In der einen Richtung ist diese »Straße des Lebens« breit und ausgetreten, weil sie vom großen Heer der Abenteurer be-

völkert wird. Sie führt sie immer tiefer in die Welt hinein und damit ins Verderben. Die andere aber ist ein steiler Gebirgspfad, den nur wenige benutzen, und der sich auf dem schwer erklimmbaren Gipfel des höchsten Bewußtseins im »Merkmallosen« — in Gott — verliert. Beide, der »Materialist« und der »Gottsucher«, sind Söhne der Eva; denn beide werden in ihrem Handeln vom »Streben nach Lust« motiviert.
Daß der Materialist den Gottsucher mit seinem Materialismus erschlagen hat, ist wohl zu keiner Zeit so deutlich geworden wie in unseren Tagen. Nie war Abel so tot wie heute! Dazu Schippke im »Stern«: *„Die Sache mit Adam und Eva ist lange her. Aber eben jener Teufelskerl geht neuerdings wieder auf der Erde um. »Ein finsteres, unheimliches Wesen« (Papst Paul VI.), so schleicht er zwischen uns herum, verführt uns zu lockerem Lebenswandel, zu Rauschgiftorgien, zu Irrglauben und überhaupt zu allen Schlechtigkeiten dieser schlechten Welt. Nicht nur der Papst glaubt das. Am Himmel stoßen Raumschiffe über unser Sonnensystem hinaus, auf der Erde reißen gewaltige Maschinen die Bauteilchen der Atome auseinander, um die letzten Geheimnisse der Materie zu entschleiern.*
Noch nie, solange die Welt besteht, wußten die Menschen so viel über sich selbst und über das Universum. (?) *Doch plötzlich scheint es, als werfen Millionen dieses Wissen wieder über Bord. Mitten im aufgeklärten Zeitalter der Forschung und Technik beginnen sie auf einmal ein Wesen wiederzuentdecken, das zu den ältesten und schauerlichsten Mythologien der Menschheit gehört: den Teufel.“*
Ist das tatsächlich so unlogisch, so unbegreiflich? Könnte es nicht gerade daran liegen, daß die Wissenschaft mit ihren auf Materialismus gründenden Erkenntnissen zwar Angst, Schrekken und Ratlosigkeit ins Maßlose gesteigert hat, aber bis heute nicht aufzeigen konnte, warum so viel mehr Böses als Gutes in der Welt geschieht? In dieser Beziehung waren die geistigen Urheber der alten Schriften, die wußten, was Gut und Böse ist und daher die Ursachen des Bösen symbolisch der Schlange zuschrieben, sicherlich konsequenter und der Sache des Lebendi-

gen dienlicher. Ein gläubiger Mensch, der böse Handlungen unterläßt, weil er sich vor der Strafe des Teufels oder seines Gottes fürchtet, hat sich und seiner Umwelt damit mehr genützt als ein Forscher, dem es wieder einmal gelungen ist, ein noch grausameres Waffensystem zu ersinnen, und der die Ansichten des religiösen Menschen belustigend findet. Vielleicht ist es aber gerade seine Erfindung, die die Erdachse eines Tages wieder Tod und Verderben bringend »schlingern« läßt, von der Blavatsky in ihrer Geheimlehre schreibt: „*Nach Eusebius* — dem Vater der Kirchengeschichte — *der wunderbarerweise einmal die Wahrheit schrieb, symbolisierten die alten Ägypter den Kosmos durch einen großen feurigen Kreis mit einer habichtköpfigen Schlange, die seinen Durchmesser entlang in die Quere lag. Hier sehen wir den Erdpol in der Ebene der Ekliptik!*"
Leider kann ich der letzten Interpretation nicht zustimmen. Mag sein, daß man das erwähnte Symbol auch in diesem Sinne auslegen kann, aber meiner Ansicht nach meinten die alten Ägypter mit dem feurigen Kreis nicht die Ekliptik, sondern den ganzen Kosmos. Den Raum als »anfang- und endlosen Einen«. Die schwingende Grundlage, die durch die Schwingung als »Entzweier« — griech. Diabolos, der Teufel, symbolisch die habichtköpfige Schlange — in zwei einander entgegengesetzte Welten geteilt wird. Der Habichtkopf spielt auf den »Greif« an, den wir als Schlangensymbol schon kennen. Durch diese Teilung des »Einen« in einen feinstofflich-erkennenden und einen grobstofflich-erkennbaren Schwingungszustand, geht das vorher »Heile« entzwei und der Eine wird »Drei«.
Es gibt dann ihn, den »allumfassenden Unendlichen« und die beiden einander entgegengesetzten endlichen Welten, die in ihm existieren wie zwei Inseln in einem riesigen Ozean. Weil nun für den »Seher« das Welterleiden im Kreislauf der Wiedergeburten erneut beginnt, war die »entzweiende Schlange« für die Wissenden der »böse Teufel«.

Abbildung 54

Asmodi, Zoroasters Erzdämon des Zorns als »Schlange Apopis«.

Allegorische Darstellung der physikalischen Ursachen des Bösen. Ganz grob enthält das Sinnbild in etwa folgende Aussage: „Die aktiven Bewegungen der Wasser des Nun, in Verbindung mit Verwirbelung als Prägemechanismus sind das tragende Element der auf das »Böse« ausgerichteten menschlichen Handlungen.“

Asmodi, die Schlange Apopis.

Die einzelnen Symbole bedeuten:

Krone = das Herrschende; **Tierohren** = das Animalische; **wutschnaubend** = Furcht und Schrecken verbreitend; **Gesicht** = das Sichtbare; **Teufel** = das Böse; **Stierkopf** = die Libido, der Geschlechtstrieb; **Widderkopf** = Verwirbelung als Prägemechanismus; **verwachsen** = eine Einheit bildend; **menschlicher Brustkorb** = der menschliche Organismus als Behälter des atmenden (Lunge), pulsierenden (Herz) Schwingungsträgers; **Brust** = das Nährende; **menschlicher Arm** = das menschliche Handeln; **stützt sich auf** = beruht auf; **rechtes Bein des Teufels als Gänsefuß** = das Böse sind Bewegungen in den Wassern des Nun; **linkes Bein des Teufels als Drachenhals** = verbindende, stützende, Angelpunkte bildende Wirbelbewegungen; **Löwenkopf** = Behälter als Steuerzentrum der gefährlichen Gedanken; **reiten** = wird getragen von; **Löwe als Großkatze** = der gefährliche, Böses ersinnende »Seher«; **Katze** = »man« oder »mens«, der erkennende Geist, »man« sieht, hört, riecht, schmeckt, fühlt, denkt; **Drache** = Schwingungspaket; **Flügel, Schwingen** = Schwingungen; **Löwenrachen und Pranken** = mord- und kampflüstern, grausam, mitleidlos, Tod und Verderben bringend.

Abbildung 55
Die »Schlange Apopis« mit Anhang: Das personifizierte »Böse«.

Abbildung 56
Die »Schlange Apopis« mit Anhang: »Der sündige Bock«.

Abbildung 57 **Der »Sabbat-Bock«.**

Abbildung 58 »**Der stierköpfige Satan**«.

Abbildung 59 **Und die »schönen Hexen«.**

Abbildung 60 **Auf den »Besen-Stiel« zum »Bocks-Berg« reiten.**

Abbildung 57, Seite 268
Die »Schlange Apopis« mit Anhang: Der »Sabbat-Bock«.
Kupferstich aus Eliphas Lévis »Transcendental Magic«, Ausg. 1896.

Abbildung 58, Seite 269
Die »Schlange Apopis« mit Anhang: »Der stierköpfige Satan« als Beherrscher des »Hexen-Sabbats«, nach dessen Taktstock die Wesen im Taumel der Leidenschaften umherwirbeln.

Abbildung 59, Seite 270
Und die »schönen Hexen«.
Albrecht Dürer, »Die vier Hexen«.

Abbildung 60, Seite 271
Auf dem »Besen-Stiel« zum Gipfel des »Bocks-Berg« reiten.
Aufbruch zum Hexensabbat.
Kupferstich nach Ziarnko, 1612.

Abbildung 61, Seite 273
Die »Schlange Apopis« mit Anhang: »Das Buhlen um Gunst«.

Abbildung 62, Seite 274
Die »Schlange Apopis« mit Anhang:
»Das närrische, rücksichtslose Jagen nach Geld«.
Man kann bekanntlich auf viele Arten reich werden, nur ehrlich währt's am längsten. Nur wer sich dem »Bösen« verschreibt, hat schneller Erfolg.

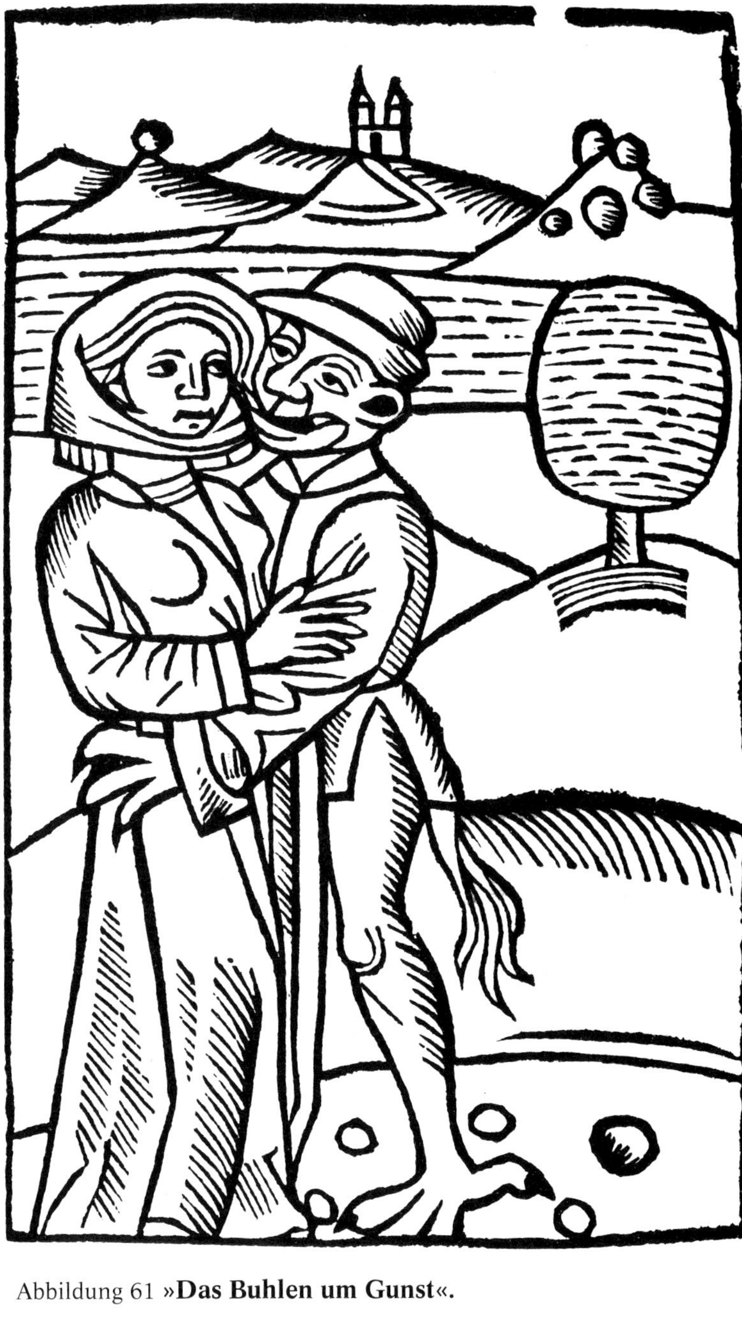

Abbildung 61 »**Das Buhlen um Gunst**«.

Abbildung 62 »**Das närrische, rücksichtslose Jagen nach Geld**«.

Abbildung 63
Die »Schlange Apopis« mit Anhang: »Die Eitelkeit«.

Abbildung 64
Die »Schlange Apopis« mit Anhang: »Die Herrschsucht«.

Abbildung 65

Die »Schlange Apopis« mit Anhang: »Die Großmannssucht und Völlerei«.

Abbildung 66
Die »Schlange Apopis« mit Anhang: »Die grausame, kalte, aufgeblasene, intrigante, tödliche, netzespinnende, blutsaugende Herrschsucht«.

Abbildung 67
Die »Schlange Apopis« mit Anhang:
»Der Drang nach Macht, Titel und Würden«.

Abbildung 68
Die »Schlange Apopis« mit Anhang: »Die Vermählung abartiger Triebhaftigkeit mit närrischer, intriganter Verlogenheit«.

Abbildung 69

Die »Schlange Apopis« mit Anhang:
»Der Tod und Vernichtung bringende Kadaver-Gehorsam«.

Abbildung 70
Die uralten, häßlichen, animalischen Triebe im Menschen sind der Anhang der »Schlange Apopis«.

Die »Schlange Apopis« mit Anhang

In einem sehr alten ägyptischen Text, den der Papyrus-Bremner-Rhind enthält, übermittelt uns ein unbekannter Meister seine Erkenntnisse über den hier zur Debatte stehenden Gegenstand. Das Manuskript stammt aus dem 4. Jahrhundert v. Christus und ist eine Bearbeitung eines noch älteren Schriftwerkes. Es wurde benutzt, um die »Schlange Apopis« mit ihrem Anhang zu stürzen, und heißt: „Das Buch zur Erkenntnis der Erscheinungsformen des Ré".

Weil es eine ziemlich lange verschlüsselte Abhandlung ist, soll hier folgende Kurzfassung genügen: „*Also sprach der Herr des Alls: Zahlreich waren bereits die Existenzweisen, die aus meinem Munde hervorgegangen sind, als dieser Himmel noch nicht entstanden war, als diese Erde noch nicht entstanden war, als selbst die Schlangen an diesen Orten noch nicht erschaffen worden waren, ich bildete einige von ihnen im Nun, schläfrige Geschöpfe, als ich noch keinen Ort gefunden hatte, um mich aufzurichten. Dann erwies sich mein pulsierendes Herz als wirksam, der Schöpfungsplan lag klar vor mir, und ich schuf alles, was ich erschaffen wollte, »als ich allein« war. Ich ersann Pläne in meinem Herzen* – dem Pulsar – *und erschuf eine neue Existenzweise und der aus dem Entstehenden hervorgehenden Existenzweisen waren viele. Ihre Kinder taten sich kund in ihrer Existenzweise als Kinder. Ich vereinte mich mit meinem eigenen Leibe, so daß sie aus mir hervorgingen, als ich mit meiner Hand* – meinem Handelnden – *Erregung, Schwingung erzeugt hatte und mein Verlangen nach Weltwerden Wirklichkeit wurde durch meine Hand. Als mein Same* – der Weltenkeim – *aus meinem Munde gefallen war durch mein Sprechen. Ich spie aus als »Schu« und warf Speichel aus als »Tefnut«. Ich war entstanden als ein einziger Gott und »siehe ich war drei Götter«. »Schu« und »Tefnut« bebten vor Wonne im »Nun«, in dem sie waren.*"

Abbildung 71

Alchimistische Allegorie: »Seher und Körper getrennt«.

Auf dem höchsten Gipfel der Erkenntnis (Bergspitze) tritt der Seher in seiner selbsteigenen Wesensform heraus und die erkennenden (Sonne) und erkennbaren (Mond) Elemente trennen sich, wie das zur Ruhe gekommene klare Wasser vom aufgewirbelten Schmutz.

Es ist nicht schwer zu erraten, daß »Schu« die feinstofflich-erkennende und »Tefnut« die grobstofflich-erkennbare Welt symbolisieren, die beide als Erregungs- oder Schwingungszustände in den anfang- und endlosen Wassern des Raumes, dem »Nun« existieren. Die »Schlange Apopis« — der oder das »Gierige« der Wasser — ist jene welterzeugende Schwingung, die durch das Individuationsprinzip den »Ich-Macher« erzeugt. Die Bewußtseinsschwingung, die in uns das »Selbstgefühl« hervorbringt und mit ihrem Anhang — den mehr oder weniger ausgeprägten Formen von Egoismus, Eitelkeit, Geltungsdrang, Raffgier, Herrschsucht und gnadenlosem Vernichtungswillen — unsere Handlungen ausrichtet (Abb. 54—70; SS. 265—282). Dieser das »Ich-bin« färbende, stimulierbare Mechanismus ist es, der jeden aufrechten Adepten daran hindert, sich mit dem »Einen« zu einen. Darum war die »Schlange Apopis« , dieser Gier und Leidenschaften entfachende »Drache« für ihn böse. Ein Feind, den er mit seinem scharfen Verstand, symbolisch dem »flammenden Schwert«, töten muß, indem er die Bewegungen seiner seelischen Welt, die ja seine Individualität ausmachen, durch »Yoga« zur Ruhe bringt. *„Dann tritt der »Seher« in seiner selbsteigenen Wesensform heraus. Sonst ist er in einem Zustand, der den Bewegungen der seelischen Welt konform ist“*, heißt es in den »Yoga-Merksprüchen« des Inders Patanjali. (Abb. 71, S. 284)

Du mußt sein was Gott ist: Sein

Das erstrebenswerteste aller Ziele war auch für einen echten Yogin keine Örtlichkeit, sondern der Zustand des »Merkmallosen«, den er in sich herbeiführen mußte, wenn er es erreichen wollte. Das galt auch für einen Christen; denn die Bibel belehrte ihn in Ev. Luc. 17, V. 20—21: *„Das Reich Gottes kommt nicht mit äußerlichen Gebärden und man wird auch nicht sagen, siehe, hie oder da ist es, denn sehet, das Reich Gottes ist inwendig in euch!“*

Der Lohn, der den »Gottsucher« für den hohen Preis der Selbstaufgabe erwartet, wenn er weder der erkennenden noch der erkennbaren »Welle« angehört, gipfelt in der Verheißung: *“Süß ist die ewige Ruhe zwischen den Schwingen des großen Vogels!“*
Der Sieg über den bösen Drachen in uns, der »Ichbezogenheit« als Ursache aller grausamen Teufeleien, ist ein Sieg durch »Befriedung« (Abb. 72, S. 288).
Weil das ein Sieg durch Frieden ist, nannte man einen »Drachentöter« Siegfried. Bevor der aufrechte Adept den »Drachen« aber zur Strecke bringen kann, muß er ihn erst finden; denn er lebt ja im Verborgenen, symbolisch »im Walde« (Abb. 73, S. 290). Um ihm seine Suche zu erleichtern, haben die weisen Männer früherer Epochen ihr Wissen in vielen Formen hinterlassen, aber das geheimnisvoll-rätselhafte ist allen gemeinsam. Die Art, wie sie ihre geheimnisumwobenen, verschlüsselten Aussagen darboten, sollte Neugierde erwecken und war gleichzeitig ein Prüfstein für Intelligenz und Lauterkeit des Suchenden. Wer sich aber über die eingebauten »Stolpersteine« hinwegsetzte, die Aussagen allzu wörtlich nahm und zum Beispiel in einem richtigen Walde nach einem »feuerspeienden Tier« Ausschau hielt, hatte die Prüfung nicht bestanden. Er war nicht reif für das »kostbare Juwel der Wahrheit«, das die Wissenden früherer Epochen wie ihren Augapfel hüteten.
Der geistliche Dichter und Liedermacher Angelus Silesius, der von 1624 bis 1677 lebte, war sicher einer von den erfolgreichen »Hermeten«. In seinem »Cherubinischen Wandersmann« hat er uns in einem sehr schönen Gedicht seine Erkenntnisse hinterlassen:

„Du mußt, WAS GOTT IST, sein!“

Soll ich mein letztes End’ und ersten Anfang finden, so muß ich mich in Gott und Gott in mir ergründen und werden das, was er; ich muß ein Schein im Schein, ich muß ein Wot im Wort, ein Gott im Gotte sein.
Ich weiß, daß ohne mich, Gott nicht ein Nu kann leben, werd ich zunicht’, er muß vor Not den Geist aufgeben.

Ich selbst bin Ewigkeit, wenn ich die Zeit verlasse und mich in Gott und Gott in mich zusammenfasse.
Zeit ist Ewigkeit und Ewigkeit wie Zeit, so du nur selber nicht machst einen Unterscheid. Halt an, wo läufst du hin, der Himmel ist in dir, suchst du Gott anderswo, so fehlst ihn für und für.
Ich trage Gottes Bild, wenn er sich will beseh'n, so kann es nur in mir, und wer mir gleicht gescheh'n.
Oh hohe Würdigung! Gott springt von seinem Thron und setzet mich darauf in seinem lieben Sohn.
Die Ros' ist ohn' warum, sie blühet weil sie blühet, sie acht' nicht ihrer selbst, fragt nicht ob man sie siehet.
Mensch werde wesentlich, denn wenn die Welt vergehet, so fällt der Zufall weg, das Wesen, das bestehet. Blüh' auf, gefrorner Christ, der Mai ist vor der Tür, du bleibest ewig tot, blühst du nicht jetzt und hier.
Halt deinen Leib in Ehren, er ist ein edler Schrein, in dem das Bildnis Gottes soll aufbehalten sein.
Was Gott ist, weiß man nicht. Er ist nicht Licht, nicht Geist, nicht Wahrheit, Einheit, Eins, nicht was man Gottheit heißt.
Nicht Weisheit, nicht Verstand, nicht Liebe, Wille, Güte, kein Ding, kein Unding auch, kein Wesen, kein Gemüte.
Er ist, was du und ich und keine Kreatur, eh' wir geworden, was er ist, jemals erfuhr! Gott gleichet einem Brunn', er fließt so mildiglich heraus in sein Geschöpf und bleibet doch in sich.

Der dreifältige Gott

Auch unser unbekannter altägyptischer Textverfasser hatte die Absicht, den aufrecht nach Wahrheit suchenden Menschen den richtigen Weg zu weisen. Er vermittelt uns seine Erkenntnisse, indem er den »aktiven, schwingenden Raum« in der Ichform zu uns sprechen läßt: „*Ich war entstanden als ein einziger Gott und drei Götter waren es, zu denen ich geworden war.*“

Abbildung 72

Alchimistische Allegorie: »Die Vollendung des großen Werkes«.

Fernab von der Welt in den Wassern des Nun, die acht Stufen des Yoga erklommen, den Drachen besiegt zu Füßen, vom Ich-thys getrennt, Welten-Apfel und Zepter in Händen, das Haupt mit der Krone, dem Höchsterreichbaren geschmückt, so ist aus einem Rhetor ein Konsul geworden.

„Ich war wohl von unedler Geburt,
bis das man mich sehr hoch gestellt.
Die hohe Spitze zu erreichen,
ward mir von Gott und der Natur geschenkt."

— »Schu« und »Tefnut« bebten vor Wonne im »Nun«, in dem sie waren!“ Dagegen lassen die Verfasser eines altägyptischen Sargtextes den »inaktiven Raum der Weltennacht« sagen: *„Ich war es, der den »Atum« bildete, den »Erstgeborenen« in seiner Herrlichkeit, als er »Schu« und »Tefnut« gebar, als er »Einer« war und »Drei« wurde.“*
»Atum« ist nach der Wortbedeutung der werdende, entstehende, große, uralte »Schlangen-Gestaltige«. Als Zeichen seiner Doppelherrschaft trägt er symbolisch eine »Doppelkrone«, weil er sowohl in der erkennenden als auch in der erkennbaren Welt das »Beherrschende« ist. Weil der »absolute, formlose, unendliche Raum«, der »ewig Zweitlose«, in Ermangelung von Unterschieden für uns nicht erfaßbar, sondern nur durch die »Einung« mit ihm erfahrbar ist, wird er nicht mitgezählt. Er ist das »Neutrum«, der »grenzenlose Kreis«, die »Nichtzahl«, die »Null«, die ihren Wert nur in Verbindung mit der »1« offenbart. Geht diese Nichtzahl oder Null in Verbindung mit der »Einheit« von innen nach außen, in der Zahlenwelt von links nach rechts — 1000000... —, vermehrt sie alles und dadurch entsteht das ganze Weltall. Wandert sie von außen nach innen, in der Zahlenwelt von rechts nach links — . . . 0000001 —, rafft sie alles wieder hinweg.
Der Erstgeborene, der Entstandene Gott, ist jener lokale Raum, den seine schwingenden Wasser — die Wasser des Nun — für uns erfaßbar machen. Er ist als »Beweger, Bewegtes und Medium in Einem« die »1«. Durch ihn befinden sich in ihm, — analog den sagenumwobenen Inseln »Atlantis und Lemuria« — die beiden einander entgegengesetzten Welten »Schu und Tefnut«, das ungleiche Zwillingspaar der alten Ägypter. »Schu«, symbolisch der Luftgott, ist der feinststoffliche, Schau- und Lebenskraft beinhaltende Schwingungszustand, und »Tefnut« der erkennbare, grobstoffliche, die tote Materie mit den Elementen der Trägheit. Daß »Schu« die zuerst entstehenden lebendig erkennenden Elemente der »Licht-Welt« symbolisiert, kann man unter anderem den oben schon einmal zitierten Sargtexten entnehmen.

Darin wird von »Schu« — in wörtlicher Übersetzung: »die Lichtatmosphäre« — in üblicher Rätselform folgende Definition gegeben: *„Ich bin es, Schu, das Geschöpf des Atum, als er hier entstand. Ich wurde nicht in einem Leib gestaltet, ich bin nicht in einem Ei gebildet worden durch Empfängnis. Atum spie mich aus als einen Speichelwurf seines Mundes, gleichzeitig mit meiner Schwester Tefnut, sie kam nach mir hervor, während*

Abbildung 73
Der hermetische Drache.
Die böse, verführerische Schlange aus dem Paradies wurde bei den Gnostikern zum Quroboros und verwandelte sich bei den Alchimisten in einen Drachen der »im Walde« lebt.

Er ist voll Gift, doch fehlt ihm nichts;
Sieht er der Sonne Strahlen und ihr Feuer,
spritzt er umher sein böses Gift;
er erhebt sich wütend in die Lüfte,
daß kein lebendig Wesen besteht vor ihm.
Aus seinem Gift entsteht die große Medizin,
doch schnell verzehrt er dieses Gift.
Denn er verschlingt den giftgefüllten Schwanz.
Und dies geschieht an seinem eigenen Leib,
aus dem ein Balsam herrlich fließt
mit allen wunderbaren Kräften.
Hier jauchzen alle Weisen laut.

ich umhüllt war vom Hauch, der die Kehlen lebendig macht. Ich bin es, Schu, der Vater — der Erzeuger — *der Götter!*"
Im Gegensatz zur Auffasung der Wissenschaft entsteht nach der Lehre der Überlieferer nicht die Materie zuerst, sondern die wiedererwachten Bewegungen heben bei jeder neuen Weltwerdung als Erstes die Leben und Erkennen bedingenden Elemente der Schaukraft — symbolisch »Das Licht« — ins Dasein. Dieses Licht ist nach den Überlieferungen der »Lebendige Sohn« des dunklen verborgenen Vaters, für den sich das ganze Weltall erneut entfaltet, um ihm das Abenteuer »Welt-Erleben« zu ermöglichen. Darum sagt zum Beispiel ein altes Sprüchlein des Ostens: „*Dunkelheit* — das Verborgene Grenzenlose — *ist Vater-Mutter, Licht ihr Sohn*", der uns durch die Bibel wissen läßt: „*Ich bin vom Vater ausgegangen und komme in diese Welt. Wiederum verlasse ich die Welt und gehe zum Vater!*"
Dieser »Erstgeborene Sohn« wird später durch das Individuationsprinzip zu den »Brüderlichen Gottes-Söhnen« den Stammhaltern, die zur Erde niedersteigen, um im Kreislauf der Wiedergeburten ihre »Schatten« — die physischen Körper — zu

beleben. Die Überlieferer nannten den physischen Körper symbolisch »Schatten«, weil beide Erscheinungen Existenz und Form dem gleichen Grundprinzip verdanken. Der lichtlose Raum hinter einem beleuchteten Objekt entsteht, wenn der Lichtfluß gehemmt wird und der materielle Körper durch die Melodie von Fluß und Hemmung der aktiv strömenden »Elemente der Schaukraft«.

Es ist sicher kein Zufall, daß die Pilze des Waldes ähnliche Formen aufweisen wie die expandierenden Wolken von Atomexplosionen, die ja deshalb diese eigentümliche Form besitzen, weil ihr Expansionsdrang von der sie umgebenden Luft und der auf sie wirkenden Gravitation behindert wird. Weil die Leben bedingende »Schaukraft« in ihrem Verhalten offenbar vieles mit Feuer gemein hat, ist es nicht verwunderlich, wenn von ihren individualisierten Teilen — den Gottes-Söhnen — gesagt wird: *„Gleich den sprühenden Funken, die sich von der lodernden Flamme lösen, um ringsumher neue Feuer zu entfachen —* deren Formen ja ebenfalls von Fluß und Hemmung bestimmt werden —, *so trennen sich die Gottes-Söhne von der Urflamme, steigen Leben zeugend zur Erde nieder und herrschen über Menschen, die sie selber sind. Dabei werden sie leiden und Leiden verursachen"*, und in den »Strophen des Dzyan« wörtlich: *„Diese »Söhne der Sonne« sind die abwärtssteigenden, die aus der Seele* — dem Innersten — *geborenen Söhne des ersten Herrn, die »Leuchtenden Sieben«. Sie sind es, welche da sind: Du, Ich, Er, o Schüler! Sie wachen über dich. Der eine Strahl vervielfältigt die kleineren Strahlen. Das Leben ist eher da als die Form und das Leben überdauert das letzte Atom! Durch die unzähligen Strahlen zieht sich der »Lebens-Strahl«, der Eine, wie ein Faden durch viele Juwelen".*

Mit anderen Worten, die individualisierten »Ichs« als Einzelwesen, bilden durch unsichtbare Wechselbeziehungen eine übergeordnete Einheit, von der wir leider nichts wissen, weil sie sich unserer Wahrnehmung entzieht. Daß es sich bei den individualisierten »Ichs« tatsächlich um Teile der Schaukraft handelt, geht aus einem anderen alten Text hervor.

Im »Buch des Hermes« erscheint Pymander — das personifizierte Erkennen — und sagt: *„Das Licht ist »Ich«, ich bin der »Nus«* — das Erkennende in dir —, *ich bin dein Gott!“*
Daß es möglich ist, diesen Gott als das eigene »Selbst« wahrzunehmen, verrät uns Hermes an einer anderen Stelle, indem er schreibt: *„Erkennend und handelnd* — Yoga praktizierend — *wirst du den »Sohn Gottes« schauen, der um der heiligen Seelen Wollen zu allem geworden ist. Er wird sie wieder herausreißen aus dem Bereich der Schicksalsmacht in das »Geistige«, wenn sie ihn in sich erkennen. Sieh ihn, zu allem geworden, zu einem Gott, Engel und leidenden Menschen! Denn zu allem geworden, da er alles vermag, geschieht alles, was er will. Dem Vater ist er gehorsam* — folgt seinen Gesetzen —, *in jedem Leibe wohnend, den »Nus«* — Verstand — *eines jeden erleuchtend, so wird er wieder zum Ort der Seligkeit emporsteigen, wo er auch weilte, bevor er die Körperlichkeit annahm. Ihm folge, von ihm werde ergriffen und laß dich führen zu jenem »Licht«!“*
Um welche physikalische Realität es sich bei dem »Licht der Welt«, dem Sohn Gottes handelt, geht unter anderem aus den »Strophen des Dzyan« hervor. Darin heißt es folgerichtig: *„Der helle* — erkennende — *Raum, welcher der Sohn des dunklen Raumes ist, der sich aus den Tiefen der großen dunklen Gewässer erhebt, ist »Oeaohoo« der Jüngere* — das Schaukraft enthaltende »Neue Leben«! *Er scheint fortan wie die Sonne, er ist der feurige göttliche »Drache der Weisheit«* — der lebendig erkennende Schwingungszustand.

Die »Siebenheit«

Die »Eins« ist die »Vier« und die Vier nimmt »drei an sich« und bildet die »Siebenheit«, in der die Sieben sind, welche die Heerscharen und Legionen werden — die Vielfältigkeit der Welt. *Siehe, wie er den Schleier hebt und ihn von Osten* — dem Aufgangspunkt der Sonne des Erkennens — *nach Westen* — ihrem Untergangspunkt — *entfaltet. Er verbirgt das obere* — die fein-

Abbildung 74

Der »Dreizack« des Wassermann.

Er symbolisiert die drei Eigenschaften Aktivität, Erkennen und Beharren. Das größte Sinnbild dieser Art ist ca. 250 m hoch und in der Nähe der Bucht südlich von Pisco (Peru) in eine himmelwärts weisende Felswand eingraviert.

Es bildet den Auftakt für die etwa 160 km landeinwärts liegenden, geheimnisvollen Bodenmarkierungen in der Ebene von Nazca, deren riesige Bodenzeichnungen wohl die beeindruckendste Allegorie darstellen.

stoffliche Vaterwelt — *und läßt das Untere* — die grobstoffliche Mutterwelt — *als die große Illusion sichtbar sein. Er bezeichnet den Strahlenden* — den Schaukraftträgern — *ihre Plätze und macht aus dem oberen ein uferloses Meer von Feuer und aus dem Einen Geoffenbarten die großen Gewässer.*"

Der »Raum« ist als Grundlage und Keimträger die »Eins«. Die »Vier« sind seine vier Attribute: das unbekannte Verborgene, das Leere, die räumliche Unendlichkeit und das Urwasser. Er nimmt »drei an sich« bedeutet, der »Raum« nimmt die drei Eigenschaften »Aktivität, Erkennen und Beharren« an, durch deren Vermischung der Formenreichtum der Welt entsteht. Die vier Attribute und die drei Eigenschaften des »Raumes« bilden also die »Siebenheit«, in der sie selber sind, weil sie von ihnen repräsentiert wird und die drei Eigenschaften die Welt in ihr hervorbringen.

Weil die Welt für die Überlieferer nur eine »Welt der Erscheinungen« war, entsteht sie aus ihrer Sicht im Prinzip auf ähnliche Weise, wie das Fensehbild auf der Mattscheibe eines »Schwarz-Weiß-Fernsehers«. Denn so, wie der aktive Elektronenstrahl durch zweckgerichtete Polarisierung die beiden einander entgegengesetzten »Schwarz-Weiß-Komponenten« erzeugt, aus deren Vermischung unser Wahrnehmungsapparat ein Fernsehbild macht, so erzeugt die »Aktivität als Raumschwingung« das ungleiche Zwillingspaar »Schaukraft und Trägheit«, aus deren Mischung das körperliche Leben hervorgeht, in dem der »Seher« durch die ihm darin zur Verfügung stehenden »Sinnesorgane«, die sich träge verhaltenden Schwingungen als Welt erlebt. Er betrachtet sie aber nicht direkt, sondern die »Schwingungen seines seelischen Getriebes«. Diese werden von den energiereichen Wellen, die die schwingende Materie aussendet oder reflektiert, den Außeneinflüssen entsprechend verändert, wenn sie durch die Sinnesorgane, mit denen sie wechselwirken, empfangen und vom Denkorgan aufbereitet eingespeist werden.

Wollte man in einem Gleichnis darstellen, in welcher Situation sich der »Seher« befindet, so könnte man in ihm einen Fernsehzuschauer sehen, der im Wachbewußtsein ununterbrochen »fern-sieht«. In diesem Vergleich entspräche beispielsweise der menschliche Organismus einem »Super-3-D-Fernseher«, das seelische Getriebe der Mattscheibe und die Sinnesorgane wären Antennen, die auf völlig verschiedenen Frequenzbereichen Programme empfangen können. Ist das Fernsehgerät in einem etwas abgedunkelten Raum eingeschaltet, kann sich der mehr oder weniger wache Zuschauer das von ihm gewählte Programm ansehen. Schaltet er aber das Fernsehgerät ab, wird die Mattscheibe zu einem matten Spiegel, und er kann sein Spiegelbild bewundern.

Etwas ähnliches erlebt auch der »Seher«, wenn er durch die Methoden und Praktiken des klassischen Yoga im »Wachbewußtsein« die Tätigkeit der Sinnesorgane abstellt. Dann reflektiert der sich beruhigende »Seelen-Spiegel« die schwachen Eigenschwingungen des »Sehers« und er kann ebenfalls sein Konterfei betrachten.

Die drei »Gunas« der altindischen Weisen

Im altindischen Kulturraum waren die drei Eigenschaften des Raumes als die »drei Guna« Rajas = Aktivität, Sattva = die helle Lichtsubstanz und Tamas = die dunkle Substanz der Schwere bekannt. Die Grundbedeutung von Guna ist Faden oder Strähne, aber die beste Übersetzung wäre: »die bestimmende Eigenschaft«. Diese bestimmenden Eigenschaften sind nach der Lehre vom »Wassermann« energiereiche Schwingungen, die sich — Schwingungsgesetzen gehorchend — ständig mischen und entmischen, wobei das Resonanzprinzip eine entscheidende Rolle spielt. Das Wort »Guna« bekommt daher im Verlauf der geschichtlichen Entwicklung eine andere Bedeutung und wurde zur »Welt konstituierenden Kraftsubstanz«.

Durch die Vereinigung und das Mischungsverhältnis der verschiedenen Schwingungen, die diese Kraftsubstanz repräsentieren, entsteht der ungeheure Formenreichtum in der Materie

Abbildung 75
Weil die drei Eigenschaften ihr Dasein drei Bewegungs- (Beine) **oder Schwingungszuständen** (Dreifach-Welle) **verdanken, wurden sie symbolisch auch als »Dreipaß« und »Ring-Triskeles« dargestellt.**

und in der Welt des Lebendigen, denn nach den Aussagen der indischen Überlieferungen, haben alle Schwingungen, die die einzelnen Guna ausmachen, ihrem Wesen nach zwei Aspekte, die der Sachkenner J. W. Hauer in seinem Buch »Der Yoga« sehr ausführlich beschreibt.
Faßt man die von ihm an verschiedenen Stellen seines Buches gemachten Ausführungen zusammen, ergibt sich in etwa folgende Aussage: *„Die drei Guna sind in ihrem Wesen derart, daß sie sich durch Vermischung in energetisch-stoffliche und vital-geistige Schwingungen differenzieren können. Nur der grobe, energetisch-stoffliche Aspekt wird mit den Sinnen wahrgenom-*

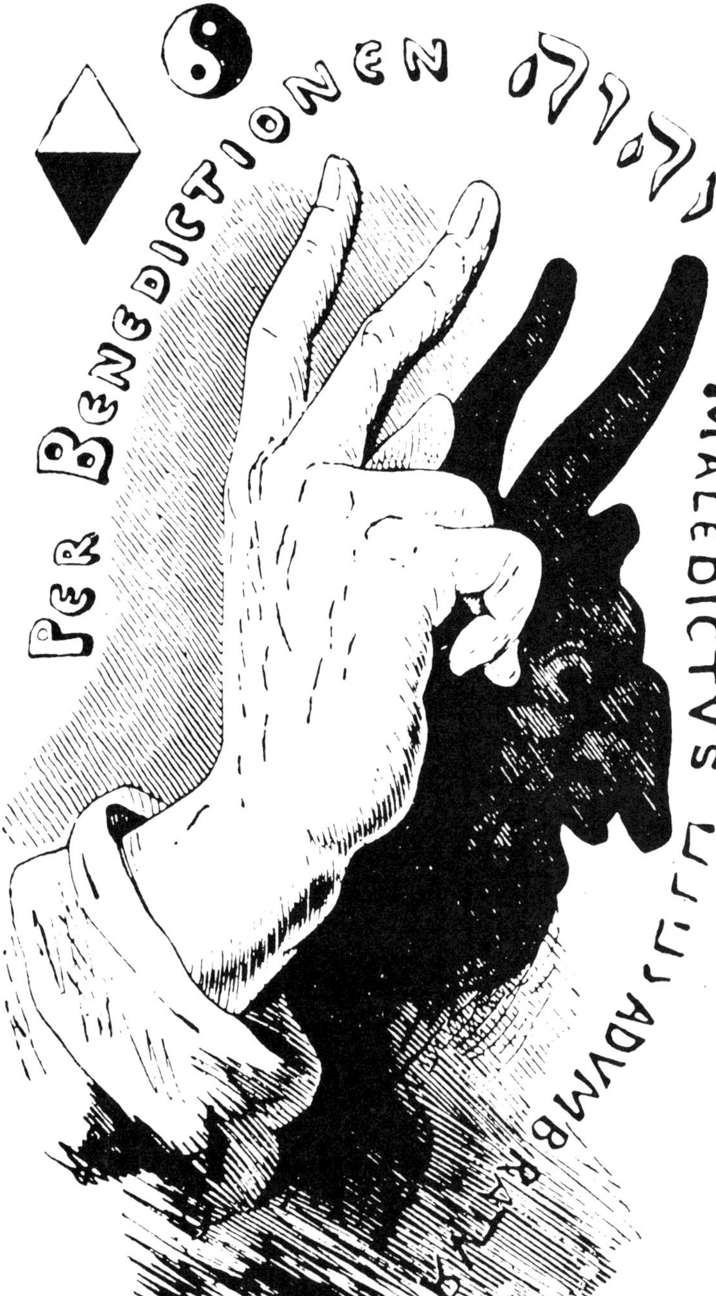
Per Benedictionen
MALEDICTVS

men. Dieser den profanen Sinnen wahrnehmbaren Erscheinungsform liegt aber eine sinnlich nicht wahrnehmbare Bewegungsweise zugrunde, die rein dynamischer Natur ist. Das ist der feine, oder feinstoffliche Aspekt. Es handelt sich dabei um lebensgesetzliche Bewegungen der biotischen und geistigen Wirklichkeiten, in die der Mensch in seinem Werden und Sein einbezogen ist.

Diese feinen Schwingungen, die unser seelisches Getriebe ausmachen, bestimmen Wesen und Charakter eines jeden Lebewesens. Die drei Eigenschaften des Raumes, die drei Guna, sind sich differenzierende Energie-Wellen, Strömungen von kraftlebendigen Substanzen, die sich mischen und entmischen in unablässigem Ringen miteinander um die Herrschaft. Solange Welt ist, sind sie in ungeheuer drängender Bewegung, doch ist dieses Ringen immer zweckvoll gelenkt. In diesem dramatischen Kampf entsteht und lebt die Welt. Die drei Guna Sattva, Rajas und Tamas drücken Wesensunterschiede aus. Sattva heißt wörtlich das »Seiend-sein oder die Seiendheit«, an anderer Stelle auch »Ich-Bin-Heit«, wobei dem Wort »seiend« vornehmlich die Bedeutung im höchsten Sinne eignet. Sattva hat den Charakter des Lichten, Klaren, Reinen. Im seelischen Getriebe ist Sattva zum Beispiel das helle, erkennende Strömen der Bewußtseinsenergien mit ihren hohen Erkenntnissen, Gedanken und Gefühlen, dem feinen sittlichen Handeln und dem ungehemmt schöpferischen Intuieren. Man könnte Sattva der »geistlichte Weltstoff« übersetzen. »Rajas« ist ursprünglich das Gewoge der am Himmel treibenden Nebel oder auch Staubwolken, vom Lichte des Himmels und der Gestirne durchglüht. Es besitzt keine eigene »Schaukraft«, sondern bekommt sie geliehen wie der Mond das Sonnenlicht, und reflektiert sie nur,

Abbildung 76

Das »magische Handeln« der drei Eigenschaften erzeugt das Höllenreich der Schatten die Welt.

Abbildung 77
Alchimistische Allegorie:
»Senior und Adolph unter dem Planetenbaum«.
Teilt man das auf der Spitze stehende Viereck, erhält man ein nach oben und ein nach unten weisendes Dreieck.
Das obere, in der Regel weiß dargestellt, steht für die feinstoffliche, erkennende Himmelswelt (Sonne) und das untere schwarze für die grobstoffliche, tote Materie (Mond).

denn Rajas eignet vornehmlich »Aktivität«. Alle Energien der Lebenslust, des von Leidenschaft getragenen Schaffens, Kämpfens, der Herrschlust und des Machttriebes gehören »Rajas« an. Der Mensch ungebrochener Naturhaftigkeit ist sein typischer Exponent. »Lebenglühende Weltstoffenergie« könnte man übersetzen.
»Tamas« ist das Dunkel, das Nichterkennen. Ihm eignet vornehmlich das »Beharren«. Trägheit, Stumpfheit, alle Schwere, alle schweren dunklen Kräfte, die wider das bewegte Leben der Natur und gegen die Welt höchster Werte in trägem Widerstand sich sperren, die träge Materie, wie sie in der einstigen Weltsicht gesehen wurde, sind Tamas. Alle Verblendung und Betörung, das Starre und Gefesselte, das Dumpfe, Gebannte, das Brutale, Geistlose, das Widerwärtige, die seelische und körperliche Fettsucht gehören Tamas an. Gern gebrauchen unsere Dokumente für das Strömen dieser kosmischen »Weltstoffenergien« das Bild vom wilden Gewoge eines Meeres, wo die Strömungen miteinander ringen. Kalte, dunkel-schwere, warme, mächtig quellende und klare frische, lebendig bewegte, in vielfältiger Mischung einander durchdringend und so den Rhythmus des Meeres schaffend. Die »Guna« haben also dreifachen Charakter. Sie sind kosmische Kraftsubstanzen oder Energie-Arten, dann ethische Seinskräfte, die den Charakter eines Menschen bestimmen und endlich energetische Bewußtseins-Formen.
»Tamas« ist die dumpfe vegetative Schicht, die oft in blinder Rücksichtslosigkeit sich auswirkt. »Rajas« ist die Schicht der schaffenden Triebe und der stolzen Leidenschaften. »Sattva« ist die Region der klaren inneren Anschauungen und des feinen Empfindens.
Die Arbeit des Yogin geht darauf aus, in die Schicht von Sattva vorzustoßen und Tamas und Rajas zu durchbrechen, ja auf der höchsten Stufe auszuschalten. Fragt man, wie die Yogametaphysik zu diesen Konzeptionen kam, so lautet die Antwort immer wieder: – durch Erfahrung. Wer anfängt, sein Inneres zu durchschauen, dem tritt die Dreiheit dieser Kraftsubstanzen erfahrbar gegenüber.

»Drei-urständig« ist der Mensch gebaut und all' sein Leben und Erfahren ist aus diesen drei Urständen zu erklären!" (Abb.74, S.294; Abb.75, S.297; Abb.76, S.298) Aus dieser Sicht wird verständlich, warum manche Überlieferungen berichten, die Welt sei aus den drei »Guna-Fäden« gewoben. In ihrer Bildersprache haben sie die Welt gern mit einem Gewebe verglichen, in dem sich Fäden verschiedener Art und Farbe millionenfach verknüpfen. So gesehen ist die Welt ein fliegender Teppich, auf dem wir uns alle befinden und von dem wir dennoch ein Teilchen sind. Das Gewebe dieses Teppichs ist symbolisch ein »Atlas-Gewebe«, weil es aufgrund der Atlasbindung — einer Webart, bei der eines der Fadensysteme immer an der Oberfläche überwiegt — eine gleichmäßige, glatte und glänzende Oberfläche, aber eine grobe, rauhe Unterseite hat. Die »glänzende« Oberseite steht für die erkennende, feinstoffliche Seinsweise des Raumes, die »grobe, rauhe« Unterseite für die grobstoffliche Materie und die »Luft«, durch die der fliegende Teppich dahinsaust, für die Wasser des Raumes.
Die »Dreiheit«, die Grundlage mit ihren zwei entgegengesetzt schwingenden »Seinsweisen«, wird in den Überlieferungen auf viele Arten dargestellt. In einigen von ihnen dominieren das Gleichnis und die Parabel, und es ist durchaus denkbar, daß die erkennende, feinstoffliche »Seinsweise des Raumes« darin zur märchenhaften, alles Gute verkörpernden Insel »Atlantis« wurde, die mit ihrer Gegenspielerin »Lemuria« im Atlantik beheimatet war.

Kreis, Viereck und Dreieck als Symbole

Andere weise Männer haben ihr Wissen hauptsächlich hinter Symbolen verborgen, die sie in der Regel vom Kreis ableiteten. Er ist wohl das gebräuchlichste Zeichen für den anfang- und endlosen »Raum« als unerkennbaren Gott und wird auch in der christlichen Symbolik dem »Einen Gott« gleichgesetzt. Um die Schaukraft — die Ursache von Leben, Bewußtsein und

Abbildung 78
Das nach oben weisende Dreieck, als Symbol der himmlischen Welt, über Hölle und Tod triumphierend.

QVOD SVPERIVS
MACROPROSOPVS
STOLA
DEI
MICROPROSOPVS
QVOD INFERIVS

Welterkennen — besonders hervorzuheben, wurde er bei den alten Ägyptern zum »Licht- oder Feuerkreis«, dem »Nimbus«. Weil die »Heiligen Vier«, die vier Attribute das Urwasser, die räumliche Unendlichkeit, das Leere und das unbekannte Verborgene aus dem Sinnbild ebenfalls ersichtlich sein sollten, wurde er diesen vier Seinsweisen, Gesichtern oder Seiten gemäß, zum quadratischen Nimbus. Die Darstellung des »Vierecks«, das in Wahrheit ein Kreis ist, hat den weisen Ägyptern seinerzeit sicher viel Kopfzerbrechen bereitet, aber in der großen Pyramide von Gizeh ist es ihnen in genialer Weise gelungen. Sie wählten die Höhe der Pyramide in bezug zur Grundfläche so, daß sie dem Verhältnis des Kreisradius zur Kreisfläche entsprach. Multipliziert man die doppelte Höhe der Pyramide mit der Ludolfschen Zahl »Pi = 3,14«, erhält man den Umfang ihrer quadratischen Grundfläche.
Damit wird ausgedrückt, daß Viereck und Kreis symbolisch identisch sind. Um die beiden einander entgegengesetzten Welten symbolisch darzustellen, teilt die habichtköpfige Schlange den »Feuerkreis« in zwei gleichgroße Hälften, die größte Horizontale das auf der Spitze stehende »Viereck« und die quadratische Grundfläche die große »Pyramide« als »Oktaeder«. Beim Viereck erhält man auf diese Weise ein nach oben und ein nach unten weisendes Dreieck. Das obere, in der Regel weiß dargestellt, steht für die feinstoffliche erkennende Himmelswelt, und das untere schwarze für die grobstofflich-tote Materie (Abb. 77, S. 300; Abb. 78, S. 303). Einige der unbekannten

Abbildung 79
Kupferstich: »Das große Symbol des Salomon«.
Verbinden sich die luftigen Schau- und Lebenskraft beinhaltenden Elemente der Himmelswelt mit der Materie des »feuchten Mare-Maria«, um die Vielfalt des organischen Lebens hervorzubringen, werden die entsprechenden Dreiecke durch gegenstelliges Übereinanderlegen zum griechischen »Hexagramm«, dem Davidsstern der Israeliten.

Abbildung 80
Das nach oben weisende Dreieck mit dem »Auge Gottes«.

Meister schmückten das obere Dreieck noch zusätzlich mit Symbolen der Luft und das untere mit denen des Wassers. Damit soll ausgedrückt werden – genau wie mit der »feuchten Aussprache des Atum« –, daß die beiden verschiedenen Welten, die die Dreiecke darstellen sollen, sich von ihren Eigenschaften her, wie Luft und Wasser verhalten. Denn so, wie die aktiven Winde der Atmosphäre Teile und Teilchen der passiven Wasseroberfläche des Meeres bewegen und in sich aufnehmen, um daraus bizarre Wolkengebilde zu formen, so ähnlich bewegen und formen auch die aktiven, strömenden Elemente der

Schaukraft die passive Materie, wenn sie an ihren Berührungspunkten miteinander wechselwirken.
Verbinden sich die luftigen Schau- und Lebenskraft beinhaltenden Elemente der Himmelswelt mit der Materie des »feuchten Mare-Maria«, um die Vielfalt des organischen Lebens hervorzubringen, werden die entsprechenden Dreiecke durch gegenstelliges Übereinanderlegen zum griechischen »Hexagramm«, dem Davidsstern der Israeliten (Abb.79, S.304). Weil beide Welten die Eigenschaften der anderen als Gegenkeim in sich tragen, sind beide Dreiecke gleichberechtigte Symbole für die Darstellung der Dreieinigkeit des »Raumes«. Es ist verständlich, daß die antiken Wissenden dem weißen oberen Dreieck mehr Interesse zollten als dem schwarzen unteren, weil es die erste Etappe ihrer entbehrungsreichen Bemühungen symbolisierte. Daher wurde es viel häufiger abgebildet und schließlich zum dominierenden Dreiheitszeichen. Auch in unserem Kulturraum ist dieses Dreieck wohl das bekannteste Dreifaltigkeitssymbol. Leider war man sich in bezug auf das christliche Zentraldogma, wonach Gott in drei Personen eine Gottheit gleichen Wesens ist, nicht immer einig. Das Konzil von Nikäa im Jahre 325 erklärte die Dreieinigkeit gegen die Arianer in bezug auf den Sohn, das Konzil von Konstantinopel 381 in bezug auf den »Heiligen Geist«. Das Konzil von Toledo 589 lehrte, daß der Heilige Geist vom Vater und dem Sohne ausgeht, während die orthodox-griechische Kirche ihn nur vom Vater ausgehen läßt und sich 1045 trennte.
Betrachtet man diese Streitfrage unter dem Gesichtspunkt der bisher aufgezeigten physikalischen Zusammenhänge, wird klar, daß mit dem »Heiligen Geist« die feinstofflichen »Wasser des Raumes« gemeint sind, die ja als unteilbar »Ganzes, Heiles«, eine unzerstörbare Einheit bilden, die niemals »entzwei« geht. Daher kann sie weder vom Vater noch vom Sohn ausgehen, denn beide sind ihre »Schwingungszustände«, die nicht einmal entgegengesetzt schwingen, sondern in bezug auf Art und Eigenschaften, symbolisch »blutsverwandt« sind. Ob man im weißen oberen Dreieck die Dreieinigkeit von »Heiligem Geist-

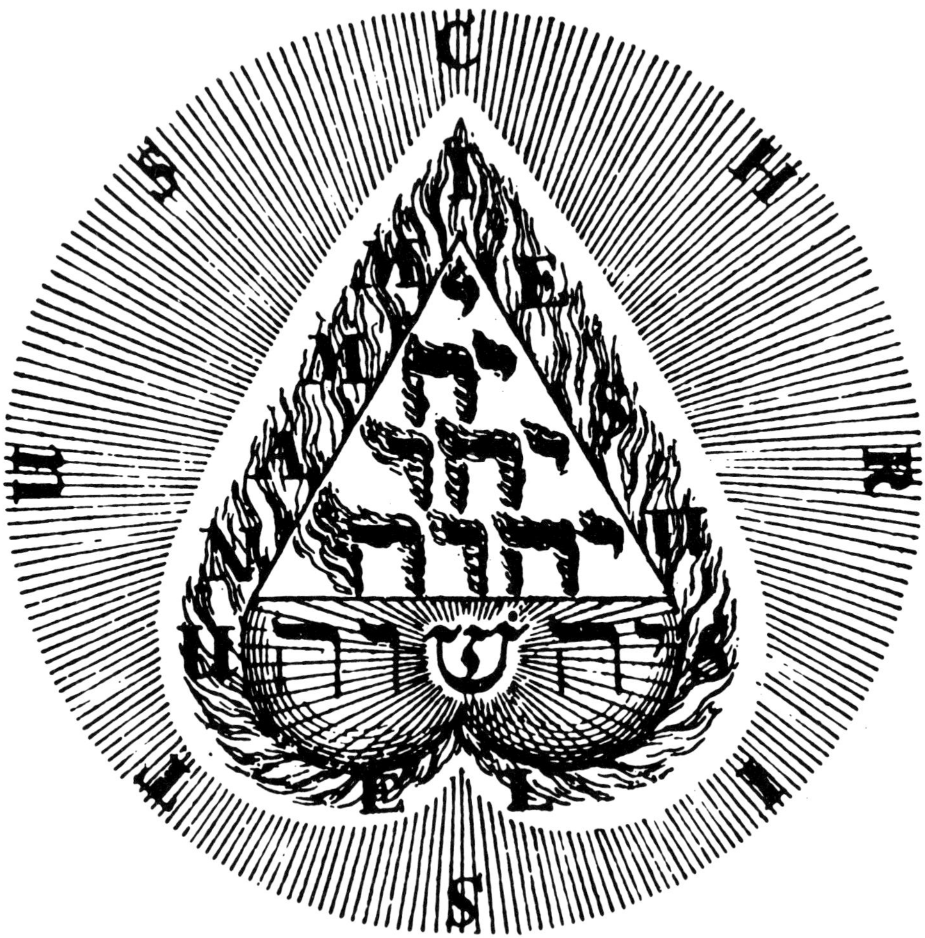

Abbildung 81
Das nach oben weisende Dreieck als Sinnbild des »Lebendig Pulsierenden« mit dem Tetragrammaton »JHVH«.

Vater-und Sohn« sehen sollte, oder die der drei Eigenschaften »Aktivität — Erkennen — und Beharren«, mag jeder für sich entscheiden.
Beides hat sicherlich seine Berechtigung. Wer sich aber für die Version »Geist-Vater-Sohn« entscheidet, bekommt leider Schwierigkeiten, wenn er die Dreieinigkeit des unteren schwarzen Dreiecks definieren soll. Schon deshalb, weil die beiden Dreiecke auch symbolisieren sollen, daß sich die drei Eigenschaften Aktivität, Erkennen und Beharren in den zwei Welten wie die Winkelsummen der Dreiecke verhalten, die ja ebenfalls dreieinig sind. Als Dreieinigkeitszeichen war das Dreieck schon bei den Manichäern in Gebrauch, einem im ganzen Orient und bis nach Spanien verbreiteten religiösen System, daß auf einer dualistischen Auffassung von einer »Licht-Heimat« und einer Welt der Finsternis beruht. Nach dem Verständnis ihrer Anhänger gehörte der letzteren alles Materielle und damit auch der materielle Körper an, in dessen Leib die »Licht-Elemente« gefangen und mit dem Materiellen vermischt sind.
Läuterung und Erlösung des »Licht-Menschen« aus der Knechtschaft des Materiellen, erstrebten die Anhänger dieses Glaubens durch Gebet und Askese jeglicher Art. Am Ende der Zeit, so meinten sie, stellt ein Weltbrand den ewigen Dualismus wieder her, der durch keine Vermischung mehr getrübt werden kann. Der »Manichäismus« wurde im 3. Jahrhundert von Mani gestiftet, den man der Legende nach kreuzigte. Obwohl der Hl. Augustinus das Dreieck als Dreifaltigkeitszeichen verwarf, blieb es dennoch, nur verstärkte man seinen christlichen Inhalt durch die Einfügung des »Auge-Gottes« oder seines Namens, den vier Buchstaben »IHWH« (Abb.80, S.306; Abb. 81, S. 308). Das »Auge«, bei vielen Völkern ein Symbol des Sonnengottes, symbolisiert genau wie »Licht«, die erkennende Seinsweise des »Dreieinigen« und die mit diesen Zeichen geschmückten Dreiecke weisen auf sie hin.
Weil Licht und Leben so eng miteinander verknüpft sind, bevorzugten die Wissenden unseres Kulturraumes offenbar das »Lichter-Dreieck«, denn noch heute holen auch wir uns als

Sinnbild für den »lebendig-Erkennenden« jede Weihnachten eine gut gewachsene kleine Tanne ins Haus und schmücken dieses »räumliche Dreieck« in unserer guten Stube mit »Lichtern«. Wenn eine kleine Tanne in einem Villenvorgarten gleichmäßig mit brennenden elektrischen Kerzen bestückt ist, kann man das »Lichter-Dreieck« bei Nacht bewundern. Durch die Farbe der immergrünen Tanne symbolisiert es die Hoffnung der Christen, zumindest nach dem leiblichen Tode in den Himmel des ewigen Lebens aufzusteigen. Der Weihnachtsbrauch, kleine Tannen oder Fichten im Wohnzimmer aufzustellen, ist etwa um 1500 in Frankreich aufgekommen. Dort betrieb der Magistrat von Straßburg schon im Jahre 1554 das Geschäft mit den Weihnachtsbäumen. Im Gefolge des deutsch-französischen Krieges 1870/71 verbreitete sich der Brauch, Christbäume aufzustellen, auch in unseren Landen. Die vier Kerzen auf dem Adventskranz, die an den vier Adventssonntagen nacheinander angezündet werden, sind meiner Meinung nach Anspielungen auf den »Nimbus«, jenen Licht- und Feuerkreis, der Viereck und Kreis gleichzeitig ist, denn nicht nur die alten Ägypter benutzten den Kreis als Sinnbild für den »Unendlichen«.

Der christliche »Ich-Thys« und das »Yin-Yang« der Weisen Altchinas

Z.B. hat der altägyptische Feuerkreis mit der habichtköpfigen Schlange als Durchmesser, im chinesischen »Yin-Yang« ein ebenbürtiges Symbol. Es stammt aus dem »I-Ging oder Buch der Wandlungen«, dem ersten klassischen konfuzionistischen Schriftwerk des 6. oder 7. Jahrhunderts vor unserer Zeitrechnung und war für die weisen Männer Chinas das Zeichen für die kosmische »Ganzheit«. Es besteht aus »Wu-Ki«, dem Kreis ohne Anfang und Ende und einer teilenden Wellenlinie, die hier, wie die Schlange im Nimbus, sinnbildlich für Schwingung steht. Zeichnerisch erhält man das »Yin-Yang«-Symbol, wenn man eine Kreisfläche durch eine Wellenlinie mit nur einem Wel-

lenberg und einem gleichgroßen Wellental in zwei gleiche Hälften teilt.
Die Wissenden Altchinas waren der Ansicht, durch die teilende Wellenlinie entstehe in Form von zwei dualen Welten aus dem »Nichtbenennbaren«, symbolisiert durch den Kreis, »Yu-Ming« das »Benennbare«. »Yu-Ming«, nunmehr auch das Zeichen der kosmischen Dualität, trägt in jeder Hälfte, die jeweils schwarz und weiß dargestellt werden, den Keim des Gegenpols in sich. Damit dieser Sachverhalt im Symbol sichtbar wird, bekommt jeder der beiden fischförmigen Hälften ein kreisrundes Auge. Sie werden so eingezeichnet, daß zwei Fische entstehen, die einander in den Schwanz beißen und der weiße Fisch ein schwarzes, der schwarze aber ein weißes Auge besitzt (Abb.82, S. 313). Durch diese zwei Fische wird ausgesagt, daß die beiden dualen Welten in den »Wassern des Raumes« existieren und sich darin wie Fische bewegen und vermehren (Abb.83 S.314). Es liegt auf der Hand, daß die Fische des »Yin-Yang« bei den Fischen des Tierkreiszeichens Pate gestanden haben (Abb.84, S.315). Nach meiner Meinung verdankt auch das »Christus-Monogramm«, der griechische »Ich-Thys« dem Yin-Yang sein Dasein, weil ja der weiße Fisch die »Licht-Elemente«, die erkennende Schwingung, die »Ich-Bin-Heit«, wie sie die Inder nannten, symbolisiert und die Gnostiker dieses Grundprinzip des Universums, das in jedermanns Seele erkennt, »Christos« nannten (Abb.85, S.316). Leider sind sich die Forscher in bezug auf Ursprung und Symbolgehalt des »Christus-Monogramms« nicht einig (Abb.86, S.319).
So schreiben denn auch die beiden Autoren Inge Schwarz-Winkelhofer und Hans Biedermann in ihrem »Buch der Zeichen und Symbole«: *"Das bei weitem älteste und in den ersten Jahrhunderten verbreitetste Sinnbild als christliches Gemeinschaftszeichen, war der »Fisch«, der griechische »Ich-Thys«. Seine eigentliche Bedeutung ist noch immer dunkel. Er ist ein uraltes Symbol des Wassers, des Lebens und der Fruchtbarkeit und spielte schon im Mittelmeerraum in vorchristlicher Zeit als Talisman eine Rolle. Eusebius hat uns zwar die Belehrung hin-*

Abbildung 82

Das »Yin-Yang«.

1. »Wu-Ki«, der Kreis ohne Anfang und Ende symbolisiert den Raum als »Ewig Einen«.

2. Wenn die Pulsschwingung von außen nach innen zum »Umkehrpunkt« gelaufen ist, wird der lokal pulsierende Raum-Teil zum »Keimträger«, zum »Welten-Ei«.

3. + 4. Schwingt der Pulsar wieder von innen nach außen, teilt die »Welle« das vorher Unterschiedslose in zwei einander entgegengesetzte Welten auf. So wird aus dem »Nichtbenennbaren«, Yu-Ming, das »Benennbare«.

5. Yu-Ming, nunmehr auch das Zeichen der kosmischen Dualität, trägt in jeder Hälfte den Keim des Gegenpols in sich. Damit dieser Sachverhalt im Symbol sichtbar wird, bekommt jeder der beiden fischförmigen Hälften ein kreisrundes Auge.

6. Sie werden so gezeichnet, daß zwei Fische entstehen, die einander in den Schwanz beißen und der weiße Fisch ein schwarzes, der schwarze aber ein weißes Auge besitzt.

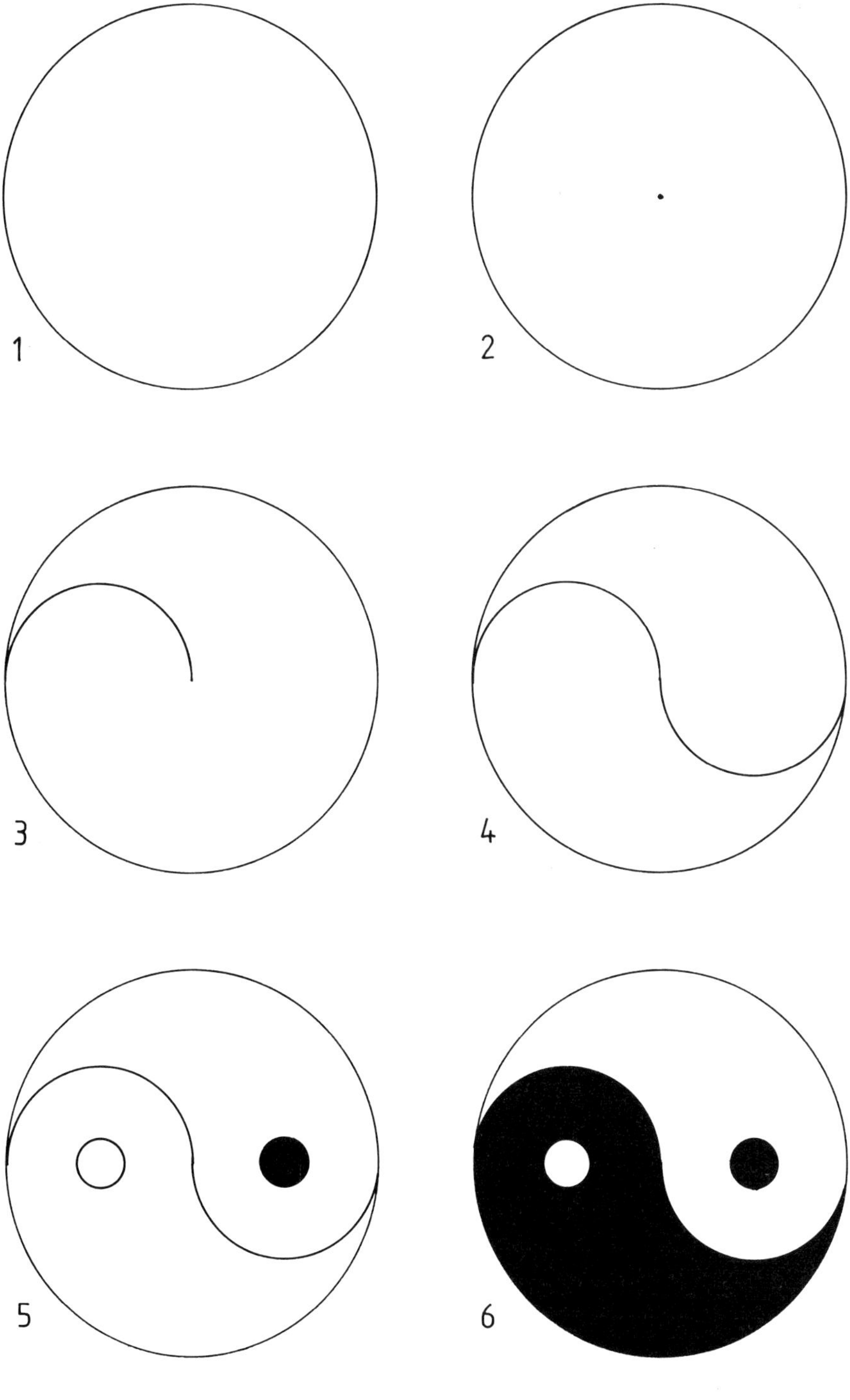
1
2
3
4
5
6

Abbildung 83
Alchimistische Allegorie: »Seher und Körper«.
Eine Radierung in Edler von Lambsprings Buch „Über den Stein der Weisen“, stellt die beiden dualen Welten ebenfalls als zwei Fische dar.
Sie symbolisieren hier gleichzeitig Seher und Körper. Lambsprings empfiehlt, diese beiden Fische, die ohne Fleisch und ohne Gräten auf unserem Meere schwimmen, in ihrem eigenen Wasser zu kochen. Dann werden sie in ein Meer verwandelt
— »den Nun« —, dessen Größe kein Mensch beschreiben kann.

Abbildung 84
Alchimistische Allegorie: »Seher und Körper«.
Im Walde — im Verborgenen — leben an einem Wasser — den Wassern des Nun — ein Einhorn und ein Hirsch. Das Einhorn ist die erkennende, zeugende und der Hirsch die erkennbare, empfangende Welt und gleichzeitig — wie die beiden Fische auch — Seher und Körper.

Abbildung 85

Mutter »Fisch«.

In Sindbad der Seefahrer — er symbolisiert den »Seher« im Kreislauf der Wiedergeburten — heißt es in den Erzählungen aus »Tausendundeine Nacht« in bezug auf »Mutter-Fisch«:
„Wehe, ihr Reisenden, kehrt rasch zurück auf das Schiff, laßt alles im Stich, es geht um euer Leben! Die Insel, auf der ihr euch befindet, ist nämlich nichts weiter als ein riesiger »Fisch«, dessen Rücken aus dem Wasser ragt. Jetzt aber, da ihr Feuer angezündet habt, spürt er die Hitze und beginnt sich zu bewegen. Gleich wird er ins Meer tauchen und euch mitreißen, wenn ihr nicht schnell auf das Schiff zurückkehrt."
Wir begannen alle zu laufen, denn nun spürten wir selbst, daß der Boden unter unseren Füßen in Bewegung geriet, aber es war zu spät. Schon tauchte unsere herrliche Insel ins Wasser, und wir alle mit ihr.

terlassen, daß wir es hier mit einem »Akrostichon« zu tun haben, also mit einem Wort, dessen einzelne Laute die Anfangsbuchstaben anderer Worte sind:

I	=	*Iesous*	=	*Jesus*
CH	=	*Christos*	=	*Christus*
TH	=	*Theou*	=	*Gottes*
Y	=	*Yios*	=	*Sohn*
S	=	*Soter*	=	*Heiland.*

Aber wenngleich solche Rätselworte in Alexandrien, wo das Symbol in Aufnahme gekommen ist, sehr beliebt waren, so klingt doch diese Erklärung, so früh sie erscheint, mehr wie eine nachträgliche gelehrte Spielerei und ist zu gekünstelt, als daß sie ein wirkliches Sinnbild für die Gemeinde gewesen sein kann. Vielmehr scheint es, daß das »Fisch-Symbol« zuerst mit naheliegendem Rückbezug auf die Evangelien verwendet wurde (Math. 14—19, Luk. 5.1—10): *der wunderbare Fischzug, die Speisung der Zehntausend. Vielleicht soll aber auch der »Fisch« an das Wasser der Taufe erinnern oder wie Tertullian schreibt: Aber wir Fischlein werden gemäß unserem »Ich-Thys Jesus Christus« im Wasser geboren!"* (Abb. 88, S. 320).
Dem kann man nur beipflichten, denn der weiße Fisch des »Yin-Yang« steht ja symbolisch für die kosmische »Vater-Welt«, deren »Söhne« wir alle sind. Die Söhne von Vater »Fisch« aber können zwangsläufig nur »Fischlein« sein. Als Ab- und Ebenbilder des Pulsschlags der Weltentstehung *breiten sich diese »Söhne« aus und ziehen sich zusammen* — von Wiedergeburt zu Wiedergeburt eilend, den materiellen Körper in sich aufbauend und wieder ausstoßend — *durch ihr eigenes Wesen und Herz, sie umarmen die Unendlichkeit* — tragen sie in sich — sagen die Strophen des »Dzyan«. Als »Ichs« sind wir also die kleinen Fische und wenn wir »Ich« sagen, was ja im Griechischen »Fisch« bedeutet, nennen wir unsere wahre Natur beim richtigen Namen. Physikalisch gesehen, sind wir individualisierte, mit Schau- und Lebenskraft begabte, lokal pulsierende, sich ständig ent- und einfaltende Schwingungen der ewigen Grundlage, — der »Wasser des Raumes«!

Abbildung 86
Die Göttin »Dagon«.
Die abgebildete Bronzestatue zeigt sie als schöne Frau, deren Leib in einen mächtigen Fischschwanz ausläuft, wie bei der syrischen Göttin »Derceto«, oder der »Dirke von Askalon«. Als Symbol der empfangenden Naturkraft wurde sie wie »Demeter«, die griechische Göttin der Saaten und der Fruchtbarkeit, göttlich verehrt.
(siehe auch Abb. 87, S. 320)
Dagon, ursprünglich ein amoritischer Fruchtbarkeitsgott, war nach dem Alten Testament auch ein Gott der Philister. »Dag« bedeutete bei den Vorvätern der Juden sowohl »Fisch« als auch »Messias«. Babylonisch heißt Dag-On »Mann-Fisch«. Er ist identisch mit »Oannes«, dem Mann-Fisch von Niniveh.
In der chaldäischen Legende des Berosus unterrichtet der »Mann-Fisch Oannes-Dagon« (das Erkennende) das Volk und zeigt, daß die Welt aus den »Wassern« gebildet wurde und daher alle Dinge dieser »Prima Materia« entspringen.
Was es mit diesem »Mann-Fisch« auf sich hat, erfahren wir aus einer im Zohar befindlichen Allegorie, die von Isaak Mayer übersetzt wurde. Darin treffen drei Reisende einen alten Mann, der eine schwere Last trägt und kommen mit ihm ins Gespräch. Er ist sehr weise und seine Erklärungen, die er für die Naturgesetze gibt, sind so wundervoll, daß die Reisenden ihn um seinen Namen bitten. Er aber antwortet ihnen: „Fragt mich nicht wer ich bin, laßt uns lieber weiter über die Naturgesetze reden.“ Darauf fragen sie ihn: „Wer veranlaßte dich, also zu wandeln und eine so schwere Last zu tragen?“ (Kreislauf der Wiedergeburten) Er antwortet ihnen: „Die Buchstaben »YHVH«.“ Nun noch neugieriger geworden, bieten sie ihm an: „Wenn du uns den Namen deines Vaters nennst, so wollen wir dir den Staub von deinen Füßen küssen.“ Er erwidert: „Was meinen Vater anbelangt, so hatte er seine Wohnung in der großen See (dem Nun) und war ein Fisch in derselben, der die große See teilte, denn er war groß und mächtig und der »Alte der Tage«, bis daß er alle anderen Fische (Schwingungen) in der großen See verschlang.“ (Dann ist Weltennacht) Sie lauschten seinen Worten und sprachen zu ihm: „Du bist der Sohn der „Heiligen Flamme“, du bist der Sohn des »Alten«, du bist der Sohn des »Lichts« (des Schaukraftträgers).“

Abbildung 87

DEO oder Demeter.

»DEO« ist ein alter griechischer Name für »Demeter« und bedeutet »Mutter der Erde«. Demeter, eine Tochter des »Kronos« (der Zeit), war genau wie »Dagon«, die Göttin der Fruchtbarkeit, der Saaten und des Ackerbaus. Das von der Schlange umschlossene »DEO« symbolisiert, daß sich hinter Demeter die fruchtbare »Pulsschwingung der Weltschöpfung« verbirgt.

Abbildung 88
Arnold Böcklin: „Spiel der Najaden“.

Der Michelson-Morley-Versuch und die klassischen Wellen-Gesetze

Wie kann man nun beweisen, daß die hier vertretene Lehre vom »Wassermann«, vom weltenkeimtragenden »Urgewässer«, richtig ist, wo doch die moderne Wissenschaft vom Michelson-Versuch abgeleitet hat, daß es zwar Schwingungen, aber kein schwingendes Medium der elektromagnetischen Wellen wie die »Wasser des Raumes« gibt.

Wer hat nun recht, die Überlieferer mit ihrer schwingenden Grundlage oder die Wissenschaft, die sie leugnet und lieber die einsteinsche Zeitdilatation in Kauf nimmt. Um diese Frage zu beantworten, müssen wir nochmals auf den »Michelson-Versuch« zurückkommen. Erinnern wir uns daran, daß Michelson ein optisches Gerät konstruiert hatte, das ihn in die Lage versetzte, die Geschwindigkeit des Lichtes einmal senkrecht zur Erdlaufbahn zu messen und ein zweites Mal so, daß sich die Bahngeschwindigkeit der Erde zu der des Lichtes addieren mußte. Wenn das Licht eine Wellenerscheinung ist, die sich in einem ruhenden, elastischen Trägermedium mit 300000 Kilometern in der Sekunde fortpflanzt, müßte er im ersten Falle 300000 und im zweiten eben 300030 Kilometer pro Sekunde gemessen haben. Obwohl er seine Versuchsanordnung so genial konstruiert hatte, daß er diese vergleichsweise winzige Differenz hätte messen können, zeigte seine Meßapparatur in allen Richtungen 300000 Kilometer pro Sekunde an.

Nachdem wir jetzt von den Überlieferern wissen, daß die lokal rotierenden »Wasser des Raumes« als Gravitation erzeugende Raumwirbel auch um Sonne und Erde fließen, kann uns der Ausgang des Michelson-Experimentes nicht mehr schockieren. Im Gegenteil, aufgrund dieser Sachlage müssen wir das von den Michelson-Apparaturen immer wieder angezeigte Ergebnis geradezu erwarten. Wenn die »Wasser des Raumes« als gigantischer »Raumwirbel« rotierend um die Sonne fließen und die Erde mit gleicher Geschwindigkeit in Flußrichtung um die im

Mittelpunkt des Raumwirbels befindliche Sonne kreist, bleibt sie ja mit und in ihrem eigenen Raumwirbel in bezug auf das Trägermedium der Lichtwellen annähernd in Ruhe, so daß sich relativ zu ihr die Lichtwellen in alle Richtungen gleich schnell ausbreiten.

Wirft man ein rundes Stückchen Holz in ein breites, behäbig dahinfließendes Wasser, kann man sehr schön beobachten, wie sich Wellen ausbreiten, wenn der Wellenerzeuger im Trägermedium der Wellen schwimmt und Geschwindigkeit und Bewegungsrichtung von beiden annähernd identisch sind. Das von der Wasserströmung mitgerissene Holzstückchen wird noch lange im Zentrum der Wellenringe bleiben, die es beim Aufprall auf der Wasseroberfläche erzeugt hat, weil relativ zum Ufer die Wellensegmente, die sich in Strömungsrichtung ausbreiten, entsprechend schneller vorankommen als jene, die dagegen ankämpfen müssen. Die Folge dieser strömungsbedingten Laufunterschiede der Wellensegmente ist, daß sich die Ringe der Wasserwellen in bezug auf das mit der Strömung schwimmende Holzstückchen nach allen Richtungen gleich schnell ausbreiten. Dabei spielt es keine Rolle, ob das Wasser geradlinig fließt oder einen mehr oder weniger großen Bogen beschreibt. Immer wird der Wellenerzeuger im Zentrum der von ihm verursachten Wellen bleiben.

Da alle Wellenarten denselben Schwingungsgesetzen gehorchen, breiten sich die auf der Erde erzeugten Lichtwellen relativ zu ihr ebenfalls nach allen Richtungen gleich schnell aus, wenn die Erde in und mit den »Wassern des Raumes« um die Sonne schwimmt. Die Möglichkeit, daß die Erdgeschwindigkeit in bezug auf das Trägermedium der Lichtwellen gleich Null sein könnte, hat man seinerzeit daher als erste Erklärung für den scheinbar negativen Ausgang der Michelson-Experimente in Betracht gezogen, weil sie sich von den Gesetzen der klassischen Mechanik ableiten läßt.

Als es Michelson trotz intensiver Bemühungen nicht gelang, die Addierbarkeit von Licht- und Erdgeschwindigkeit im Experiment nachzuweisen, gab man zunächst folgende, in »Grund-

lagen der modernen Physik« wiedergegebene Erklärung (Abb. 39, S. 124): *„Zufälligerweise bewege sich der »Äther«* — als Trägermedium der Lichtwellen — *mit einer Geschwindigkeit von 29 km/sek. in bezug auf das Sonnensystem. Es gibt dann eine Position der Erde bei der Rotation um die Sonne* (Pos. A), *in der die Erdgeschwindigkeit relativ zum Äther Null ist. Michelson und Morley wiederholten jedoch den Vesuch sechs Monate später, als sich die Erde am gegenüberliegenden Punkt in Position »B« befand und der doppelte Effekt erwartet wurde, aber wiederum war überhaupt nichts nachzuweisen.“*
Wenn sich damals tatsächlich alles so zugetragen hat, wie es hier geschildert wurde, haben wir ein geradezu klassisches Beispiel vor uns, wie aus Vorurteilen folgenschwere Fehlurteile werden können. Was gab es denn für zwingende Gründe für die Annahme, daß sich sechs Monate später in Erdposition »B« der doppelte Effekt einstellen müßte? Das Ergebnis, das Michelson bei seinem in Erdposition »A« durchgeführten Experiment erhielt, besagte doch lediglich, daß Bewegungsrichtung und Geschwindigkeit von Erde und Äther gleich sind. Für die Erwartungshaltung, in Erdposition »B« aufgrund des entgegenströmenden Trägermediums den doppelten Effekt zu messen, gab das Resultat keine Veranlassung. Als die michelsonschen Meßgeräte in Erdposition »B« anzeigten, daß Bewegungsrichtung und Geschwindigkeit von Erde und Trägermedium auch hier gleich sind, hat Michelson seine Messungen an anderen ausgewählten Erdpositionen wiederholt.
Weil er auch dort immer wieder dasselbe Meßergebnis ablesen mußte, gab es doch nur eine einzige Schlußfolgerung — Trägermedium der Lichtwellen und Erde bewegen sich mit gleicher Geschwindigkeit in derselben Richtung um die Sonne. Von dieser experimentell gewonnenen Erkenntnis zum rotierenden, Gravitation erzeugenden »Raumwirbel« der Überlieferer, ist dann nur noch ein kleiner Schritt. Ginge auch unsere Wissenschaft bei ihrer Grundlagenforschung davon aus, daß die »Vier Wechselwirkungen« Sogkräfte der lokal pulsierenden oder rotierenden »Wasser des Raumes« sind, würden ihnen die

dadurch gewonnenen Erkenntnisse früher oder später die gezielte Verknüpfung der »Vier Grundkräfte« ermöglichen.

Ein Fusionsreaktor im »Mini-Pulsar«

Die ganze Tragweite der Fehlinterpretation des Michelson-Experimentes wird erst deutlich, wenn man sich vor Augen hält, was uns im Hinblick auf Umweltbelastung und ähnlicher Probleme erspart geblieben wäre und welche ungeheuren Möglichkeiten in punkto Energiegewinnung und Raumschiffantrieb heute schon genutzt werden könnten, wenn Forscher aufgrund der richtigen Schlußfolgerungen schon vor einhundert Jahren damit begonnen hätten, die energiereichen »Raumwirbel« im Mikro- und Makrokosmos anzuzapfen. Mit Sicherheit ist ein stationär pulsierender, Gravitation erzeugender »Mini-Pulsar« — der im Gegensatz zu seinem großen »Sternen-Bruder« kurzfristig die Sogkräfte der starken Wechselwirkungen erreichen kann — mit Leichtigkeit in der Lage, das heiße Plasma bei einer kontrollierten Kernverschmelzung einzuschließen. Sobald das technisch machbar ist, kann man die Wasserstoffbombe zähmen und die Energieversorgung der Menschheit wäre für viele Generationen gesichert. Kommt es nämlich zur Verschmelzung von leichten Atomkernen, bilden sich nach wissenschaftlicher Auffassung schwerere Kerne.
Bei dieser Prozedur tritt ein Masseverlust auf. Die Masse der neuen Atomkerne ist immer um einen kleinen Bruchteil geringer, als die Summe der Massen der leichten Kerne, die den schwereren erzeugten. Dieser Massedefekt wird in freie Energie umgewandelt, die technisch genutzt werden kann. Um nun sog. »Kernfusionen« durchführen zu können, müssen die agierenden Kerne sehr nahe aneinander gebracht werden. Diesem Vorhaben stehen aber die starken, abstoßenden Kräfte der Kernbausteine entgegen. Läßt man die fundamentalen, bewegungsbedingten Umwandlungsprozesse außer acht, die auch das Phänomen »Temperatur« ins Dasein heben, könnte man sagen, daß

sich die schnell pulsierenden oder rotierenden »Raum-Blasen« des Mikrokosmos, die unsere Wissenschaft »Kernbausteine« nennt, wie schnell rotierende Kreisel verhalten, die aneinander geraten.
Sie boxen sich frei wie der Puffmais in der heißen Bratpfanne, wenn sich die Ränder ihrer blitzschnell expandierenden »Schwingkreise« ineinanderschieben. Damit die »Raum--Blasen« diese Barriere überwinden und sich mit ihren Zentren überlagern können, muß man sie auf sehr hohe Geschwindigkeiten beschleunigen. Wie die Wasserstoffbombe gezeigt hat, die ja bekanntlich durch eine Atombombe gezündet wird, gelingt das nur, wenn man ein entsprechendes Gasgemisch auf sehr hohe Temperaturen erhitzt. Die bei tiefster Temperatur fusionierbaren Atomkerne, sind die in den Weltmeeren in ungeheuren Mengen enthaltenen Isotope des Wasserstoffs. Die Zündtemperatur für ein brauchbares Gasgemisch liegt bei etwa 100 Millionen Grad.
Ein Fusionsreaktor, der einen Nettogewinn an verwertbarer Energie liefern soll, müßte aber bei Plasmatemperaturen von einigen hundert Millionen Grad arbeiten. Die überaus großen Schwierigkeiten, die der Entwicklung eines Fusionsreaktors entgegenstehen, sind daher einmal die Erzeugung derart hoher Temperaturen und zum anderen die Notwendigkeit, das heiße Plasma von den materiellen Wänden des Reaktorgefäßes fernzuhalten. Im Moment versucht man durch Lasertechnik oder besonders intensive Gasentladungen das Plasma aufzuheizen. Um dieses Problem technisch in den Griff zu bekommen, wurde z.B. im britischen »Zetagerät« eine magnetische Ringentladung benutzt. Bei diesen Versuchen hat man in einem torusförmigen Entladungsgerät die Gasentladungen durch eine äußere Spule induziert. Bei hoher Stromstärke ziehen sich die Plasmaentladungen durch ihr eigenes Magnetfeld zusammen, wobei die Temperatur stark ansteigt.
Mit diesem sog. »Pinch-Effekt« wollte man nicht nur das Plasma aufheizen, sondern auch von den Reaktorwänden fernhalten. Weil das offenbar nicht optimal gelang, benutzte man noch

zusätzlich »magnetische Flaschen«, die das heiße Plasma eingrenzen sollten. Dabei handelte es sich um gewaltige, ringförmige Elektromagnete, die nur mit großem Kosten- und Energieaufwand betrieben werden können. Weil Physiker und Techniker in diesem Forschungsbereich mit unüberwindlichen Schwierigkeiten zu kämpfen haben, wollen wir uns einmal ansehen, wie die Natur das Problem schon vor vielen Milliarden Jahren gelöst hat, denn alle Sonnen beziehen ja ihre Energie aus Kernverschmelzungsprozessen. Wie es ihr gelingt, das Gas der Sternmaterie durch rotierende, Gravitation erzeugende »Raum-Blasen« zu zünden, haben wir schon an anderer Stelle besprochen. Daß sie das Kunststück auch in pulsierenden »Raum-Blasen« fertigbringt, führt sie uns in einem Sternentyp vor, den die Wissenschaft »Pulsar« nennt.
Diese »Leuchtfeuer des Alls« ändern in regelmäßigen Abständen Größe und Helligkeit. Sie scheinen wie Superlungen des Weltraums zu atmen. In gleichbleibendem Rhythmus dehnen sich ihre Gasmassen aus und ziehen sich wieder zusammen. Wenn sie sich ausdehnen, kühlen sie ab und werden immer lichtschwächer. Ballen sie sich wieder zusammen, steigt ihre Temperatur kontinuierlich an und ihre Helligkeit nimmt beträchtlich zu. Weil die Wissenschaft das eigenartige Verhalten der Pulsare mit ihrer Gravitationsvorstellung nicht hinreichend erklären kann, schreibt Prof. Heinz Haber in seinem Buch »Der offene Himmel«: *„Über ihre Geheimnisse hat die Natur einen dichten Schleier gezogen.“*
Dieser Schleier lüftet sich aber sofort, wenn man von der Gravitationsvorstellung der Überlieferer ausgeht. Nach ihrer Lehre wird den Gasmassen der Pulsare das Oszillieren von pulsierenden »Raum-Blasen« aufgezwungen. Schwingen diese »Raumblasen« von außen nach innen, lassen die Gravitationskräfte in ihrem Inneren nach, das Sternengas dehnt sich aus, kühlt dabei ab und sendet immer weniger Licht aus.
Schwingen sie wieder von innen nach außen, nehmen die Sogkräfte in ihrem Inneren zu und komprimieren das Sternengas wie der Kolben des Dieselmotors das Kraftstoffgemisch, die

Temperatur steigt sprungartig auf viele Millionen Grad an, es kommt zu Kernverschmelzungen und der »Pulsar« strahlt für kurze Zeit viele tausend Mal heller als unsere Sonne.
Könnten wir durch unsere Technik kleine, ähnlich pulsierende »Gravitationsfelder« im »Äther« erzeugen, weil ihm die Wissenschaft schon vor einhundert Jahren den ihm gebührenden Platz in ihrem Weltbild eingeräumt hätte, wären wir sicherlich nicht nur unsere Energieprobleme los. Vielleicht ständen uns längst Raumschiffe zur Verfügung, die wie die sagenhaften »Ufos« über den Himmel flitzten, weil sie von künstlich erzeugten Gravitationsfeldern vorwärtsgerissen würden, die sich als »Mini-Pulsare« blitzschnell vor dem Schwerpunkt des Raumschiffes auf- und abbauten oder wenigstens solche, die nach dem »Drachen-Prinzip« operierten. Denn wenn ein mächtiger »Äther-Wind« um die Erde weht, wäre seine Bewegungsenergie nicht nur als Energielieferant interessant, sondern so wie es sich für einen ordentlichen Wind gehört, würde er auch entsprechend konstruierte Fluggeräte vom Boden heben und davontragen.
Könnte man ihn darüber hinaus auch noch durch Apparaturen dazu bewegen, mit kontrollierbarer Größe und Geschwindigkeit stationär zu rotieren wie eine echte Windhose, hätte man in ihm einen unsichtbaren Fahrstuhl zur Verfügung, in dem die Lasten auf- und niedersteigen, als würden sie von Geisterhand bewegt. Es gibt eine ganze Reihe von Indizien dafür, daß solche »Ätherwindhosen« im erdnahen Bereich auch auf natürliche Weise entstanden sind. Einige der ominösen Vorkommnisse im »Bermuda-Dreieck«, in dem seit Jahren Schiffe und Flugzeuge auf rätselhafte Weise verschwanden, könnten mit derartigen »Wirbelstürmen des Äthers« erklärt werden.

Mit »Atom-Uhren« rund um die Welt

Bevor jedoch mit entsprechend konstruierten Geräten eine stationäre, zweckgerichtete Verwirbelung im »Äther-Wind« herbeigeführt werden kann, muß genau bekannt sein, aus welcher Richtung er bläst.

Experimente, die die erforderlichen Daten liefern, brauchen aber nicht erst erdacht und ausgeführt zu werden. Sie lassen sich z.B. von einem Versuch ableiten, den die beiden Physiker J.C. Hafele vom Department of Physics der Washington University und R.E. Keating vom US Naval Observatory Washington schon im September/Oktober 1971 durchgeführt haben, um die Voraussagen der Einsteinschen Relativitätstheorie bezüglich der »Zeitdehnung« bei bewegten Objekten zu testen. In einem Aufsatz mit der Überschrift: »Mit Atom-Uhren rund um die Welt« hat J.C. Hafele Test und Testergebnisse in englischer Sprache detailliert beschrieben. Der für unser Vorhaben in Frage kommende Teil lautet frei übersetzt sinngemäß etwa so: „*Um die Voraussagen der konventionellen Relativitätstheorie im Experiment zu testen, starteten wir am 25. September 1971, 0 Uhr UT, mit vier Cäsium-Atom-Uhren im Gepäck in herkömmlichen Jet-Flugzeugen zu zwei Rundreisen um die Welt. Bei der ersten Reise umrundeten wir die Erde in östlicher und bei der zweiten in westlicher Richtung. Weil in der Wissenschaft so schnell wie möglich theoretische Schlußfolgerungen durch experimentelle Erfahrungsfakten ersetzt werden sollten, hatten wir uns vorgenommen, die Frage zu klären, ob fliegende Uhren sich tatsächlich so verhielten, wie es von Professor Einstein gefordert wurde. Die Entwicklung von zuverlässigen, kompakten, tragbaren »Cäsium-Atom-Uhren« machte es möglich, ein Experiment ins Auge zu fassen, daß in der Lage schien, die Voraussagen der Relativitätstheorie schon im erdnahen Bereich mit fliegenden Uhren auf die Probe zu stellen. Gute Aussichten auf Erfolg waren auch schon deshalb gegeben, weil »Cäsium-*

Atom-Uhren« durch die gleichbleibende Schwingungsfrequenz des natürlichen Cäsium-Atoms reguliert werden, das eine überaus feine Wellenart in gleichbleibender Frequenz aussendet. Sie nähern sich daher in ihren Eigenschaften der von den Relativisten geforderten Ideal-Uhr. Außerdem sind sie sehr widerstandsfähig gegen Beschleunigung und dreifach gegen das erdmagnetische Feld als möglichem Störfaktor abgeschirmt. Darüber hinaus erwiesen sie sich bei unseren Laboratoriumsversuchen als unerhört genau und die festgestellten Abweichungen in der Ganggenauigkeit hielten sich in vernachlässigbar kleinen Grenzen.
Auch sonst konnten wir beim besten Willen keine Störquellen entdecken, die als bedeutsame, systembedingte Ursachen für Gangabweichungen in Frage gekommen wären. Bei unseren vorhergehenden Studien zeigte sich auch, daß mäßige Temperatur- und Druckschwankungen, wie sie bei Höhenflügen unvermeidlich sind, nicht automatisch Irrungen in der Ganggenauigkeit nach sich ziehen. Um unanfechtbare Resultate zu gewährleisten, benutzten wir bei unseren Weltumrundungen vier fliegende Uhren gleicher Bauart, denn immerhin bestand ja theoretisch die Möglichkeit, daß eine einzige Cäsium-Atom-Uhr unbemerkt versagt.
Im Nachhinein ist klar, daß auch das Mitführen von nur zwei Uhren die Durchführung unseres Experiments gemindert hätte. Zusammenfassend kann man sagen, daß die Beständigkeit der gemessenen Werte bestechend war. Für den Westflug betrug die Standardabweichung weniger als 5% vom Mittel. Der ganze Test mit den Düsenjets dauerte 636 Stunden. Zu Beginn und am Ende einer jeden Reise verglichen wir die gemessenen Zeiten eines jeden Fluges mit den entsprechenden Zeiten, die die „Atom-Zeit-Uhr" der USNO anzeigte und übertrugen die gemessenen Werte auf Diagramme.
Die so entstandenen prächtigen Bilder zeigten klar, daß im Durchschnitt die fliegenden Uhren während des Ostfluges Zeit verloren und während des Westfluges Zeit gewannen, wie es aufgrund der theoretischen Vorhersagen erwartet wurde. Damit

ist die vorausgesagte »Ost-West-Direkt-Asymmetrie« bestätigt worden. Im Vergleich zu den erdfesten Bezugsuhren der USNO gingen die vier fliegenden Uhren beim Ostflug der Erdumrundung im Mittel 59 Milliardstel Sekunden »nach« und beim Westflug 273 Milliardstel Sekunden »vor«. Zusammenfassend kann man sagen, die Ergebnisse der Reisen haben gezeigt, daß präzise Zeitmessungen in einer einfachen und anspruchslosen Art mit relativ billigen Mitteln wie Linienjetflügen und handelsüblichen Cäsium-Atom-Uhren möglich sind.
Die Experimente waren in der Tat so erfolgreich, daß es nicht unrealistisch ist, verbesserte Versionen in Betracht zu ziehen, die geeignet sind, weitere Aspekte in der Relativitätstheorie zu erforschen, die in den bisher vorhergesagten relativistischen Zeitdifferenzen noch keine Beachtung fanden. Auf alle Fälle scheint es nur eine schmale Basis für jene Argumente zu geben, die darauf abzielen, daß Uhren nach einer Rundreise um den Erdball die gleiche Zeit anzeigen werden, wie die auf der Erde verbliebenen Uhren, denn wir sind sicher, daß sie es nicht tun."
Soweit der Test und das Testergebnis. Wie wir gesehen haben, hat das exakt durchgeführte Experiment zweierlei gezeigt:
1. Auch die besten Uhren ändern ihren Gangschritt, wenn sie bewegt werden.
2. Es ist nicht gleichgültig, ob sie in Ost- oder Westrichtung um die Erde fliegen.
Bewegen sie sich nach Osten, gehen sie eindeutig »nach«!
Bewegen sie sich nach Westen, gehen sie eindeutig »vor«!
Warum die Relativisten aufgrund theoretischer Überlegungen diesen Ausgang des Experimentes erwartet hatten, soll uns hier nicht beschäftigen, weil die entsprechenden Vorhersagen nur mit Hilfe abstrakter Mathematik zu erhalten sind, und die errechneten Gangabweichungen von ihnen als »Zeitdehnung« interpretiert werden. Daß die relativistischen Voraussagen mit den Testergebnissen annähernd übereinstimmen, ist für mich aber kein Beweis für die Richtigkeit der Relativitätstheorie. Obwohl es im ersten Moment verblüfft, daß die relativistischen Formeln das Testergebnis vorweggenommen haben, ist es

dennoch kein Wunder und auch kein Zufall, weil der von Prof. Einstein an der Zeitkoordinate angebrachte »Korrekturfaktor« in seinen Formeln als Ersatz für die »Äther-Bewegung« fungiert.

Wo bleibt die eine Mark?

Warum mathematische Formeln, in denen ein Denkfehler durch einen Korrekturfaktor korrigiert wurde, die gleichen Rechenergebnisse liefern wie die richtigen, soll uns ein leicht überschaubares kleines Beispiel demonstieren: Nehmen wir an, drei Freunde sitzen gemütlich in einer Gaststätte und, wie die alten Deutschen, trinken sie immer noch einen. Als nun zum Aufbruch geblasen wird, erscheint der Kellner und errechnet inklusive Datum eine Zeche von 30,— Mark.
Wie es sich für gute Freunde gehört, greift jeder in seine Brieftasche, legt 10,— Mark auf den Tisch des Hauses und strebt mit Hut und Mantel dem Ausgang entgegen. Der mißtrauische Wirt, der das Abkassieren seiner Gäste beobachtet hat, ruft seine Bedienung zu sich und läßt sich die Abrechnung zeigen. Bei der Überprüfung entdeckt er sofort, daß der Kellner den drei Freunden 5,— Mark zuviel berechnet hat und trägt ihm auf, den überhöhten Betrag schleunigst zurückzugeben.
Auf dem Wege zu den Gästen, die inzwischen auf der Straße angelangt sind, überlegt der ertappte Sünder krampfhaft, wie er in Ermangelung von Kleingeld jedem der drei Gäste den ihm zustehenden Anteil auszahlen soll. Weil ihm in der Eile keine befriedigende Lösung einfällt, zahlt er den drei Freunden von den überzähligen 5,— Mark jeweils 1,— Mark aus und steckt die restlichen 2,— Mark in seine Trinkgeldtasche.
Auf dem Rückweg in die Gasträume denkt er bei sich, daß mit dieser salomonischen Regelung doch eigentlich allen geholfen sei und macht zur Begründung folgende Rechnung auf: Ursprünglich, so argumentiert er im Stillen, hat jeder der drei Gäste 10,— Mark bezahlt, das machte zusammen 30,— Mark.

Nachdem nunmehr jeder 1,— Mark zurückbekam, verringerte sich seine Zahlung auf 9,— Mark. 3 × 9,— Mark sind nach Adam Riese 27,— Mark und die 2,— Mark dazu, die in die Privatschatulle gewandert waren, macht 29,— Mark. An dieser Stelle wird der arme Sünder blaß, denn daß er 30,— Mark eingenommen hatte, weiß er ganz genau, weil er von jedem der drei Freunde einen Zehnmarkschein bekam.
Wo um alles in der Welt war denn die eine Mark geblieben? Um sie zu finden, geht er nochmals alle Fakten durch und überlegt: Wenn jeder der drei Gäste 10,— Mark bezahlt hat, macht das zusammen 30,— Mark Kasse, daran war nicht zu zweifeln. Bekommt jeder 1,— Mark zurück, hat er nur noch 9,— Mark gezahlt, und das ergibt eine Gesamtzeche von 27,— Mark. Auch daran war nichts falsch. 2,— Mark hatte er in die eigene Tasche gesteckt, und weil sie die Gäste unfreiwillig mitbezahlt haben, muß man sie selbstverständlich ihrer Zeche hinzurechnen. 27,— Mark Gesamtzeche, plus 2,— Mark abgezweigtes Trinkgeld, macht aber zusammen nur 29,— Mark.
Er konnte die Sache drehen wie er wollte, die eine Mark blieb verschwunden. Es ist mir nicht bekannt, ob er sie noch gefunden hat, aber seine Rechnung käme leicht wieder ins Lot, wenn man nach relativistischer Manier an einer der darin vorkommenden Größen einen Korrekturfaktor anbringen würde.
Um die Gültigkeit seiner Überlegungen zu retten, gibt es nur eine Möglichkeit: Eine in seiner Rechnung vorkommende Größe muß verändert werden. Wir könnten seinen Denkfehler zum Beispiel beheben, indem wir einer der Größen einen Korrekturfaktor — wir wollen ihn »K« nennen — vorsetzen. Die Frage ist nur, an welcher Größe müßte eine Korrektur erfolgen, ohne daß die Sache gleich ins Auge springt?
Die 30,— Mark Gesamtsumme kommen nicht in Frage, denn sie repräsentieren das Endresultat, das immer stimmen soll. Bei den 27,— Mark geht es auch nicht, weil sie ja tatsächlich von den drei Gästen bezahlt wurden. Die falschen 29,— Mark kommen erst recht nicht in Betracht. Bleibt nur noch eine Stelle, an der der Korrekturfaktor unauffällig angebracht werden könnte,

nämlich die Dunkelziffer, die abgezweigten 2,— Mark, von denen nur der Kellner etwas weiß. Es müßte also der Betrag, der abgezweigt wurde, vor dem Entwenden ein anderer sein, als danach. Fügen wir dem Betrag des widerrechtlich entnommenen Trinkgeldes den Korrekturfaktor »K« zu, so müßten die Gleichungen in Ordnung kommen und nach dieser Manipulation dasselbe aussagen, wie die Gleichungen ohne den Denkfehler. Es würde folgen: Wenn jeder der drei Gäste 10,— Mark bezahlt hat, macht das zusammen 30,— Mark. Bekommt jeder 1,— Mark zurück, hat er nur noch 9,— Mark bezahlt, was wiederum 27,— Mark Gesamtzeche ausmacht. 27,— Mark Gesamtzeche und 2,— Mark abgezweigtes Trinkgeld plus »K« = 50% von 2,— Mark oder 1,— Mark = 3,— Mark ergibt wie es sein muß, 30,— Mark Gesamtsumme. Baut man diesen Korrekturfaktor »K« als Proportionalwert fest in alle Formeln ein, liefern sie im Endergebnis genau die Werte, die man auch mit den Formeln ohne den Denkfehler erhält. Aus diesem Grunde ist es kein Wunder und auch kein Zufall, daß man mit ihren Rechenergebnissen eintreffende Vorhersagen machen kann.

Weil die Relativitätstheorie auf einem Korrekturfaktor aufgebaut ist, den Prof. Einstein an der Zeitkoordinate angebracht hat, liefern seine relativistischen Formeln selbstverständlich ebenfalls Zahlenwerte, die in diesem Sinne genutzt werden können. Ob sie aber die physikalische Realität widerspiegeln, darüber kann man geteilter Meinung sein. Findet man sich mit einem Korrekturfaktor ab und sucht nicht nach dem Fehler, für den er korrigierend eingesetzt wurde, muß man in Kauf nehmen, daß zum Beispiel bei unserem Kellner das entwendete Trinkgeld schrumpft oder sich dehnt, wie bei den Relativisten die Zeit. Nach meinem Verständnis kann es aber keine Zeitdehnung geben, weil die Zeit keine selbstexistierende Wesenheit ist, die zu- oder abnehmen könnte, und hinter der Zeitkoordinate in mathematischen Formeln verbirgt sich lediglich ein »Bezugs-Ablauf«, der sich nicht verändern darf, wenn er als Bezugssystem nicht wertlos werden soll. Dieser »Bezugs-Ablauf« ist ja das Maß, mit dem wir andere »Abläufe« messen wollen.

Wo kämen wir aber hin, wenn alle Maße variabel wären und jedermann mit einem Maßband oder Meßbecher aus Gummi anrückte, um seine Interessen wahrzunehmen?

Warum »Atom-Uhren« ihren Gangschritt ändern

Wenn es aber weder Zeit noch Zeitdehnung im Sinne der Relativitätstheorie gibt, wie sind dann die im »Uhren-Experiment« gemessenen Gangabweichungen der fliegenden Uhren zustandegekommen? Um das zu verstehen, müssen wir uns etwas näher mit der grundsätzlichen Funktionsweise von Uhren im Allgemeinen und Atom-Uhren im Besonderen befassen. Ganz grob kann man die vielen unterschiedlichen Uhren-Arten in mechanische und elektische Uhren unterteilen.

Mechanische Räderuhren werden entweder durch ein gehobenes Gewicht oder durch eine gespannte Zugfeder angetrieben. Wer hat nicht schon selbst einmal die Gewichte einer Pendeluhr an der Kette hochgezogen, oder die Zugfeder an einem Wecker gespannt, damit das Räderwerk der Uhr nicht stehen bleibt. Dieses Räderwerk setzt sich aus Zahnrädern zusammen, die den Antrieb in verschiedener Übersetzung auf die Zeiger übertragen. Die Laufgeschwindigkeit der Zeiger wiederum wird durch die stets gleichbleibenden »Schwingungen« eines Regelorgans, dem sogenannten Regulator, gesteuert.

Als Regulator oder Gangregler dient bei Standuhren das Pendel, bei tragbaren Uhren die sogenannte Unruhe. Die Unruhe ist ein Schwungrad mit feiner Spiralfeder, das lebhaft hin und her schwingt und nach dem Prinzip von Fluß und Hemmung den Gangschritt der Zeiger bestimmt. Die Hemmung bewirkt, daß das nach Ablauf drängende Räderwerk im Takt der »Schwingungen« gesperrt und wieder freigegeben wird, damit sich die Zeiger nur nach dem Rhythmus der »Schwingungen« langsam vorwärts drehen.

Elektrische Uhren werden oft nicht nur durch Stromfluß angetrieben, sondern auch ihre Gangregelung geschieht elektro-

magnetisch. Weil elektrische Uhren der ersten Generation bei unseren Überlegungen keine Rolle spielen, will ich nicht näher darauf eingehen. Bei Quarz-Uhren wird der Gangschritt durch die außerordentlich konstanten »Schwingungen« elektrisch erregter Quarz-Kristalle gesteuert, was in »Cäsium-Atom-Uhren« von den unerhört gleichbleibenden »Schwingungen« des Cäsium-Atoms besorgt wird. In einem Hohlraum im Inneren der Uhr regen die Cäsium-Atome sich gegenseitig an und produzieren durch einen sogenannten »Umlagerungsprozeß« ununterbrochen gleichbleibende Wellen von bestimmter Frequenz.
Diese Wellen werden benutzt, um die Schwingungen eines Quarz-Kristalls zu steuern, die wiederum eine elektronische Digitalanzeige beeinflussen, auf der man dann die Uhrzeit ablesen kann. So unterschiedlich die einzelnen Uhren auch immer sein mögen, eines haben alle gemeinsam — ihr Gangschritt wird durch »Schwingungen« bestimmt. Ändert sich der Rhythmus der Schwingungen, die eine Uhr steuern, ändert sich zwangsläufig und automatisch auch ihre Ganggeschwindigkeit. Verkürzt man beispielsweise das Pendel einer Standuhr ganz extrem, schwingt es schnell hin und her, und die Zeiger rennen über das Zifferblatt. Verlängert man es maximal, wird der »Schwingungs-Rhythmus« langsamer, und die Zeiger schleppen sich nur mühsam vorwärts. Das Gleiche gilt auch für eine Räder-Uhr mit Zugfederantrieb. Wird die feine Spiralfeder ihres Regulators maximal gespannt, schwingt das Schwungrad schnell, und die Uhrenzeiger rasen nur so vorwärts. Wird dagegen die Spiralfeder so weit wie möglich entspannt, schwingt die Unruhe langsam, und die Zeiger kriechen nur dahin.
Auch elektrische Uhren gehen schneller, wenn sich die Schwingungsfrequenz des steuernden Wechselstroms erhöht und langsamer, wenn sie sich verringert. Dieser grundsätzlichen Abhängigkeit von Schwingungsfrequenz und Gangschritt der Uhr unterliegen selbstverständlich auch die »Cäsium-Atom-Uhren«. Sobald sich die steuernde Schwingungsfrequenz ändert, hat das automatisch Auswirkungen auf ihre Gang-

geschwindigkeit. Eine andere Frage ist, wie eine solche Frequenzänderung zustandekommen kann. Daß die Cäsium-Atome ihre Schwingungen in unterschiedlichem Rhythmus aussenden, kann von vornherein ausgeschlossen werden. Mit Sicherheit hätten Hafele und Keating das spätestens bei ihren Voruntersuchungen bemerkt.

Wie ist es aber dann möglich, daß die vier fliegenden »Cäsium-Atom-Uhren« ihre Ganggeschwindigkeit geändert haben, und bei ihrer Erdumrundung in östlicher Richtung 59 Nanosekunden nach-, in westlicher Richtung aber 273 Nanosekunden vorgingen? Darauf gibt es für mich nur eine Antwort: Da feststeht, daß die Cäsium-Atome auch während der beiden Flüge absolut gleichbleibende Schwingungen aussandten, die Zeitgeber der Atomuhren aber trotzdem unterschiedliche Werte anzeigten, müssen sich die den Regulator steuernden Wellen auf dem Wege vom Cäsium-Atom zum Regulator verändert haben.

Das ist aber nach den Gesetzen der klassischen Mechanik nur möglich, wenn es eben doch ein Trägermedium der elektromagnetischen Wellen gibt, denn nur wenn sich das Trägermedium der Wellen in bezug auf die Atom-Uhren, oder die Atom-Uhren relativ zum Trägermedium bewegen, verändern sich die Wege der Wellen, die sich in diesem Medium fortpflanzen. Die sich ändernden Wegstrecken, die die Wellen durcheilen müssen, wenn Bewegung im Spiel ist, verändern die Zeitabstände, in denen sie beim Regulator ankommen und zwingen ihn, sich dem entsprechenden Wellen-Rhythmus anzupassen und die Uhren entweder schneller oder langsamer laufen zu lassen. Dabei spielt es keine Rolle, ob wir das Trägermedium der Wellen nun »Äther-Wind« oder »Wasser des Raumes« nennen. Weil aber alle Bewegungsabläufe, die in diesem unsichtbaren Medium stattfinden, in entsprechend überschaubaren Größenordnungen in unserem gewöhnlichen Wasser sehr schön zu beobachten sind, finde ich die Bezeichnung »Wasser des Raumes« treffender. Wie sich die Wege vom Cäsium-Atom zum Regulator der Atom-Uhren verändert haben, wollen wir uns daher auch beim Wasser aus unserer Erfahrungswelt einmal näher

ansehen. Zu diesem Zweck machen wir in Gedanken wieder ein kleines Experiment, bei dem unsere beiden Jungen aus den Ruderbooten die Hauptakteure sein sollen.
Nehmen wir an, sie wollten sehen wie sich eine wellengesteuerte Uhr verhält, wenn sich das Trägermedium der Wellen mit unterschiedlicher Geschwindigkeit zwischen dem Wellenerzeuger und dem Regulator hindurchbewegt. Weil das bei den fliegenden Atom-Uhren nicht möglich ist, denken sie sich einen Versuch aus, bei dem der Gangschritt einer Räder-Uhr durch rhythmisch erzeugte Wasser-Wellen bestimmt wird. Um ihr Vorhaben zu realisieren, suchen sie sich einen geeigneten Wasserlauf mit einer Stauschleuse und wählen als Standort für ihr Experiment eine Flußstelle aus, an der das Wasser bei geschlossenen Schleusentoren auf der ganzen Breite nur sehr langsam fließt. An einem der Ufer installieren sie nun ein Gerät, das in absolut gleichbleibendem Rhythmus Wellen erzeugt, die auf der anderen Seite des Flusses gut ankommen. Genau gegenüber von diesem »Wellen-Erzeuger«, der in unserem Gedankenexperiment die Rolle der »Cäsium-Atome« übernimmt, bauen sie am anderen Ufer eine einfache, große Standuhr auf. Das Räderwerk dieser umgebauten Standuhr wird zwar noch von Zuggewichten in Gang gehalten, aber das Pendel haben die beiden Jungen durch eine raffinierte Schwimmer-Mechanik ersetzt, die die Aufgabe des Pendels übernimmt. Diese Schwimmerkonstruktion besteht in der Hauptsache aus einem riesigen Korken, der über ein Hebelgestänge mit dem Regelmechanismus der Uhr verbunden ist und ersetzt in unserem Experiment den Regulator der »Cäsium-Atom-Uhr«. Jedesmal, wenn ein Wellenzug den auf der Wasseroberfläche schwimmenden Korken erreicht, hebt sie ihn ein wenig an, gibt über das Gestänge das nach Ablauf drängende Räderwerk frei, und die Zeiger der Uhr rücken weiter. Hat die Welle den Korken passiert, fällt er in seine Ausgangslage zurück, das Räderwerk ist gesperrt, und die Zeiger bleiben stehen. Solange die Strömungsgeschwindigkeit des Flußwassers konstant bleibt, kommen die vom Wellenerzeuger in Marsch gesetzten Wellenzüge in

gleichbleibenden Zeitabständen beim Korken an und lassen ihn regelmäßig auf und nieder wippen. Damit wird das Räderwerk der Uhr wie beim Hin- und Herschwingen des Pendels einmal gehemmt und wieder freigegeben, so daß die Zeiger der Uhr im gleichen Rhythmus mit konstanter Geschwindigkeit über das Zifferblatt laufen.
Das ändert sich aber sofort, wenn die Strömungsgeschwindigkeit des Flußwassers zu- oder abnimmt, weil dadurch die Wege und damit die Laufzeit der Wellen länger oder kürzer werden. Verlängern sie sich, kommen die Wellen in größer werdenen Zeitabständen beim Korken an, und die Uhr geht nach. Verkürzen sie sich, heben und senken sie den Korken häufiger, und die Uhr geht vor. Wie sich die Laufzeiten der Wellen verändern, wenn die Flußgeschwindigkeit ihres Trägermediums zunimmt, können die beiden Jungen sehr schön beobachten, wenn die Schleusentore geöffnet werden. Weil nun das Wasser zwischen ihrem Wellenerzeuger und der Schwimmermechanik zunehmend schneller fließt, rollen die Wellen immer langsamer hinüber zum Korken, denn sie haben mit den gleichen Schwierigkeiten zu kämpfen, wie der Schwimmer, der senkrecht zum Flußlauf von einem Ufer zum anderen möchte.
Die Strömung treibt ihn beständig in Flußrichtung ab und er muß sich gehörig anstrengen, wenn er von ihr nicht mitgenommen werden will. So lassen denn auch die immer spärlicher am anderen Ufer ankommenden Wellenzüge den Korken in immer größer werdenden Abständen auf und nieder schaukeln, so daß sich die Zeiger der umgebauten Standuhr langsamer und langsamer vorwärts schleppen, bis die Strömungsgeschwindigkeit des Flußwassers größer ist als die Ausbreitungsgeschwindigkeit der Wasserwellen. Dann erreicht keine einzige Welle das andere Ufer, der Korken schwimmt ruhig auf der Wasseroberfläche, und die Zeiger der Standuhr bleiben stehen. Wird die Schleuse geschlossen, fließt das Wasser zunehmend langsamer, die ersten Wellen erreichen den Korken und lassen ihn fröhlich auf und nieder hüpfen, als wenn nichts gewesen ist, und die Zeiger der Standuhr setzen sich wieder in Bewegung. Hat sich der

Wasserlauf später beruhigt, tickt die umgebaute Standuhr der Jungen genau wie vorher.
Justieren sie ihren »Wellen-Erzeuger« so, daß ihr wasserwellengesteuerter Chronometer mit ihren Armbanduhren synchron läuft, können sie auch von ihm die genaue Uhrzeit ablesen. Das ist in etwa die Situation, in der sich die am Boden verbliebenen Bezugs-Uhren der »USNO« befanden, als Hafele und Keating mit ihren vier Cäsium-Atom-Uhren um die Erde reisten. Denn so, wie sich das Flußwasser relativ zur umgebauten Standuhr der Jungen ein wenig bewegt, so stehen auch die »Wasser des Raumes« in bezug auf alle am Boden verankerten »Atom-Uhren« nicht still, sondern fließen, wie wir von den Überlieferern wissen und 1925 von Michelson durch das Sagnac-Experiment bestätigt bekamen, Gravitation erzeugend um die Erde*.
Dabei ändern sie offenbar relativ zu den einzelnen Erdregionen geringfügig ihre Geschwindigkeit und lassen die dort installierten hochempfindlichen »Ablaufmesser« unterschiedlich laufen. Immer wieder kann man lesen, daß die von »Atom-Uhren« angezeigten Werte zeitweise nicht mit der Sternenzeit übereinstimmen. So berichteten zum Beispiel japanische Wissenschaftler vor einiger Zeit, daß unser 24-Stunden-Tag seit Dezember 1973 tagtäglich um 2000stel Sekunden kürzer wird. Auch der Astronom André Lallemand von der französischen Akademie der Wissenschaften hat bei Messungen mit Atomuhren festgestellt, daß jeder Tag in Frankreich schon seit Jahren um eine 1000stel Sekunde abnimmt.

* 1925 haben Michelson und Gale das sog. Sagnac-Experiment durchgeführt. Mit einem riesigen, viereckigen Ringinterferometer, das aus einem evakuierten, fest in der Erde verlegten Röhrensystem bestand, gelang es ihnen, die Erdrotation nachzuweisen. Im Widerspruch zur Relativitätstheorie und der wissenschaftlichen Interpretation der Ergebnisse seiner früheren Versuche, konnte Michelsen durch das Sagnac-Experiment beweisen, daß die Geschwindigkeit des Lichts und die der Erdrotation addierbar sind. Der positive Ausgang des Experiments bezeugt, daß die Erde gegen das Trägermedium der Lichtwellen rotiert.

Beide Parteien vertrauen aber fest auf die Konstanz ihrer Meßgeräte und behaupten, daß die Tage nur deshalb kürzer werden, weil sich die Erde stetig schneller um ihre Achse dreht. Warum das so ist und woher unsere Erde die ungeheuren Energiemengen bezieht, die erforderlich sind um ihre gigantische Masse zu beschleunigen, können die Wissenschaftler nicht angeben. Die Idee, daß ihre fest mit der Erde verankerten sensiblen »Atom-Uhren« ihren Gangschritt geändert haben, kann ihnen nicht kommen, weil es in Prof. Einsteins Universum diese Möglichkeit nicht gibt.

Legt man aber die Lehre der Überlieferer zugrunde und geht davon aus, daß die Achse des apfelförmigen »Raum-Wirbels«, der um die Erde fließt, wie bei einem schwankenden Kreisel hin und her pendelt, sieht man sofort ein, daß seine Flußgeschwindigkeit an den geographischen Orten entlang der Längengrade nicht nur unterschiedlich, sondern sogar veränderlich sein muß.

Das kann nicht ohne Auswirkungen auf die hochempfindlichen »Atom-Uhren« bleiben. Wenn zum Beispiel die »Wasser des Raumes« in Frankreich plötzlich schneller fließen, weil sich der Äquatorgürtel als schnellster Teil des »Raum-Wirbels« nach Norden verschoben hat, müssen die Wellen die vom Cäsium-Atom der Uhr des französischen Astronomen ausgesandt werden, wie der Schwimmer, der senkrecht zur eingeschalteten Gegenstromanlage ein Schwimmbad durchquert, ein wenig mehr gegen die Strömung ihres Trägermediums ankämpfen und erreichen daher etwas später den Regulator. Die Folge davon ist, daß die »Atom-Uhr« nachgeht.

Wenn sie Null Uhr anzeigt, hat die Erde schon eine neue Umdrehung begonnen, der siderische Tag ist längst vorüber, und man gewinnt den Eindruck, daß er kürzer gewesen ist. Auch wenn eine »Atom-Uhr« gegen die »Wasser des Raumes« bewegt wird, brauchen die Wellen vom Cäsium-Atom bis zum Regulator länger, und die Atom-Uhr geht nach. Wird sie sogar gegen die Strömung des Trägermediums der Wellen bewegt, fließt es noch schneller zwischen dem Wellenerzeuger und dem

Regulator hindurch, und die Atom-Uhr geht entsprechend mehr nach.
Fliegt die Atomuhr dagegen in einem Düsen-Jet mit zunehmender Geschwindigkeit in Strömungsrichtung des Trägermediums der Wellen, werden die Wegstrecken der Wellen vom Cäsium-Atom bis zum Regulator immer kürzer, die Wellen erreichen ihn in kürzeren Abständen, und die Atomuhr geht solange vor, bis die Geschwindigkeit von fliegender Uhr und Trägermedium der Wellen gleich sind. Beschleunigt man also den Düsen-Jet solange, bis die von ihm mitgeführte Atom-Uhr absolut gleichbleibende Werte anzeigt, kann man vom Flugzeugtachometer die tatsächliche Geschwindigkeit des »Äther-Windes« ablesen. Wird die Atom-Uhr schneller bewegt, als das Trägermedium der Wellen fließt, strömt es ihr wieder entgegen, so wie der Fahrtwind dem Jungen entgegenkommt, wenn er den Wind überholt hat, mit dem er um die Wette radelt.
Dann werden die Wegstrecken der Wellen, die den Regulatur der Atom-Uhr steuern, wieder zunehmend länger, und die Atom-Uhr geht mehr und mehr nach. Aus der Tatsache, daß die vier fliegenden Atomuhren im Uhrenexperiment der Physiker Hafele und Keating beim Westflug 273 Nanosekunden vorgingen, kann man schließen, daß sie sich mit den »Wassern des Raumes« um die Erde bewegten. Weil sie beim Ostflug im Mittel 59 Nanosekunden nachgingen, kam ihnen der »Äther-Wind« entgegen. Damit ist auch die Frage, aus welcher Richtung der »Äther-Wind« weht, durch ein exakt durchgeführtes Experiment eindeutig beantwortet. Gegen die Erddrehung rotiert er als riesiger »Äther-Wirbel« von Osten nach Westen um unseren Planeten.
Vielen Dank Michelson, Morley, Hafele und Keating. Sie haben mit ihren Experimenten überzeugend gezeigt: „Der Stoff, den die Wissenschaft verworfen hat, er ist der Stein, auf dem die Welten gründen!“

Literaturverzeichnis

Berlitz, Charles: »Das Bermudadreieck«. Paul Zsolnay-Verlag, Wien-Hamburg 1975.

Berendt, Gerhard: »Das Wissen der Gegenwart, Physikband 1«. Deutsche Buchgemeinschaft, Darmstadt 1969.

Blunck, Hans Friedrich: »Die Urväter Saga«. Deutsche Buchgemeinschaft, Berlin 1933.

Blavatsky, H.P.: »Die Geheimlehre, Band 1 bis 4, einschließlich Index«. J.J. Couvreur-Verlag, Den Haag/Niederlande

Blavatsky, H.P.: »Die Stimme der Stille«. Adyar-Verlag, Graz 1953.

Bogen, Hans Joachim: »Mensch aus Materie«. Droemer-Knaur, München-Zürich 1976.

Bronowski, J.: »Die Welt der Chemie, Physik und Astronomie«. Buch und Welt Verlag, Klagenfurt 1976.

Buttlar, Johannes: »Der Menschheitstraum«. Econ-Verlag, Düsseldorf-Wien 1975.

Battan, Louis J.: »Wetter und Stürme«. Kurt-Desch-Verlag, Wien-Basel 1961.

Bernstein, Morey: »Protokoll einer Wiedergeburt«. Scherz-Verlag, München-Wien 1973.

Brunton, Paul: »Yogis«. Bertelsmann Lesering 1961.

Braun, Wernher von: »Start in den Weltraum«. Bertelsmann Lesering.

Busch, Wilhelm: »Was beliebt ist auch erlaubt«. Bertelsmann Lesering.

Conrads, Dieter: »Verblüffende Rekorde der Urmenschen«. Franz Schneider-Verlag, München-Wien 1977.

Conrads, Dieter: »Verblüffende Rekorde der Dinosaurier«. Franz Schneider-Verlag, München-Wien 1977.

Champbell, H.J.: »Der Irrtum mit der Seele«. Scherz-Verlag, München-Wien 1973.

Currie, Ian: »Niemand stirbt für alle Zeit«. Bertelsmann-Verlag, München 1979.

Calder, Nigel: »Einsteins Universum«. Umschau-Verlag, Frankfurt a.M. 1980.

Cartier, Raymond: »Die Welt, woher sie kommt, wohin sie geht«. Bertelsmann Lesering.

Cartier, Raymond: »Die Welt – der Mensch und die Erde«. Bertelsmann Lesering.

Charroux, Robert: »Vergessene Welten«. Econ-Verlag, Düsseldorf-Wien 1974.

Clare, Roger: »Entdecke die Erde«. Verlagsbuchhandlung Breitschopf, Wien 1976.

Callatay, Vincent: »Goldmanns Atlas der Planeten«. Goldmann-Verlag, München 1969.

Däniken, Erich von: »Aussaat und Kosmos«. Econ-Verlag, Düsseldorf-Wien 1972.

Däniken, Erich von: »Erinnerungen an die Zukunft«. Econ-Verlag, Düsseldorf-Wien 1968.

Däniken, Erich von: »Erscheinungen«. Econ-Verlag, Düsseldorf-Wien 1974.

Däniken, Erich von: »Meine Welt in Bildern«. Econ-Verlag, Düsseldorf-Wien 1973.

Däniken, Erich von: »Waren die Götter Astronauten?«. Econ-Verlag, Düsseldorf-Wien 1970.

Däniken, Erich von: »Zurück zu den Sternen«. Econ-Verlag, Düsseldorf-Wien 1969.

Dirks, Heinz: »Psychologie«. Bertelsmann Lesering 1961.

Ditfurth, Hoimar von: »Im Anfang war der Wasserstoff«. Hoffmann & Campe Verlag, Hamburg 1972.

Detlefson, Thorwald: »Das Leben nach dem Leben«. Wilhelm Heyne Verlag, München 1974.

Fry, Daniel: »Erlebnis von White Sands«. Ventla-Verlag, Wiesbaden-Schierstein 1970.

Fuchs, Walter: »Leben unter fernen Sonnen?«. Droemer-Knaur-Verlag, München-Zürich 1973.

Fuchs, Walter: »Bevor die Erde sich bewegte«. Deutsche Verlagsanstalt, Stuttgart 1975.

Geigenthaler, Adolf:
»Ufos existieren wirklich«.
Ventla-Verlag, Wiesbaden-Schierstein 1976.

Giehm, Gerhardt:
»Suggestion, Hypnose, Yoga«.
Bruno Wilkens-Verlag, Hannover.

Grimm, Georg: »Die Lehre des Buddha«.
R. Piper & Co.-Verlag, München 1919.

Hinkelbein, Albert: »So entstand die Welt«.
J.F. Schreiber-Verlag, Esslingen 1975.

Haber, Heinz: »Der offene Himmel«.
Deutsche Verlagsanstalt, Stuttgart 1968.

Haber, Heinz: »Lebendiges Weltall«.
Bertelsmann Lesering 1961.

Hauer, J.W.: »Der Yoga«.
W. Kohlhammer-Verlag, Stuttgart 1958.

Herrmann, Joachim:
»Astronomie. Eine moderne Sternkunde«.
Bertelsmann-Verlag 1960.

Handler, Josef: »Die Immunologie«.
André Sauret, Monte Carlo 1967.

Handler, Josef:
»Der Mensch und die Krankheit«.
André Sauret, Monte Carlo 1967.

Handler, Josef:
»Die Stellung des Menschen im Universum«.
André Sauret, Monte Carlo 1967.

Handler, Josef: »Der Mensch und sein Geist«.
André Sauret, Monte Carlo 1968.

Holzamer, Karl: »Philosophie«.
Bertelsmann Lesering 1961.

Jäckel, Ernst: »Tödlicher als die Bombe«.
Drei Eichen-Verlag, München 1968.

Kruhme, Dr.:
»Mit Becherglas und Bunsenbrenner«.
Westermann-Verlag, Braunschweig 1964.

Klein, Elisabeth: »Quellen des alten Orients
— Die Schöpfungsmythen«.
Benzinger-Verlag, 1964.

King, Francis:
»Magie — eine Bilddokumentation«.
Umschau-Verlag, Frankfurt a.M. 1976.

Kelker, Hans: »Chemie«.
Fischer Bücherei, Frankfurt a.M. 1968.

Keen, Martin L.: »Magnetismus«.
Neuer Tessloff-Verlag, Hamburg 1968.

Krippner, Stanley: »Lichtbilder der Seele«.
Scherz-Verlag, München-Bern 1974.

Kuhlein, Theo: »Allgemeine Chemie«.
Mentor-Verlag, München 1962.

Lexikon: »Neues Universal-Lexikon«.
Lingen-Verlag, Köln 1974.

Lexikon: »Der Volksbrockhaus«.
F.A. Brockhaus, Wiesbaden 1961.

Lorenz, Hertha: »Tausendundeine Nacht«.
Eduard Kaiser-Verlag, Klagenfurt.

Luther, D. Martin:
»Die Bibel — oder die ganze heilige Schrift
des Alten und Neuen Testaments«.
Heinrich Grund, Hofbuchhändler,
Berlin 1900.

Mendelssohn, Kurt:
»Die Suche nach dem absoluten Nullpunkt«.
Kindler-Verlag, München 1966.

Moore, Patrick: »Blick ins Unendliche«.
Francksche Verlagsanstalt, Stuttgart 1962.

Neumann, Karl Eugen:
»Die letzten Tage Gotamo Budhos«.
R. Pieper, München 1923.

Orear, Jay:
»Die Grundlagen der modernen Physik«.
Carl Hanser-Verlag, München 1973.

Rorvik, David: »Traumbaby«.
Kurt Desch-Verlag,
München-Wien-Basel 1972.

Ruggieri, Guido: »Der Mond«.
Delphin-Verlag, Stuttgart 1973.

Ridpath, Ian: »Erde, Mond und Universum«.
Delphin-Verlag, München-Zürich 1979.

Ridpath, Ian: »Entdecke das Universum«.
Verlagsbuchhandlung Breitschopf, 1976.

Reiche, Maria: »Geheimnis der Wüste«.
Copyright 1968 by Maria Reiche.

Rho Sigma: »Forschung in Fesseln«.
Ventla-Verlag, Wiesbaden-Schierstein 1972.

Schneider, Adolf: »Besucher aus dem All«.
H. Bauer KG, Freiburg 1974.

Sagan, Carl: »Planeten«.
Time-Life International,
Nederland, N.V. 1971.

Schenk, Gustav:
»Das unsichtbare Universum«.
Safari-Verlag, Berlin 1964.

Silberer, Herbert:
»Probleme der Mystik und ihrer Symbolik«.
Wissenschaftliche Buchgemeinschaft,
Darmstadt 1914.

Schlemmer, J.: »Vom Atom zum Weltsystem«.
Alfred Kroner-Verlag, Stuttgart 1954.

Smith, K.F.:
»Moleküle — Bausteine der Natur«.
Humbold-Taschenbuch-Verlag,
München 1972.

Smith, K.F.: »Mit Atomen leben«.
Humbold-Taschenbuch-Verlag,
München 1972.

Seligmann, Kurt: »Das Weltreich der Magie«. Deutsche Verlagsanstalt, Stuttgart 1958.

Sautner, Reinhold: »Lexikon der Mythologie«. Kiesel-Verlag, Salzburg 1982.

Schneider: »Elektronen lenken unser Leben«. Bertelsmann-Verlag, Gütersloh 1963.

Schwarz-Winkelhofer-Biedermann: »Das Buch der Zeichen und Symbole«. Droemersche Verlagsanstalt Th. Knaur, München-Zürich 1975.

Watson, Lyall: »Geheimes Wissen«. S. Fischer-Verlag, Frankfurt a. M. 1976.

Westphal, Wilhelm: »Das goldene Buch der Bildung«. Fackelträger-Verlag, Hannover 1962.

Fernsehsendungen

Ditfurth, Hoimar von: »Gibt es ein Geheimnis der Pyramiden?« ZDF, Zweiteilige Serie.

Elstner, Frank: »Wetten, daß?« ZDF-Serie.

Zeitungen, Zeitschriften

Berlitz, Charles: »Sechs graue Männchen von anderem Stern gelandet — Wer brachte sie um?«. Bild, v.b. Washington, 19. Jan. 19??.

Blum, Dieter: »Der Schlangentanz der Vendas«. Quick-Magazin, Nr. ? Das Buch der Autoren dieses Berichtes. »Afrika — Faszination eines Kontinents«: Econ-Verlag.

Blumenthal, P.J.: »Wie kann man nur glauben, der Himmel sei eine Frau?«. P.M. 8/1981.

Breitinger, Roland: »Astronomie der Inkas. Sonnenlauf in Stein gemeißelt«. Bild der Wissenschaft, 11/1978.

Conrad, Rüdiger: »Dialog mit der Physik — Elementarteilchenforschung in der Sackgasse?«. Bild der Wissenschaft, 10/1976.

Däniken, Erich von: »Ein Negerstamm kennt die Geheimnisse ferner Sterne«. Bild am Sonntag, Dänikenserie, 4. Folge.

Danee, J. Brian: »Gravitation im Universum«. Bild der Wissenschaft, 11/1972.

Deissinger-Oroper: »Der Mensch könnte für immer im Meer leben«. P.M., 7/1981.

Dietrich, Dieter: »Die Quarks, aus denen die Schöpfung ist«. Hannoversche Allgem. Zeitung.

Feilbach, Liesel: »Besuchen Sie doch mal Hamburgs Indios«. Bild, 13. Okt. 1977.

Gröper, Klaus: »Kontinentalverschiebung«. P.M., 7/1980.

Gröper, Klaus: »Der Tag, an dem Atlantis unterging«. P.M., 17. Okt. 1980, S. 44—51.

Gröper, Klaus: »Die Arche, die aus Atlantis kam«. P.M., 12/1980.

Gröper, Klaus: »Der Tag, an dem die Erde plötzlich auf dem Kopf steht«. P.M., 8/1981.

Gumpel, Udo: »Die Jagd nach dem kaputten Proton«. P.M., 1/1984, S. 30—36.

G.P.: »Gammastrahlenblitze von Neutronensternen«. FAZ, 15. 4. 1981.

Haber, Gordon: »Tiere empfinden wie Menschen«. Bild, Vancouver (Kanada), 27. Okt. 19??.

Hagedorn, Rolf: »Siedende Urmaterie — Elementarteilchen bestehen aus ??????«. Bild der Wissenschaft, 1191—1201.

Hafele, I. C.: »Around-the-World Atomic Clocks: Observed Relativistic Time Gains«. Science, Vol. 177. Für mich vom Englischen ins Deutsche übersetzt von meinem Englischlehrer Rathmann aus Hildesheim.

Haglund, Karin: »Fühlen Sie sich wohl in Ihrer Haut?«. P.M., 8/1981.

Haglund, Karin: »Wieviel Wahrheit steckt im Alten Testament?« P.M., 1/1984.

Haglund, Karin: »Was wissen wir über die Heiligen Drei Könige?«. P.M., 1/1985.

Heuseler, Holger: »Am Anfang war der Urknall. Wissenschaftler sind der Meinung: Vor 20 Milliarden Jahren entstand unsere Welt aus dem Nichts«. Hörzu, 22. Jan. 19??.

Heuseler, Holger: »Der Urknall war früher«.

Heuseler, Holger: »Tumulte auf dem Jupiter«. Bild der Wissenschaft, 6/1974.

Hintsches, Eugen: »Staubschwärme im erdnahen Weltraum«. Bild der Wissenschaft, 6/1974.

H.Z.: »Die große Vereinigung der Naturkräfte – Wechselwirkungen zwischen Elementarteilchen«. FAZ, 1. 4. 1981.

Illies, Joachim: »Was wissen wir wirklich über die Abstammung des Menschen?«. P.M., 6/1981.

Jaeger, Ulrich: »Wie die schwarzen Löcher entdeckt wurden«. P.M., 7/1980.

Jaeger, Ulrich: »Das Jahr der Sonnenflecken«. P.M., 6/1981.

Kashin, Alexander: »Kann man denn wirklich kein Gold machen?«. P.M., 8/1981.

Keller, Cornelius: »Atomkerne und magische Zahlen«. Bild der Wissenschaft, 1/1974.

Kretzschmer, Peter: »Die verblüffenden Gedanken eines Einsiedlers wie O.W. Fischer«. Hörzu, Serie.

Kübler-Ross, Elisabeth: »Wissenschaftlerin sprach mit Personen, die bis zu 12 Stunden tot waren«. Bild, Chicago, 21. Nov. 19??.

Lallemand, André: »Warum die Tage kürzer werden«. Bild, sad. Paris, 6. 2. 19??.

Lobsack, Theo: »Am Anfang war der sanfte Knall«. Hildesheimer Allgem. Zeitung.

Malms, Jochen: »Die frühen Menschen, die wieder zu Affen wurden«. P.M., 20. Nov. 1981.

Mathias, Herrmann: »Eines Tages werden Menschen auf der Venus leben«. Bild sprach mit Weltraum-Professor Kaminski. Bochum, 31. Juli 19??.

Merlin, Lisse: »Die Seele wiegt 21 Gramm«. Bild, Stockholm, 14. Dez. 19??.

Naliwkin, Dimitri: »Stürme, Wirbelstürme, Windhosen«. Bild der Wissenschaft, 11/1972.

Odenwald, Michael: »Licht aus dem Mikrokosmos«. Bild der Wissenschaft, Nr. ??.

Posselt, W.F.: »Ist Gott ein weiser, alter Mann mit einem langen Bart?« Bild, 17. Nov. 1977.

Posselt, W.F.: »Urknall: In Hamburg wird die Entstehung der Welt nachgemacht«. Bild,?

Posselt, W.F.: »Im Schloßkeller zwitschern 100 Vögel für die Wissenschaft«. Bild, Rudolfzell (Bodensee), 10. Jan. 19??.

Richter, Annetilde: »Jetzt kennen wir das Geheimnis der Pyramiden«. Hörzu,?

Rodloff, Rüdiger: »Vom Pendel bis zum Laserkreisel«. Raum & Zeit, Heft 4, 1/1983.

Ruska, Julius: »Tabula Smaragdina«. Übersetzung der hermetischen Smaragdtafel ins Deutsche aus dem Phoenizischen. Fotokopie der Originalausgabe.

Redaktionsartikel: »Russische Professoren: Menschen stammen vom Planeten Phaeton«. Bild, o.a. Moskau, 7 Okt. 19??.

Redaktionsartikel: »Wie machte Adam das bloß mit dem Feigenblatt?« Bild, London, 24. Okt. 19??.

Redaktionsartikel: »Bier ist ein ganz besonderer Saft«. Hörzu, Hörfunkprogrammteil.

Redaktionsartikel: »Warum unsere innere Uhr nachgeht«. Bild, fä. München, 25. Aug. 1973.

Redaktionsartikel: »Erstaunlich, wie das Gehirn uns beschwindelt«. Bild, t.h. New York, 10 April 19??.

Redaktionsartikel: »Erde rotiert schneller, niemand weiß den Grund«. Bild, ap. Tokio, 1. Okt. 19??.

Redaktionsartikel: »Woher kommt der Wind auf dem Mond?« Bild, sad. Ann Arbor (USA), 7. Aug. 19??.

Redaktionsartikel: »Mondstaub fällt auf die Erde«. Bild, np. Cambridge, 24.Okt. 19??.

Redaktionsartikel: »Wenn die Pole springen, kommt Feuer und Eis«. Bild am Sonntag, 5. Sept. 19??.

Redaktionsartikel: »Nach dem nächsten Polsprung brechen die Vulkane aus«. Das Neue Zeitalter, 12/1981.

Redaktionsartikel: »US-Forscher sahen zu, wie ein Stern geboren wurde«. Bild, ka. Los Angeles, 31. Jan. 19??.

Redaktionsartikel:
»Wurde ein neuer Stern geboren?«.
Bild, ka. Toronto, 31. Okt. 19??.

Redaktionsartikel:
»Neue Sterne fliegen schneller als das Licht«.
Bild, ka. Pasadena (USA), 30. Okt. 1972.

Redaktionsartikel: »Zwei Sterne spielen im Weltall — und die Wissenschaft ist ratlos«.
Bild, ap. Washington, 12. Febr. 19??.

Redaktionsartikel:
»Auch weiße Zwerge als Pulsare«.
Natur und Wissenschaft,
1. April 1981, Nr. 77, S. 34.

Redaktionsartikel: »Schwarzes Loch im Weltraum schluckt Sterne«.
Bild, ap. Sydney, 6. April 19??.

Redaktionsartikel: »Planeten«.
Unter Mitwirkung von Carl Sagan,
Jonathan Norton Leonard in:
Time-Life International,
Nederland, N.V. 1971.

Redaktionsartikel: »Licht vom Licht«.
Der Spiegel, 12—13/1978.

Semple, Robert: »In einer Arche — so kamen die Sirius-Bewohner zur Erde«.
Bild, Timbuktu (Mali), 28. Febr. 19??.

Silesius, Angelus:
»Du mußt, was Gott ist, sein«.
Aus dem Cherubinischen Wandersmann.

Schulz, Petra:
»Das Denkgebäude der Physik wackelt«.
Raum & Zeit, Heft 5, 2/1983.

Schulz, Petra:
»Vom Wesen des kleinsten Seins«.
Bulletin 2000, 2/1982.

Schulz, Petra: »Macht Bewegung immer warm? Was sagt die Relativitätstheorie?«.
Bulletin 2000, 12/1981.

Schippke, Ulrich:
»Der Teufel kommt wieder!«
Der Stern, (Serie) 16/1974.

Scheppach, Josef:
»Gesucht: Ein neuer Darwin«.
P.M., 1/1985.

Schaeffer, Pierre:
»Wie der Fisch zum Menschen wurde«.
Bunte, Nr. ?, S. 77.

Thumshirn, W.:
»Akupunktur, Heilkunst oder Humbug?«
Hörzu, Aktuelle Medizin im Familienjournal, Nr. ?

Thumshirn, Werner:
»Geht die Erde in die Brüche?«
Bild am Sonntag, 29. Aug. 19??.

Tzschaschel, Martin:
»Tornados: Des Teufels böser langer Finger«.
P.M., 8/1981.

Zander, Conrad: »Sind das etwa keine Menschen?« Der Mönch Las Casas kämpft gegen den Völkermord an den Indianern.
Der Stern, Serie »Die Heiligen«.

Anm.: Bei einigen der angeführten Artikel aus verschiedenen Zeitungen und Zeitschriften war das Erscheinungsjahr aus dem Archiv nicht mehr genau zu ermitteln.

Bildquellennachweis

Titelbild: Diana Vandenberg: »*The Seventh Day*«, Den Haag, Niederlande.

1. Gottesdarstellung von Raffael. Bildarchiv »Preußischer Kulturbesitz«, Berlin.

2. Idealbild des Aristoteles (384–322 v. Chr.). Holzschnitt aus »*Aristoteles cum Leonardo Aretini Commentaris*«, Venedig 1516.

3. Idealbild des »Apolonius von Tyana« (1. Jh. n. Chr.?), Kupferstich aus Jacques Boissard, »*De Divinatione et Magicis*«, Oppenheim o. J.

4. Der Astrologe »Albumasar«, gest. 886, aus Macrobius, »*Commentarii in Somnium Seipionis*«, Venedig 1513.

5. Der geborstene Planet »Phaeton«. Otto Jung, 1985.

6. Das »Welten-Ei«, O. Jung, 1985.

7. Die Venus von Willendorf. Bildarchiv »Preußischer Kulturbesitz«, Berlin.

8. "Vater-Mutterwelt«, symbolische Darstellung der beiden einander entgegengesetzten Welten. Urheber unbekannt.

9. Kupferstich nach den verlorenen Darstellungen über dem Portal des Beinhauses vom Pariser Friedhof der »*Unschuldigen Kinder*«. Stiftung des Adepten Nicolaus Flamelli und seiner Gattin Perenella.

10. Pamphlet gegen die profane Alchimie. Kupferstich von van Sasse »*Der Marquis de Force-Nature*«.

11. Der »Kosmische Ofen«, Athanor. Holzschnitt aus Annibal Barlet »*La théotechnie ergocosmique*«, Paris 1653.

12. Jüngling mit Äskulapstab. Ausschnitt aus Nr. 9.

13. Der »Merkur der Philosophen«. Holzschnitt aus Giovanni Battista Nazari »*Della tramutatione metallica*«, Brescia 1589.

14. Der Wind hat es in seinem Bauche getragen. Tabula Smaragdina Hermetis. Kupferstich aus Michael Majer »*Scrutinium Chymicum*«, Frankfurt 1687.

15. Ex Libris von E. A. Hitchcock. Aus »Das Weltreich der Magie«, K. Seligmann, Deutsche Verlagsanstalt, Stuttgart 1958.

16. Allegorische Darstellung des Universums als »Monochord«. Aus Robert Fludd »*Utrius que Cosmi Historia*«, Oppenheim 1617.

17. Ein Abt, ein Mönch und ein Philosoph bei Vulcan. Nach Michael Majer »*Musaeum Hermeticum*«, Frankfurt 1749.

18. Die Stufen zur himmlischen Stadt. Holzschnitt aus Raymundus Lullus »*Liber de Ascensu*«, Valencia 1512.

19. Okkulte Wesensverwandtschaft zwischen Tier- und Pflanzenwelt, aus Porta »*Phytognomonica*«, Neapel 1588.

20. Okkulte Wesensverwandtschaft zwischen Mensch und Tier, wie Nr. 19.

21. Die Qualen der Hölle. Holzschnitt aus »*Le Grant Kalendrier des Bergiers*«, Troyes, 16. Jh.

22. Folterkammer der Inquisition. Kupferstich aus »*A Complete History of the Inquisition*«, Westminster 1736.

23. Hinrichtung von Hexen in England. Federzeichnung, 17. Jh.

24. Hexenverbrennung. Flugblatt-Holzschnitt, deutsch, 16. Jh.

25. Collin de Plancy unterhält sich mit dem Teufel. Kupferstich aus Collin de Plancy »*Le diable peint par lui-même*«, Paris 1825.

26. Feuerdrachen. Urheber unbekannt.

27. Die Ökosphäre unseres Sonnensystems. O. Jung, 1985.

28. Baum der Erkenntnis. Kupferstich aus »*Geheime Figuren der Rosenkreuzer*«, 1785.

29. Schlange am Kreuz. Ausschnitt aus Nr. 9.

30. Alchimistische Allegorie »Die Tötung des Drachen«. Kupferstich aus der Werkstätte des M. Merian, um 1600. nach Abraham Lambsprinck »*Musaeum Hermeticum*«, Ausgabe Frankfurt 1749.

31. Idealbild des »Hermes Trismegistos«. Siehe Nr. 3.

32. Der »Affe Gottes«, das Schlangenei anbetend. Gnostische Gemme aus C. W. King »*The Gnostics and their Remains*«, London 1887.

33. Wellen-Ausbreitung, die Michelson nachweisen wollte. O. Jung, 1985.

34. Versuchsanordnung zur Messung der Lichtgeschwindigkeit. O. Jung, 1985.

35. Interferometer nach Michelson. O. Jung, 1985.

36. Wellenbild bei gleichen Lichtwegen. O. Jung, 1985.

37. Wellen-Überlagerung bei gleichen Lichtwegen. O. Jung, 1985.

38. Wellen-Überlagerung bei ungleichen Lichtwegen. O. Jung, 1985.

39. Wellenausbreitung bei ungleichen Lichtwegen. O. Jung, 1985.

40. Wellenausbreitung, wenn die Erde im »Äther-Wirbel« um die Sonne rotiert. O. J.

41. Alchimistische Allegorie: »Das Philosophische Ei«. Siehe Nr. 14.

42. EQUINOX, Chichen Itza, Yuc., Mexico, 21. März und 21. Sept. Urheber unbekannt.

43. Zeichnung aus der »*Chrysopeia der Kleopatra*«. Siehe Nr. 14.

44. Unsere Milchstraße von der Seite gesehen. O. Jung, 1985.

45. Das Rosenkreuz und die Rosenkreuzer (Bienen), aus Robert Fludd »*Summum Bonum*«? Frankfurt 1626.

46. Die Rose im Kolben der Alchimisten, aus Abbé de Vallemont »*Curiositez de la nature et de l'art*«, Brüssel 1715.

47. Der hermetische »Androgyne«. Zeichnung aus einer Handschrift des Salomon Trimosin »*La toyson d'or*«, Paris 1612.

48. Der Hermaphrodit als Allegorie des »Steins der Weisen«. Nürnberger Bilderhandschrift im Berliner Kupferstichkabinett, um 1530 (Ausschnitt).

49. Das Chaos der Elemente. Siehe Nr. 16.

50. Eine Galaxie von oben gesehen. O. Jung, 1985.

51. Der »Van Allen-Gürtel« der Erde. O. Jung, 1985.

52. Der »Van Allen-Gürtel« des Jupiter. O. Jung, 1985.

53. Die Sternenansammlung einer Milchstraße gleicht manchmal einem Diskus. Spiralnebel im Sternbild der Jungfrau, von der Seite gesehen mit dem 200zölligen Spiegelteleskop des Mount Wilson and Palomar Observatories.

54. »Asmodi«, Zoroasters Erzdämon des Zorns als »Schlange Apopis«. Kupferstich aus Collin de Plancy »*Dictionnaire infernal*«, Paris 1863.

55. »Belphegor«, das personifizierte Böse, siehe Nr. 54.

56. Asasel, »Der sündige Bock«. Siehe Nr. 54.

57. Der »Sabbat Bock«. Kupferstich aus Eliphas Lévis »*Transcendental Magic*«, Ausgabe 1896.

58. Satan als Herr des Hexensabbats. Gustave Doré, Holzschnitt aus Paul Christian »*Historie de la magie*«, Paris o. J.

59. Die vier Hexen. Albrecht Dürer. Kupferstich, 1491.

60. Aufbruch zum Hexensabbat. Kupferstich nach Ziarnko, aus Pierre de Lancre »*Tableau de l'inconstance des mauvais anges*«, Paris 1612.

61. Der Teufel und die eitle Frau. Holzschnitt aus »*Der Ritter von Turn*«, Augsburg 1498.

62. Der Dämon »Astaroth«, die Herrschsucht. Siehe Nr. 54.

63. Der Teufel als Buhle. Holzschnitt aus Ulrich Molitor »*Von den Unholden oder Hexen*«, Konstanz 1489.

64. Des Teufels Reichtümer. Holzschnitt aus »*Le Grand Grimoire*«, Nimes 1823.

65. »Behemoth«, die Großmannssucht und Völlerei. Siehe Nr. 54.

66. Der Dämon »Baal« als Symbol der Herrschsucht. Siehe Nr. 54.

67. Der Hl. Cado und der Teufel. Französische Volkskunst (Flugblatt).

68. Der Geistliche, der Narr und der Teufel, nach Thomas Murner »*Von dem großen Lutherischen Narren*«. Nachbildung bei Scheible »*Das Kloster*«, Stuttgart 1848.

69. Der Dämon »Marchocias« als Symbol des Kadavergehorsams. Siehe Nr. 54.

70. Der Dämon »Buer«, von Luis Breton. Siehe Nr. 54.

71. Seher und Körper getrennt. Siehe Nr. 30.

72. Die Vollendung des Großen Werkes. Siehe Nr. 30.

73. Der hermetische Drache. Siehe Nr. 30.

74. Der Dreizack des Wassermann. Eliphas Lévi »*Transcendental Magic*«, Ausg. 1896.

75a. Trisceles, drei einander nachlaufende Menschenbeine auf der Reversseite einer Münze von Aspendos in Pamphylien.

75b. Trisceles als Dreifachwelle. Rasiermesser der nordischen Bronzezeit.

75c. Dreipaß, von einer schlesischen Urne (Urnenfelderzeit).

75d. Ring-Triskeles.
Reversseite einer lykischen Münze.

76. Figur aus Eliphas Lévis Manuskript »*Clés majeures et clavicules de Salomon*«.

77. Senior und Adolph unter dem Planetenbaum. Holzschnitt aus Basilius Valentinus »*Azoth*«, Paris 1659.

78. Das nach oben weisende Dreieck als Symbol der himmlischen Welt. Detail aus einem Emblem-Holzschnitt des Christopher von Sichem zu H. Hugo SJ: »*Pia Desideria Emblematis Elegiis et attectibus s.s. Patrum Illustrata*«, 1628.

79. Das große Symbol des Salomon. Kupferstich, siehe Nr. 74.

80. Das nach oben weisende Dreieck mit dem »Auge Gottes«. Bild über dem Altar der Kirche in Neuhof (Niedersachsen), O. Jung, 1985.

81. Das nach oben weisende Dreieck mit dem Tetragrammaton »JHVH« als umgekehrtes Herz. Jakob Böhme, »*Libri apologetici*«, Ausgabe von 1764.

82. Das »Yin-Yang«-Symbol. O. Jung, 1985.

83. Seher und Körper als Fische.
Radierung in Elder von Lambsprincks Buch »*Über den Stein der Weisen*«. Siehe Nr. 30.

84. Seher und Körper
als Einhorn und Hirsch. Siehe Nr. 30.

85. Mutter »Fisch« in den Wassern des Raumes, O. Jung, 1985.

86. Die Göttin Dagon, aus Athanasius Kircher »*Oedipus Aegyptiacus*«, Rom 1652.

87. »DEO« oder »Demeter«.
In Stein gemeißeltes Symbol über dem Eingang der Kirche in Listringen (Niedersachsen). O. Jung.

88. Spiel der Najaden. Von Arnold Böcklin. Bild-Archiv für Kunst und Geschichte, Berlin.